E-Book inside

Mit dem Kauf dieses Buchs erhalten Sie das zugehörige E-Book gratis. Sie können dabei aus zwei Dateiformaten wählen: EPUB (gängiges Format für E-Reader und Tablets) und PDF (für PC und Laptop). So kommen Sie an Ihr kostenloses E-Book:

Rufen Sie im Internet diese Website auf:
↗ http://www.junfermann.de/ebook-inside

Geben Sie den unten stehenden Code in das dafür vorgesehene Feld ein und klicken Sie → Code einlösen. Nach Eingabe Ihrer E-Mail-Adresse und Auswahl des E-Book-Formats erhalten Sie sofort einen Download-Link für das gewünschte E-Book an Ihre E-Mail-Adresse.

Bitte beachten Sie, dass der Code für Sie personalisiert wird und nur einmal gültig ist. Die Datei müssen Sie zunächst auf Ihrem Computer speichern, bevor Sie sie auf ein mobiles Endgerät überspielen können.

ZVLTK8G4

Michaela Huber

Narzissmus und Bindungstrauma

Entstehung, Formen, Therapie

www.junfermann.de

planetpsy.de

blogweise.junfermann.de

www.facebook.com/junfermann

www.youtube.com/user/junfermann

www.instagram.com/junfermannverlag

MICHAELA HUBER

NARZISSMUS UND BINDUNGSTRAUMA

ENTSTEHUNG, FORMEN, THERAPIE

Junfermann Verlag
Paderborn
2024

Copyright © Junfermann Verlag, Paderborn 2024

Coverfoto © CSA Images (iStock)

Covergestaltung / Reihenentwurf JUNFERMANN Druck & Service GmbH & Co. KG, Paderborn

Satz & Layout JUNFERMANN Druck & Service GmbH & Co. KG, Paderborn

Bibliografische Information der Deutschen Nationalbibliothek

Die Deutsche Nationalbibliothek verzeichnet diese Publikation in der Deutschen Nationalbibliografie; detaillierte bibliografische Daten sind im Internet über http://dnb.d-nb.de abrufbar.

ISBN 978-3-7495-0608-8
Dieses Buch erscheint parallel als E-Book.
ISBN 978-3-7495-0609-5 (EPUB), 978-3-7495-0610-1 (PDF).

MIX
Papier | Fördert gute Waldnutzung
FSC® C013205
FSC
www.fsc.org

Inhalt

Vorwort

> *„Ich kann wirklich keine Ähnlichkeiten finden zwischen dir mit deinem unregelmäßigen scharfen Gesicht und mit deinem kohlschwarzen Haar und diesem jungen Adonis, der aussieht, als sei er aus Elfenbein und Rosenblättern geschaffen. Also, mein lieber Basil, er ist ein Narziss, und du – na selbstverständlich hast du einen geistreichen Gesichtsausdruck mit allem Zubehör; aber Schönheit, wahre Schönheit hört dort auf, wo ein geistreicher Ausdruck beginnt … Dein geheimnisvoller junger Freund, dessen Namen du mir niemals genannt hast, dessen Bildnis mich aber wahrhaft bezaubert, denkt ganz bestimmt niemals. Er ist ein geistloses, schönes Geschöpf, das wir immer hier haben sollten im Winter, wenn wir keine Blumen betrachten können, und auch im Sommer, wenn wir einer Abkühlung unserer Gescheitheit bedürfen."* (Oscar Wilde: Das Bildnis des Dorian Gray, S. 7)

Keine Frage: Narzisstische Menschen können uns mit ihrer Schönheit bezaubern. Sie können brillieren, die einen laut – man nennt sie grandiose oder offene Narzissten. Die anderen leise – die vulnerablen oder verdeckten ihrer Art. Sie können sogar durchaus intelligent und kreativ sein, anders als Oscar Wilde es im oben genannten Zitat beschrieb. Und doch haftet ihnen etwas seltsam Gespenstisches an. Eine bei näherem Hinsehen spürbare Leere. Denn zwischen ihrer Darstellung nach außen und ihrem inneren Empfinden klafft ein Loch.

Das macht ihre Tragik aus: Sie sind in gewisser Weise unecht, und das wissen sie tief innen, oder sie ahnen es zumindest. Um innere Leere zu kompensieren, ihr Selbstwertgefühl aufzuladen, brauchen sie die anderen. Menschen, für die sie alles tun, um sie von sich abhängig zu machen. Bis sie nicht mehr weglaufen können, wenn die Narzissten sie aussaugen, um ihr Loch zu füllen. Doch das Loch ist tief. Was „herbeigesogen" wurde, fällt in ein Fass ohne Boden. Auf kurze Befriedigung folgt ein umso intensiveres Verlangen – nach mehr und nach noch mehr Zuwendung, Lob und Unterstützung. Narzissten kennzeichnet eine unersättliche Gier nach Anerkennung, weit über die wohl uns allen vertraute Sehnsucht nach Bestätigung hinaus. Und sie haben – verdeckt oder offen – eine Anspruchshaltung: Das Leben und andere Menschen seien ihnen etwas schuldig. Bekommen sie nicht, was sie brauchen, werden sie entweder einsam, depressiv und mindestens latent suizidal. Oder sie manipulieren ihre Umwelt, wo immer es geht, um ihr das abzutrotzen, was sie brauchen.

Wir alle kennen solche Menschen, ob wir sie nun Narzissten nennen oder nicht. Es gibt viele von ihnen, und auch wir selbst sollten uns immer mal wieder auf narzisstische Merkmale scannen. Denn für andere Menschen sind diese Merkmale unangenehm, und sie können Partnerschaften, Familien, Kollegenteams und andere soziale Gemeinschaften regelrecht vergiften. Wer mit Narzissten zu tun hat, fühlt sich nämlich über kurz oder lang fremdbestimmt und ausgebeutet und ergreift die Flucht, sobald das möglich ist. Und zwingt den Narzissten entweder in depressive Einsamkeit – oder auf die Suche nach dem nächsten Opfer.

Wie kommt eigentlich Narzissmus zustande, diese Kluft zwischen realem und falschem Selbst, die Menschen zwingt, andere zu sich hinzuziehen, um sie mit ihrer fordernden Egozentrik auszubeuten? Wieso erleben wir gerade jetzt eine Art „narzisstischer Epidemie", während gleichzeitig das internationale Diagnosehandbuch ICD die narzisstische (wie auch fast jede andere) Persönlichkeitsstörung in der aktuellen Version 11 gar nicht mehr einzeln aufführt? Ist unsere Gesellschaft so durchdrungen von Narzissmus, dass er schon normal geworden ist?

Sicherlich gibt es ein breites Spektrum von Narzissmen. Davon soll in diesem Buch die Rede sein. Manches davon kann man tatsächlich als gesund betrachten. Denn es gibt so etwas wie die Notwendigkeit zur Selbstbehauptung. Wir alle werden uns in unseren Beziehungen und der Außenwelt gelegentlich „selbstsüchtig" verhalten und dabei die Interessen anderer hintanstellen, weil wir sonst schwere Nachteile erleiden würden. Wo also beginnt das gefährlich Narzisstische? Wohl da, wo es zu einer durchdringenden, überdauernden Art geworden ist, mit anderen Menschen umzugehen und diese auszubeuten. Und wie reagieren diese anderen? Auch da tut sich ein weites Feld auf.

Was geschieht, wenn zwei Narzissten aufeinandertreffen? Und wenn ein Kind narzisstische Eltern(teile) hat – was passiert mit diesem Kind, wenn es heranwächst? Wie haben sich überhaupt der Begriff und das Verständnis dieser egozentrischen Selbstwertstörung über die Jahrhunderte verändert, und weshalb ist Narzissmus heute eine dermaßen verbreitete Problematik? Wie reagieren die Opfer narzisstischer Ausbeutung, und was hilft ihnen, der Falle zu entkommen? All dies soll hier im Buch behandelt werden.

Was wären wir ohne die eitlen Pfauen unter den Menschen, die schillernden, glitzernden, strahlenden Egos der Shows und Theater des Lebens? Sie bereichern unser Leben und wir fühlen uns von ihnen gut unterhalten. Eines jedoch sollten wir nicht tun: Uns mit einem pathologischen Narzissten zu tief einlassen. Das kann viel Kummer und Leid verursachen, ja es kann existenzielle Not auslösen und Menschen zerbrechen lassen, sodass sie mühsam aus dieser Beziehungshölle herausfinden müssen. Doch nicht nur mit den prahlenden Angebern und Despoten, sondern auch mit vulnerablen Narzissten, die scheu und liebenswürdig daherkommen, aber unendlich ansprüchlich sind, werden wir auf Dauer nicht zusammen sein wollen.

Und wie sieht es von der anderen Seite betrachtet aus? Wenn man selbst so ein –wieder einmal einsamer und deshalb darunter leidender – Narzisst ist? Wer aus echtem

Leid die Motivation zur Veränderung ableitet, dem kann geholfen werden. Und ich plädiere dafür, dass wir auch als Professionelle ein Verständnis, einen Zugang und ein Konzept für die Arbeit mit Narzissten haben sollten.

Meine These in dieser Monografie lautet: Narzissmus ist ein Ergebnis transgenerationaler Bindungstraumatisierung. In der Psychotherapie sollte er als Bindungstrauma behandelt und gesellschaftspolitisch als Sinn- und Beziehungssuche verstanden und angegangen werden – heute mehr denn je. Haben wir uns nicht schon fast an ein soziales Klima gewöhnt, das eine Mischung ist aus grandiosen Weltrettungsfantasien und vulnerablen Weltuntergangsängsten? Wir alle, jede und jeder Einzelne von uns, muss diese Arbeit leisten. Denn weder Größenselbst noch Anspruchshaltung werden uns weiterbringen, sondern nur das: Zu dem Menschen heranzuwachsen, der in uns steckt und der bei manchen von uns viel zu früh an seiner vollen Entfaltung gehindert wurde.

Was meinen Sie dazu?

Wie immer freue ich mich über Reaktionen, gern unter info@michaela-huber.com

Portugal, im Sommer 2024

Michaela Huber

Einleitung

Wie ich dazu komme, ein Buch über die Ursache und Auswirkungen narzisstischer Persönlichkeitszüge zu schreiben? Ist gnadenlos ausbeuterischer Egoismus tatsächlich ein so weit verbreitetes Phänomen? Und so schädlich für unser Gemeinschaftsleben? Hat die populärwissenschaftliche Diskussion um Narzissmus in den letzten Jahren vielleicht etwas mit der auffallenden Identitätssuche und -unsicherheit zu tun, die uns in vielen Familien, in unseren Beratungs- und therapeutischen Berufen und in der ganzen Gesellschaft so beschäftigt? Auf die letzten Fragen kann ich heute, nachdem ich das Phänomen lange studiert habe, sagen: Tatsächlich, so ist es. Und damit habe ich gleichzeitig die erste Frage beantwortet.

Sowohl in westlichen als auch in östlichen Ländern ist in den letzten Jahrzehnten eine bestimmte Form narzisstischer Störungen auf dem Vormarsch: die mit einem falschen Größenselbst verbundene (Cai, Kwan & Sedikides 2012, Twenge et al, 2008).

Täter und Opfer

Wenn man sehr genau hinsieht, wird ein Mensch mit solchen narzisstischen Zügen häufig zum Täter: an den eigenen Kindern, der PartnerIn, den KollegInnen und generell an Menschen, die ihm anvertraut sind. Seine Unfähigkeit, auf die Bedürfnisse der anderen angemessen einzugehen (weil immer die eigenen Bedürfnisse Vorrang haben) und die Häufigkeit, mit der er (oder sie!) sein bzw. ihr ganzes Raffinement dareinsetzen wird, die eigenen Bedürfnisse von anderen erfüllen zu lassen, führen zu unausgeglichenen, ja ausbeuterischen Beziehungen und / oder in Einsamkeit und Verzweiflung. Dies ist also ein Buch über (potenzielle) Täterschaft in einer ganz bestimmten Hinsicht: Wie entsteht sie? Wie wirkt sie sich aus? Und: Wie lässt sich hier vielleicht etwas ändern?

Jahrzehntelang habe ich schwerpunktmäßig die Seite der Geschädigten beleuchtet und beschrieben. Es waren (und bleiben) die Opfer von Gewalt und Ausbeutung, denen mein besonderes Augenmerk gilt. Selbst mein Buch *Der Feind im Innern* hatte weniger das feindliche Gegenüber als dessen Widerspiegelung in der Psyche der Überlebenden zum Thema. Warum jetzt also dieser Blick auf die andere Seite?

- Weil so viele von seelischer und körperlicher Gewalt Betroffene, so viele Bindungstraumatisierte sich ausgerechnet näher auf einen Menschen mit einer narzisstischen Problematik einlassen und sich von diesem oft jahrelang ausbeuten lassen.
- Weil immer mehr Betroffene über „toxische Beziehungen" klagen. Bei näherem Hinsehen meinen sie sehr häufig ihre Abhängigkeit von und ihren mühseligen Ausstieg aus engen Beziehungen zu narzisstischen Menschen.
- Weil es offenbar zwei Seiten gibt: den Narzissten und den/die häufig „conarzisstische/n" Partner oder Partnerin. Und interessanterweise scheinen diese Beziehungen komplementär zu sein.
- Weil das international verbindliche und neu überarbeitete Diagnosehandbuch ICD-11 erstaunlicherweise die Persönlichkeitsstörungen „abgeschafft" hat und es dennoch viele ratlose Psychiater und Psychotherapeuten gibt, die einige der Diagnosen – z. B. die narzisstische Persönlichkeitsstörung (NPS) – weiterhin für relevant halten. Auch deshalb ist es wichtig, sich mit den diagnostischen und alltagsrelevanten Merkmalen des Narzissmus auseinanderzusetzen.
- Weil die meisten Bücher zum Thema Narzissmus von erwachsenen weiblichen Opfern narzisstischer Männer geschrieben wurden, es aber auch ganz andere Konstellationen gibt. Als Junge oder Mädchen einem narzisstischen Vater oder einer narzisstischen Mutter ausgesetzt (gewesen) zu sein, hat ebenfalls bedeutsame Folgen, die beschrieben werden sollten.
- Nicht zuletzt, weil oft der Blick fehlt auf den sogenannten weiblichen Narzissmus, der für viele Autorinnen bislang nur eine untergeordnete Rolle zu spielen scheint, den ich aber durchaus auch für sehr relevant halte, und schließlich:
- Weil mich interessiert, **wie zwei gegensätzliche Kindheiten – gepampert oder geprügelt, verwöhnt oder vernachlässigt, zart oder zynisch behandelt – zu demselben Ergebnis narzisstischer Persönlichkeitszüge führen können.**

Wird Narzissmus vererbt?

Seit einigen Jahren sprechen Menschen vermehrt von ihren „toxischen Beziehungen". Sie tun das öffentlich, in zahlreichen Büchern, aber auch unter meiner Klientel – also unter PatientInnen und KollegInnen – beobachte ich diese Entwicklung. Die Rede ist dann von schweren Kämpfen, sich aus destruktiven Beziehungen zu Kollegen, Partnern, Vätern, Müttern zu befreien. Allmählich erfahren wir auch publizistisch von inzwischen erwachsenen Kindern, die nach dem Motto leben: „Erst einmal ich. Und dann kommt lange nichts. Aber in mir ist auch das große Nichts." So oder so ähnlich klingt es in einigen Veröffentlichungen, wie etwa: *Generation Z.*

Zwischen Selbstverwirklichung, Insta-Einsamkeit und der Hoffnung auf eine bessere Welt von Valentina Vapaux – oder wir erfahren etwas über „eine zur Verletzlichkeit gesteigerte Empfindsamkeit“ (Fourest 2020, S. 138).

Auch könnte die Devise, wie sie in dem ironischen Spruch „Alle denken an sich. Nur ich denke an mich“ zum Ausdruck kommt, kaum aktueller sein. Möglicherweise verweist sie darauf, dass narzisstische Menschen annehmen oder es sogar am eigenen Leib erfahren haben: Die anderen, einschließlich der Eltern(-Generation), haben auch nur an sich gedacht. Und das wiederum wirft die Frage auf: Wird Narzissmus genetisch oder sozial vererbt? Und müssen wir den Furor der verzweifelten „Letzten Generation“, die mit spektakulären Aktionen wie dem Suppenwurf auf Kunstwerke oder dem Ankleben der Hände auf dem Asphalt von sich reden machte, vor diesem Hintergrund neu bewerten?

Narzisstisch genannt zu werden, ist nichts Schönes, sondern es ist geradezu ein Schimpfwort. Und meist sind es die anderen, die „Du Narzisst!“ rufen. Wer will das schon sein? Sie nicht, ich nicht – und vermutlich auch sonst niemand, denn als narzisstisch gilt man, wenn man egozentrisch und ohne Rücksicht auf Verluste die eigenen Interessen durchsetzt. Nähere Definitionen und Diagnosemöglichkeiten werden noch in diesem Buch besprochen.

Dass narzisstische Persönlichkeitszüge entstehen, ist keineswegs ein Wunder. Traditionell lernen meist kleine Jungs schon von ihren Eltern, dass „Sich-Durchsetzen“ eine ihrer erstrebenswertesten Fähigkeiten sein sollte. Mädchen hingegen sollen – wenn man Eltern dazu fragt – nach wie vor gern „sozial eingestellt“ sein (Gijalva et al., 2015). Sozial zu sein bedeutet, mit anderen Menschen gut auszukommen. Und das scheint nicht selten die ideale Kombination für ein brisantes Partnerschaftsleben zu sein. Tun sich ein durchsetzungsbewusster Mann und eine um jeden Preis um Verträglichkeit bemühte Frau zusammen, könnte das eine wunderbare Ehe geben. Anders sieht es allerdings aus, wenn er ein Narzisst ist und sie eine „Co-Narzisstin“. Dann stellt es sich z. B. so dar: Sie beschwichtigt, wenn er tobt, und im schlimmsten Fall führt das in eine Gewaltpartnerschaft. Oder: Sie passt sich ihm an, wenn er gnadenlos durchgreift und auch seine Kinder hart anfasst. Dann verrät sie ihre Kinder „um seinetwillen“. Oder: Sie stellt ihr Licht unter den Scheffel, um ihn strahlen zu lassen. Und früher oder später wird sie vielleicht wie ein abgetragener Mantel entsorgt, wenn er sich eine Attraktivere sucht …

Durchsetzungsbewusster egozentrischer Mann – anpassungsfähige soziale Frau: Vielleicht ist das die Kombination, die erklären kann, warum das Verhältnis Mann – Frau bei (pathologischen) Narzissten etwa bei drei zu eins liegt (APA 2013).

Hier im Buch werden wir beide betrachten: den Narzissten und die „Co". Genauso aber auch: die Narzisstin und ihre Opfer. Narzisstische Frauen können nämlich nicht nur ihre Partner tyrannisieren – Sie alle kennen den lieben Kerl, der eine regelrechte „Zicke" zur Partnerin hat, die ihn herumkommandiert. Sie können auch ihre Kinder quälen, indem sie kaum deren Bedürfnisse wahrnehmen, sondern sie regelrecht „dressieren" und für ihre Zwecke benutzen. So werden die Sprösslinge etwa als Dekorationsobjekte ausstaffiert oder als hochbegabte kleine Genies herumgereicht, damit die „Mutter des Stars" noch etwas vom Glanz des bei sportlichen, musikalischen oder anderen Leistungen hervorragenden Kindes abbekommt und auf sich umlenken kann.

Narzissten sind keine egomanen Einzelgänger

Das Spannungsfeld, in dem wir uns in diesem Buch bewegen, ist groß. Und paradoxerweise sind Narzissten ja vorwiegend keine egomanen Einzelgänger, sondern sie sind vor allem Menschen, die ihren eigenen Selbstwert auf Kosten anderer erhöhen. Und genau dafür brauchen sie unbedingt andere Menschen. Das lässt natürlich die Frage aufkommen: Weshalb ist ihr Selbstwertgefühl denn nicht auf natürliche Weise gewachsen?

Und damit sind wir bei einer der Leitfragen, die ich versuche, in diesem Buch zu beantworten: **Weshalb sind die angeblich so selbstverliebten Narzissten sich nicht selbst genug?** Warum müssen sie, solange sie diese Störung haben, andere emotional ausbeuten, um sich gut zu fühlen?

Genauso wichtig ist mir die Gegenfrage: **Was ist mit Menschen los, die Narzissten auf den Leim gehen?** Und falls sie das nicht selbst entscheiden konnten, weil sie als Kind eines narzisstischen Menschen aufgewachsen sind: **Was wird aus narzissmusgeschädigten Kindern?** Fallen sie wieder auf dieselbe Persönlichkeitsstruktur herein und werden zum / zur „Co"? Oder entwickeln sie gar selbst eine narzisstische Persönlichkeitsstruktur? **Wie spiegelt sich da der eine in der anderen – und umgekehrt?** Weil das Thema gesellschaftlich so relevant ist, könnte ich mir vorstellen, dass Sie diese Fragen und die Antwortversuche dazu interessieren, selbst wenn Sie nicht unmittelbar selbst betroffen sind.

Wenn Sie allerdings selbst betroffen sind, werden Sie vielleicht „ein gebranntes Kind" sein, also immer auf der Hut, sich selbst nicht (noch einmal) als „Co" oder als narzisstischer Ausbeuter zu verhalten. Und wenn es Ihnen doch in der einen oder anderen Rolle passiert ist, hoffen Sie vielleicht, sich für immer aus der ausbeuterischen Beziehungsfalle zu befreien. – Wir alle können uns weiterentwickeln, uns aus so manchem Schlamassel herausarbeiten und hinzulernen.

Wenn es um das Durchsetzen eigener Interessen geht: Was ist eigentlich angemessen? Sich so gut wie möglich um sich selbst zu kümmern, ist doch ganz natürlich, oder etwa nicht? Gibt es so etwas wie einen gesunden Narzissmus? Und wie unterscheidet er sich vom pathologischen?

Wieso sind solche Fragen relevant? Ich kenne sie nicht zuletzt von meinen KlientInnen, die sich entweder zu wenig um sich kümmern und/oder dauernd um ihre jeweiligen Befindlichkeiten kreisen. Vielleicht sind sie relevant, weil heutzutage unendlich viele Kinder, Jugendliche und Erwachsene erhebliche Identitätsunsicherheiten haben und gar nicht mehr wissen: Was bedeutet ein „gesunder Selbstwert" und wie könnte man ihn für sich selbst erreichen?

Bei manchen Menschen ist die Identitätsunsicherheit derart groß geworden, dass sie unter Geschlechsdysphorie leiden, also unsicher sind, ob ihr biologisches ihrem als richtig empfundenen Geschlecht entspricht. Bin ich vielleicht „eigentlich" jemand anderes? Muss ich, um mich wohlzufühlen, mein biologisches Geschlecht wechseln? Damit ich zu dem werde, das ich als ganz anderes in mir sehe, wenn ich in den Spiegel schaue? Bin ich ganz bei mir, wenn ich mich in die Person verwandle, die ich im Spiegel (meiner Seele) zu erkennen glaube?

Nicht zufällig sind gut 80 Prozent derjenigen, die sich diese Frage stellen, Mädchen und Frauen, so der Münchner Kinder- und Jugendpsychiater Alexander Korte (2022). Insgesamt stellen sich aber wesentlich mehr Menschen diese Frage, als tatsächlich im diagnostisch-traditionellen Sinne transsexuell sind. Das Angebot, sich jenseits der beiden biologischen Geschlechter ein soziales Geschlecht aussuchen und dieses bis zu einem Mal im Jahr wechseln zu können, spiegelt meines Erachtens wider: Die Erwachsenenkultur des Westens glaubt, diesen Wünschen sogar per „Selbstbestimmungs"-Gesetz Nachdruck verleihen zu müssen. Für mich ergibt sich hieraus die Frage: Wie verunsichert muss auch eine Politikergeneration sein, die solch ein Gesetz beschließt? Ein Gesetz, das zudem unter Strafe stellt, die sich selbst umdefinierende Person mit ihrem ursprünglichen Namen und biologischen Geschlecht anzusprechen?

Man könnte also fragen: Was stimmt mit unserer Gesellschaft nicht, dass so viele Menschen, egal welchen Alters, so selbstunsicher zu sein scheinen, dass es als sinnvoll erscheint, sich jederzeit komplett neu zu erfinden – einschließlich der Geschlechtszugehörigkeit? Und was ist mit Menschen los, denen es schwerfällt, zwischen biologischem und sozialem Geschlecht zu unterscheiden?

Bin ich so richtig, oder sollte ich nicht ganz anders sein?

Konkreter, was die Narzissmusdebatte angeht und die Abschaffung der Diagnose in der ICD-11: Wie verunsichert muss eine Gesellschaft sein, die sich anscheinend nicht mehr zutraut, zwischen gesunder Selbstbehauptung und der Durchsetzung des eigenen Willens auf Kosten anderer zu unterscheiden? Das wird mir eigene Überlegungen in diesem Buch wert sein.

All-eine sein. Das ist ein Seufzer, den ich auch Menschen mit einer dissoziativen Identität habe ausstoßen hören. Sich mit sich selbst aussöhnen – das Anderssein der Selbstzustände im Innern als erstaunliche, ja liebenswerte Bereicherung empfinden, so fremd es einem erscheinen mag: Selbst das könnte eine (sogar gesunde) Form des Narzissmus sein. Der Rückzug ins innere Universum macht vermutlich nicht alle froh. Und wäre das All-eine sein nicht trotzdem erstrebenswerter, als mit der ständigen Herausforderung zu leben: Bin ich so richtig, oder sollte ich nicht ganz anders sein?

Nie zuvor gab es so viele Singlehaushalte in Deutschland wie zur Zeit. Könnte das auch ein Symptom der schlechten, eventuell sogar transgenerationalen Bindungs- und Beziehungserfahrung sein, die eine/n auf sich selbst zurückwirft? Verweist dieses Symptom vielleicht auch auf eine tiefe Verunsicherung und leichte Kränkbarkeit, die Menschen daran hindert, (neue) enge Beziehungen einzugehen? Der Markt für Ratgeberliteratur jedenfalls ist voll von Büchern, die sich mit Themen beschäftigen wie: „Ich brauche etwas anderes und muss mich erst mal um mich selbst kümmern" und „Dein inneres Kind muss Heimat finden". Was folgern wir daraus, wenn einerseits der Bedarf ständig steigt, sich aus der Welt und aus als unerträglich erlebten Beziehungen herauszuarbeiten und sich auf sich selbst zurückzuziehen – und andererseits so viele über den Narzissmus der anderen klagen?

Es gibt eine regelreichte Selbstoptimierungsindustrie, die uns mit immer neuen Angeboten überschüttet, mehr „Selbstliebe" zu praktizieren. So gibt es Übungen mit dem Ziel „Sei liebevoll zu dir", Affirmationen, die man beim Einschlafen hören kann („Ich bin wundervoll" – „Ich liebe mich"), Resilienztrainings („Ich kann alles erreichen") oder Retreats, bei denen man sich schweigend in sich versenken kann etc. Wie kann das sein, dass dieser Markt so boomt und gleichzeitig ein grassierender Narzissmus beklagt wird? Der Narzisst ist natürlich immer der andere. Aber sollten nicht auch Otto und Ottilie Normalneurotiker sich gelegentlich an die eigene Nase fassen? Wenn der „Alltags-Narzissmus" so verbreitet ist – weshalb ist das so?

Antworten auf die letztgenannte Frage gibt es sicher viele. Eine mag diese sein: Im „Digitalzeitalter" muss jeder von uns „Selbstoptimierung" betreiben, um sich – mehr online als im persönlichen Kontakt – möglichst gut auf dem Markt anbieten zu können. Die sogenannten Influencer (mehr dazu in Kapitel 7) sind exzellente Beispiele dafür. Im Grunde gilt jedoch für jeden von uns: „Stell deine Vorzüge heraus, kaschiere deine Schwächen, schaffe dir bei der Job- (und Partner-)Suche die besten Voraussetzungen, andere auszustechen." Die verbreitete Angst, nicht zu genügen, die heimliche Furcht, eines Tages doch noch als Hochstapler enttarnt zu werden, davon erzählen mir nicht nur meine Traumapatienten. Nein, es speist die Angebote all der Coaches und „Mentaltrainer", die den (Online-)Markt bevölkern.

Persönlichkeitsstörungen

Ich erwähnte bereits, dass in der ICD-11 die Persönlichkeitsstörungen offiziell sozusagen „abgeschafft" wurden (mehr dazu in Kapitel 4). Dort heißt es jetzt, sehr viele Menschen hätten narzisstische Züge, und die Abgrenzung zum pathologischen Narzissmus sei nicht genau feststellbar. Dennoch gibt es natürlich Menschen, die mindestens zwei Jahre lang – so die Definition – über eine starke Persönlichkeitsproblematik verfügen, die zu „Funktionseinschränkungen" führen, wie es die ICD-11 nennt, und die damit eine Persönlichkeitsstörung entwickelten. Etwa so:

Seit Längerem haben diese Menschen Probleme mit ihrer Identität und ihrem Selbstwert. Sie denken entweder überhöht oder sehr schlecht über sich, können insbesondere bei Kränkungen ihre Impulse schlecht steuern, geraten mit anderen Menschen immer wieder aneinander, verheddern sich in intimen und sexuellen Situationen und fühlen sich innerlich zerrissen. Nicht wenige schlagen sich mit negativen Gefühlszuständen herum, fühlen sich gelegentlich enthemmt, geraten vielleicht sogar mit Gesetzen in Konflikt, sind anderen gegenüber distanziert und leiden vielleicht heimlich unter quälenden Zwangsvorstellungen.

Es gibt viele Bücher, zahlreiche klinische Befunde und ein hohes öffentliches Interesse am Thema der narzisstischen Störungen, was daran liegen mag, dass diese Problematik Schuld an vielen sogenannten toxischen Beziehungen (Clark 2023) oder zumindest daran beteiligt ist. Das Cluster von Symptomen, das Menschen mit einer ungewöhnlich intensiven Selbstbezogenheit kennzeichnet, beinhaltet nämlich ein überhöhtes Gefühl der eigenen Bedeutung sowie ein Streben nach Bewunderung bei gleichzeitigem Mangel an Mitgefühl für andere.

Zwei Ursachen haben sich in den – bislang immer noch zu wenigen – Studien über die Entstehung der narzisstischen Persönlichkeitsstörung herauskristallisiert, und beide haben mit der Kindheit der Betroffenen zu tun: Die einen wurden verhätschelt – die anderen gequält. Was die angemessene Sorge und Aufmerksamkeit der Eltern angeht, wurden beide Gruppen offenbar vernachlässigt.

Viele von ihnen meiden bislang eine Behandlung, vermutlich aus Krankheitsgewinn, denn wie Geisterfahrer auf der Autobahn denken sie, bei ihnen sei alles in Ordnung. Dumm seien die anderen, die dummerweise alles falsch machten. Doch auch Scham spielt eine große Rolle. Denn erst, wenn viele Beziehungen und Jobs in die Brüche gegangen sind, bemerken einige Betroffene, dass sie depressiv und frustriert sind. Depression ist denn auch der häufigste Grund für narzisstische Menschen, einen Psychotherapeuten aufzusuchen. Dabei sind die Behandlungsmöglichkeiten durchaus vielversprechend: Wer bereit ist, sich nüchtern und einigermaßen aufrichtig mit der eigenen Symptomatik auseinanderzusetzen, sein Beziehungsverhalten zu überdenken und neue Kommunikationsmöglichkeiten auszuprobieren, kann in der Tat von der übersteigerten Selbstbezogenheit genesen (Hagemeyer 2021).

Von daher: Sollten Sie selbst Kind narzisstischer Eltern gewesen sein, werden Sie sich mit dem Thema genauso herumschlagen wie als (Ex-)PartnerIn eines Menschen mit narzisstischen Zügen. Sogar wenn Sie sich in Momenten selbst als Narzissmusgefährdet betrachten und etwas dagegen tun wollen, sich zu einem „Ego-Monster" zu entwickeln, könnten Sie von diesem Buch profitieren.

Jedenfalls muss ich mit Regine Hildebrand, der ehemaligen Brandenburgischen Sozialministerin, narzisstische Menschen warnen. Denn es stimmt: **„Wenn eener immer nur Icke sacht, dann muss er halt alleene bleiben."** Wenn jemand ohne Rücksicht auf andere ausschließlich sein Eigeninteresse verfolgt, wird er am Ende sehr einsam sein. Wer sich nach Geborgenheit und aufrichtig liebevoller Gemeinschaft sehnt, sollte lernen, seine Selbstfürsorge mit seiner Fürsorge für andere in Einklang zu bringen. Das wiederum bedeutet: Lernen, die Bedürfnisse der anderen wahrzunehmen und angemessen auf sie einzugehen – und dabei weder sich selbst noch andere Menschen auszubeuten.

Wer dies rechtzeitig erkennt, kann sich vor der Katastrophe schützen, dass alle Beziehungen zerbrechen und es sich ermöglichen, in einer allseits wertschätzenden Gemeinschaft zu leben. Denn genau daran hat es Menschen mit narzisstischen Zügen früher gefehlt: an liebevoller und gleichzeitig angemessen herausfordernder Unterstützung. Später müssen sie es sich andauernd selbst beweisen, dass sie etwas wert sind. Wenn sie das nicht mehr nötig haben, weil echte Selbstwertschätzung an die Stelle des falschen überhöhten Ich-Ideals getreten ist, wenn Fehler eingestanden werden können, ohne Suizid- oder Rachegedanken auszulösen, ist man auf dem richtigen Weg.

Ausblick

Es gibt viel zu lernen, und ich möchte Sie ermutigen: Nur zu, solange Sie atmen, können Sie sich entwickeln. Viel Freude dabei. Möge dieses Buch Sie dazu anregen.

Wenn Sie KollegIn sind und PatientInnen mit narzisstischen Persönlichkeitszügen behandeln, werden Sie hier vielleicht einige Erkenntnisse gewinnen und Hinweise auf therapeutische Strategien finden. Denn wenn man als Psychotherapeut Opfer eines narzisstischen Patienten wird, der die therapeutische Beziehung zum Spielfeld seiner eitlen Selbstbezogenheit nutzt, aber auch nach längerem Bemühen und so manchem Beziehungsclinch keine wirklichen Fortschritte macht, wäre zu entscheiden: Was können Sie verlangen, was sollten sie wann lieber nicht tun? Hier im Buch können Sie einige Hinweise dazu finden.

Sollten Sie Angehörige und FreundIn eines Narzissten oder einer co-narzisstischen Person sein, wird das Buch vielleicht Ihren Blick erweitern und Ihnen helfen, sich nicht in den „malignen Clinch" der unmittelbar Betroffenen hineinziehen zu lassen – und jedenfalls wieder herauszufinden.

Insgesamt gilt: So verbreitet narzisstisches Verhalten in unserer Gesellschaft ist – wir müssen nicht so weiter machen. Unverbesserliche werden vielleicht stranden. Doch wer aus dem narzisstischen Käfig ausgebrochen ist, weiß, wie wichtig aufrichtiges Geben und Nehmen ist, wie wichtig die Suche nach einem Sinn im eigenen Leben und wie entscheidend, dass wir uns gegenseitig beistehen, uns aufeinander beziehen, gleichzeitig wissen, wer wer ist, und in einem – auch kritischen, aber immer respektvollen – Dialog sind. Wer sich selbst erkennt und weiß, wie er oder sie sich von anderen unterscheidet, fällt so schnell nicht mehr auf „Love Bombing" aller Art herein, lässt sich nicht per „Gaslighting" den Kopf verdrehen – und ist nicht am Boden zerstört oder rasend vor Wut, wenn man auch mal kritisiert oder mit anderen Sichtweisen konfrontiert wird. Deshalb lege ich hier auch Wert darauf, Ihnen am Ende einige Hinweise für den Ausstieg aus destruktiven Bindungen und Hinweise für gelingende Partnerschaft, Freundschaft und gemeinsame Projekte mitzugeben. Selbstrespekt und liebevolles Miteinander zu lernen, wird das beste Vorbild für die nächste Generation sein und auch der angeblich so verunsicherten „Generation Z" sowie der verzweifelten „Letzten Generation" einige Ermutigung bieten.

Ich wünsche Ihnen eine erkenntnisreiche Lektüre.

Herzlich, Ihre Michaela Huber

1. Mythos Narziss: Ein unglücklich und unwissend sich selbst begehrender Mensch

Das vielleicht berühmteste Bild zum Mythos – „Narciss na fonte" (Narziss an der Quelle) – wurde vom Barockmaler Michelangelo Merisi da Caravaggio in den Jahren 1597 bis 1599 in seinem damals revolutionären, unnachahmlichen Hell-Dunkel-Stil gemalt. Zu sehen ist das Bild in Rom in den Gallerie Nazionale Barbarini Corsini, und ich kann nur empfehlen, es sich möglichst dort genau anzusehen, denn schöner kann man die Geschichte des verzweifelt nach Liebe suchenden und auf sich selbst zurückgeworfenen jungen Menschen in einem Bild nicht darstellen.[1]

1 Eine farbige Darstellung in hoher Auflösung finden Sie hier: ↗ https://www.barberinicorsini.org/en/opera/narcissus/

Der Mythos selbst jedoch ist sehr viel älter. Die Autoren von Wikipedia (Stand Anfang 2024) machen es sich leicht, indem sie das Thema so abhandeln: „Narziss ist in der griechischen Mythologie ein schöner Jüngling, der die Liebe anderer zurückwies und sich in sein eigenes Spiegelbild verliebte, vor Sehnsucht dahinschwand und in die gleichnamige Blume verwandelt wurde." Scherzhaft könnte ich antworten: Das engt es aufs Wesentliche ein. Vielleicht lohnt es sich, dem römischen Dichter zu lauschen, der den ursprünglich griechischen Mythos wohl am besten in Worte gefasst hat: Publius Ovidius Naso (43 v. Chr. bis 17 n.Chr.).[2] Und natürlich hat das Spiel mit dem Wasser und der Selbsterkenntnis im Spiegel eine tiefere Bedeutung, denn der, der aus dem Wasser kam, wird im Tod wieder mit dem Wasser vereinigt. Er kam aus der Quelle, und nachdem er unglücklich nach Liebe suchte, sich selbst vernachlässigte, nicht mehr essen und trinken konnte (Pullen & Rhodes 2008), kehrt er, wie er war und ist, zur Quelle zurück, lebensuntüchtig und beziehungsunfähig, zerstörerisch für sich selbst und andere. Was bleibt, ist ein schönes Bild einer zarten Blüte ...

Mit einem der frühen psychoanalytischen Interpreten, Friedrich Wieseler (1856), ließe sich der Mythos des unglücklichen Narziss auch so deuten: Ein vergeudetes Leben ohne Bindung zu einem anderen Menschen endet nach kurzer Zeit dort, wo es begonnen hat.

Sehr bitter und zugleich treffend ist meines Erachtens das „Narziss-Mandala" des Malers Wolfgang Petrick. Für das als Collage und Computersimulation ausgeführte Bild namens „Glückskopf" (1999) verwendete der Künstler das Foto eines schönen jungen Mannes, der nach einer Kneipenschlägerei verstorben war.[3]

Schönheit und Sterblichkeit, Sinnsuche und Vergeblichkeit, Gewalt gegen andere mit tödlichem Ausgang, auch für sich selbst – alles das enthält der Mythos des Narziss. Die obsessive Beschäftigung mit dem eigenen Bild, dem eigenen Image – die permanente Suche der eigenen Identität durch den anderen also –, hat zur Entwicklung eines eigenen Störungsbildes beigetragen: der Narzisstischen Persönlichkeitsstörung (NPS) (APA 2013). Von ihr sowie von all ihren Vor- und Nebenformen, ihrem Entstehen, ihren Auswirkungen und ihrer Therapie soll in diesem Buch die Rede sein.

---

2 Hier gibt es die Möglichkeit, sich eine lateinisch-deutsche Textversion von Ovids Narziss und Echo herunterzuladen: ↗ https://lehrerfortbildung-bw.de/u_sprachlit/latein/gym/bp2016/fb7/5_close-reading/4_meta/1_text1/

3 Das Ärzteblatt berichtete in einem Artikel (Roemer 2005) darüber. Über den Link können Sie auch das Bild aufrufen: ↗ https://www.aerzteblatt.de/archiv/47100/Wolfgang-Petrick-Der-Tod-ist-ein-Meister

Der Mythos und seine Bedeutung

Doch der Reihe nach. Wer war Narziss – auch Narkissos oder Narcissus genannt – eigentlich, und was hat es mit dem Entstehen aus dem und dem Vergehen im Wasser auf sich?

Bei Ovid finden wir – übereinstimmend mit den ursprünglichen mythologischen Erzählungen – Folgendes zu den Eltern und der tragischen, ja traumatischen Zeugungsgeschichte des jungen Mannes: Demnach hatte der Flussgott Cephisos die Quellnymphe Liriope vergewaltigt. Diese gebar einen Jungen (in manchen Mythos-Varianten ist auch von Zwillingen beiderlei Geschlechts die Rede). Mit 16 war Narcissus ein schöner Jüngling, in den sich viele Männer wie Frauen verliebten, der aber keine Liebe erwidern wollte. Das Thema unterschiedlicher oder ambivalenter Geschlechtszugehörigkeit und -hingezogenheit ist also im Mythos bereits angelegt.

Laut Ovid schmachtete u. a. die Quellnymphe Echo Narzissus an. Echo war mit einem Fluch belegt und konnte immer nur die letzten Worte des anderen wiederholen. Sie hatte also kein eigenständiges Ich. Fast karikaturenhaft könnte damit schon im Urmythos angedeutet sein, wie sich möglicherweise die unglückliche Liebe eines Narzissten mit seinem Gegenüber gestaltet: Narziss sucht und spricht und äußert sich. Er will und er will nicht. Und doch will er unbedingt eine Ergänzung, ja Zweieinigkeit – und die Beziehungspartnerin kann nur sein Echo sein. Dieses Echo ist jedoch nicht das, was ein Narzisst wirklich bräuchte.

Bei Wieseler (1856) finden wir einen weiteren Hinweis darauf, was Narziss denn suchte: seine Zwillingsschwester. „Narkissos habe eine Zwillingsschwester gehabt, und wie ihr Aussehen im Übrigen durchaus gleich gewesen sei, so haben beide auch dasselbe Haar gehabt und haben sich ähnlich gekleidet und seien auch mit einander auf die Jagd gegangen. Narkissos aber sei in Liebe zu der Schwester entbrannt gewesen, und als das Mädchen gestorben, habe er, zu der Quelle gehend, allerdings das Bewußtsein gehabt, dass er seinen eigenen Schatten sehe, dieses sei ihm aber auch bei dem Bewußtsein eine Erleichterung der Liebe gewesen, insofern er nicht seinen eigenen Schatten, sondern ein Bild seiner Schwester zu sehen wähnte“ (S. 2).

Diese Interpretation ermöglicht es zu verstehen, was viele Menschen, die man Narzissten nennt, suchen: Nicht das Echo, sondern das, was ihnen am ähnlichsten und vertrautesten ist – und wonach sie sich deshalb am meisten sehnen und was sie am stärksten begehren. Es ist der andere Teil seiner selbst, wie schon Platon in seinem „Gastmahl“ von den „Kugelmenschen“ schrieb, nach dem der Mensch sein Leben lang auf die Suche gehen kann, bis er es – manchmal – in einem anderen Menschen findet.

Aber weiter im Mythos: Über den Kummer der unerwiderten Liebe schwand das Wesen der Nymphe Echo dahin, bis nur noch das Echo der Stimme des anderen blieb. Und so suchte Narziss weiter, verstieß in seiner Pansexualität (wie man das heute nennen würde) von denen, die sich in ihn verliebten und seine Nähe suchten, eine nach der und einen nach dem anderen. Sie passten ihm einfach nicht – es „matchte" nicht, wie man heute sagt. Einer der von Narziss Verschmähten verfluchte ihn schließlich, er solle selbst jemandem hinterherlaufen, ohne dass seine Liebe erwidert würde. So geschah es – auf unerwartete Weise.

Eines Tages beugte sich Narziss über das Wasser einer Quelle. Und weil er das Bild eines Menschen nicht vom Menschen selbst unterscheiden konnte, verliebte er sich in sein eigenes Spiegelbild. Auch dies ist höchst interessant, denn bereits Ovid und die anderen frühen Autoren hatten erkannt: Es gibt Menschen, die das Anderssein eines anderen Menschen nicht wahrnehmen können. Es gelingt ihnen nicht, zwischen sich und anderen zu unterscheiden, also echte Empathie zu empfinden. In allem projizieren sie sich auf andere, auch im Unbefriedigtsein. Und so kommt das Echo auch zu ihnen zurück: unbefriedigend, unvollständig, unvollendet.

Das ist zum Beispiel bei vielen früh bindungsgeschädigten Menschen der Fall. Sie mussten entweder ohne die unterstützende Wärme ihrer Eltern auskommen und / oder sie konnten sich nicht von ihnen ablösen und ein eigenständiger Mensch werden. Steckengeblieben in einer Art frühkindlicher Verschmelzung wissen sie nicht, wo sie selbst aufhören und wo der andere Mensch anfängt. Sie sind nicht individuiert, wie man in der Fachsprache sagt, sondern in einer ständigen kollusiven Verwicklung befangen. So glauben sie fest daran, dass es die perfekte Ergänzung für sie gibt und sie sie auch finden können (Partnerschaftsportale verdienen Millionen mit diesem Geschäftsmodell). Gibt es dann ein „Match" mit einem anderen Menschen, gehen sie davon aus, dass auch ihr Gegenüber (eigentlich) das will, was sie wollen. Sie sehnen sich nach Anregung, Begegnung, Verschmelzung. Und was passiert dann?

Die PartnerIn passt sich an – und sie bekommen nur ein Echo, das sie erst beglückt (Verschmelzung in der Verliebtheitsphase). Aber auf Dauer kann diese ständige reine Spiegelung sie doch nicht befriedigen.

Oder: Die PartnerIn entpuppt sich als unerwartet anders. Darauf reagieren sie ärgerlich bis abwehrend, weil die Projektion „nicht passt". Zu sehr weicht die andere Person von den eigenen als selbstverständlich wahrgenommenen Gedanken und Gefühlen ab.

Beide Varianten enden nicht glücklich, die Beziehung scheitert: Der früh bindungsgeschädigte Teil des Paares wendet sich ab oder geht in einen „malignen Clinch" und

Machtkampf, weil er es nicht ertragen kann, dass ein anderer Mensch offenbar ganz andere – ihm in dem Moment fremde – eigene Wünsche und Bedürfnisse zeigt. Diese Art von „malignem Clinch" und dessen Lösung – die Entwertung des anderen und schließlich die Beziehungsabwehr – finden wir sehr häufig in Partnerschaften, die Menschen mit narzisstischen Persönlichkeitszügen eingehen. Auch in der psychotherapeutischen Beziehung können wir diese Problematik erwarten (s. Kapitel 13).

Doch zurück zu Ovid. Interessant an seinen Schilderungen des Narziss-Dilemmas: In seinem Bindungslosigkeitskummer gelingt es Narziss, sich selbst zu lieben. Warum spreche ich hier von „gelingen"? Diese Selbst-Liebe (die er nicht als solche versteht) ist bei seinem inneren Leeregefühl ein Trost. Es gelingt ihm, sich voll und ganz zuzuwenden und eine Bindung einzugehen. Endlich liebt er. Doch wie der Fluch des einst Verschmähten es voraussagte, ist diese Liebe ein „Hinterhersein" ohne Erfüllung.

Der selbstverliebte Mensch ist nie wirklich glücklich, weil er eines anderen bedarf, um Erfüllung zu finden; er ist sich nie selbst genug. Manch einer klammert sich an das, was er braucht, und investiert all seine Freude und Spannung, seine lustvolle Lebenszugewandtheit in eine Person: in sich selbst. Damit erfüllt der Narzisst die Bedingung, die Dandy-Schriftsteller Oscar Wilde einst für das perfekte Vergnügen beschrieben hat: Es ist köstlich – und lässt unbefriedigt. In dramatischer Form finden wir diese Version bei den offenen, grandiosen Narzissten. Die vulnerablen reagieren verletzlicher; hier sind die Selbstbezogenheit und die Anspruchshaltung nach Versorgung der eigenen Bedürftigkeit verdeckter, aber nicht weniger drängend, wie wir sehen werden.

Auch im Narziss-Mythos ist die Verzweiflung des qualvoll Suchenden und auf die Selbstbespiegelung Zurückgeworfenen beschrieben. In seiner Sehnsucht nach dem anderen (Selbst) weint er auf sein Spiegelbild im Wasser, so Ovid, doch die Tränen erreichen nicht das Gegenüber, sondern wirbeln nur das Wasser der Quelle auf und jedes Mal verschwindet so das Bild der geliebten Person (sein Selbst im Spiegel des Wassers). Narziss er-kennt sich nicht. Was für eine wunderbar treffsichere Metapher.

Für Narziss wird dies zu einer immer größeren Qual, und schließlich will er sich in einer großen Klage, deren Echo widerhallt, von seinem Körper lösen, um den anderen berühren zu können. Im letzten Moment erkennt er: Derjenige, in den er sich verliebt hat, ist niemand anders als er selbst.

Viele vulnerabel narzisstische Menschen erleiden diese Qualen. Sie sehnen sich nach einer Verschmelzung, die sie nie wirklich erreichen können. Wenn es ihnen dann wieder einmal so erscheint, als hätten sie vergeblich versucht, sich mit dem anderen tatsächlich auf eine vollkommen erfüllende Art zu vereinen, können sie suizidal werden, weil sie in solchen Momenten ihre innere Leere allzu schmerzlich fühlen.

Auch im „Wasser der Unterwelt" wird die Liebessehnsucht des verstorbenen Narziss laut Ovid auf ewig nicht erfüllt, denn auch dort muss er immerzu nur sich selbst betrachten. An der Quelle bleibt seine Verwandlung zurück – statt des Jünglings eine hübsche Blume: die Narzisse.

© DAVID-UNDERLAND (Pixabay)

Eine narzisstische Frau bezeichnet man heute häufig als „Narzisse" und verweist damit auf ihre kalte Eitelkeit, sich stets auf Kosten anderer ins rechte Licht zu setzen und in ihrem Sehnen nach dem perfekten Sein den oder die andere geradezu zum Verschwinden zu bringen.

Sie sehen: Schon früh wusste man, wie vieldimensional dieser Urmythos ist.

In Ovids Erzählung kommt auch der blinde Seher Teiresias zu Wort. Er hatte vorausgesagt, „Narziss werde nur dann alt werden, wenn er sich nicht erkenne".

Auch das erscheint uns heute logisch und hat Folgen, nicht zuletzt für die Psychotherapie mit narzisstischen Persönlichkeiten. Es kann zum vollständigen Zusammenbruch führen, wenn ein Mensch erkennt, dass er in seiner Egozentrik selbst dafür verantwortlich ist, dass andere sich von ihm abwenden. Vielleicht wollen seine Ex-Frau und seine Kinder nichts mehr von ihm wissen, auch seine KollegInnen meiden ihn und er wird immer isolierter. Möglicherweise versucht er dann, sich mit Alkohol oder Drogen zu betäuben, aber spürt immer mehr seine innere Leere. Und in dem Gefühl, zugrunde zu gehen, könnte er buchstäblich dahinschwinden.

Menschen, die selbst keinen Halt finden, z. B. nicht von Alkohol oder Drogen loskommen und damit auch ihr Umfeld und ihre Familienangehörigen in die Verzweiflung treiben, haben tatsächlich häufig narzisstische Züge. Und viele, die jahrelang andere ausgebeutet haben, wollen nicht so genau hinschauen, weil sie Angst haben, dann ins Bodenlose zu stürzen – nicht ganz zu Unrecht. Häufig findet sich immer wieder jemand, der sich ihrer annimmt – und damit ihre narzisstische Illusion füttert, doch endlich das ersehnte Gegenüber gefunden zu haben. Manchen gelingt das bis zuletzt. Andere werden sich tatsächlich verändern. Narzissmus ist ein Persönlichkeitszug, der bei vielen im Alter nachlässt. Leider nicht bei allen …

2. Narziss und die Folgen für die Psychopathologie

Wenn wir uns anschauen, was im Lauf der Jahrhunderte aus dem Urmythos des unglücklich und unwissend sich selbst begehrenden Narziss geworden ist, so können wir feststellen: Er wurde je nach psychologischer Mode vereinnahmt.

Eitelkeit

Bei meiner Suche wurde ich u.a. beim Dichter Samuel Taylor Coleridge fündig. Bereits 1822 sprach er nicht nur von „dem Narziss", sondern er „verhauptwortete" sozusagen das dahinterstehende Dilemma „Narzissmus" nämlich als Charaktereigenschaft. Und als echter Poet der Romantik war es für ihn besonders naheliegend, Narzissmus mit „Eitelkeit" in Verbindung zu bringen.

„Du bist so eitel!"

Mir fällt hier ein Lied, ein, das ich selbst als junge Frau oft hörte und das diese Art narzisstischer Eitelkeit sehr gut zusammenfasst: „You're so vain" von Carly Simon. Es wurde auch sicher deshalb ein Millionenseller und zu Carly Simons bekanntestem Song, weil sich so viele junge Frauen Anfang der 1970er-Jahre im Opfer dieses eitlen Gecks wiedererkannten: Mit schrägsitzendem Hut und apricotfarbenem Schal stolziert er herein, schaut sich selbst beim Tanzen im Spiegel zu und badet sich in der Bewunderung der Mädchen, die alle träumen, seine Partnerin zu sein. Über sich selbst sagt Carly Simon in dem Song:

„Du hast mich vor einigen Jahren gehabt, als ich noch recht naiv war. Tja, du sagtest, wir wären so ein hübsches Paar und dass du mich nie verlassen würdest. Aber dann hast du dich von Dingen getrennt, die du einmal mochtest, und eins davon war ich" (Übers. MH).

Erst 40 Jahre später, als 70-Jährige, verriet sie, wer dieser Mann war, der das Vorbild für ihren autobiografischen Song abgab: der amerikanische Schauspieler, Regisseur und Produzent Warren Beatty; mit der Rolle des Clyde im Film *Bonny & Clyde* wurde er berühmt, für seine erotischen Eskapaden war er berüchtigt.

Auch heute noch empfehle ich allen Narzissmus-geschädigten (Ex-)PartnerInnen solcher Männer, diesen Song anzuhören[4], der so knapp wie genau und kraftvoll die ausbeuterische Haltung hinter dem eitlen Gestus beschreibt. Er entlarvt aber auch die Frauen, die auf solche Männer hereinfallen.

Aber zurück zum Beginn der theoretischen Auseinandersetzung mit Narzissmus.

Zusammen mit William Wordsworth („When all at once I saw a crowd, A host, of golden daffodils" – im Englischunterricht sollten wir damals das Gedicht über die goldenen Narzissen auswendig lernen …) und Robert Southey war Coleridge einer der drei Begründer der englischen Romantik. Als „Lake Poets" war ihnen die Metapher des Wassers besondere Anregung für ihre Arbeiten. Coleridges bekanntestes Gedicht ist sicher „The Old Mariner"; es erschient in dem Band *Lyrical Ballads,* herausgegeben von Wordsworth. Berühmt wurde das Gedicht nicht (nur) wegen seiner poetischen Schönheit, sondern auch, weil die Heavy-Metal-Band Iron Maiden es in einem bekannten Song zitiert.

Auch der Mythos des Narziss hatte es den Dichtern angetan, zumal für Coleridge besonders die Metapher der Quelle ein Synonym für die stets bedrohte dichterische Schöpfung darstellte. In einem Brief machte er sich lustig über seine eigene Eitelkeit: „Of course, I am glad to be able to correct my fears as far as public Balls, Concerts, and Time-murder in Narcissism".[5] Übersetzt: Selbstverständlich sei er in er Lage, seine Ängste im Griff zu haben, etwa vor Bällen, Konzerten und (anderem) Zeitvertreib aus Gründen des Narzissmus. Hier wird „Narcissism" also als Synonym für eitlen Zeitvertreib verwendet.

Autoerotismus

Ganz anders der frühe französische Psychologe Alfred Binet, bekannt als Begründer der Psychometrie, vor allem der Intelligenzmessung. Binet verstand Narzissmus als eine Form der autoerotischen Selbstbeschäftigung im sexuellen Sinne – auch das eine bis heute immer wieder vorgetragene Interpretation, wenn es um Masturbation geht: Der Narzisst wird hier verstanden als einer, der Lust an der sexuellen Stimula-

4 Ein Video gibt es hier: ↗ https://www.youtube.com/watch?v=M8uU_4XBugA, den (englischsprachigen) Songtext hier: ↗ https://www.songtexte.com/songtext/carly-simon/youre-so-vain-23d5980b.html.

5 Zit. in Wikipedia, Jan. 2024, s. auch ↗ https://blog.wordnik.com/the-rime-of-a-romantic-poet-10-words-coined-by-samuel-taylor-coleridge.

tion hat, entweder durch eigene Hand oder durch Fetische, und dass er daraus mehr Gewinn zieht als aus der erotischen Begegnung mit anderen Menschen. Den Narzissmus-Mythos zitiert Binet im Zusammenhang mit einem Fall, in dem ein Mann sich in weiße Schürzen „verliebte" (1887).

Der britische Sexualforscher Havelock Ellis wiederum erwähnte den Narziss-Mythos im Zusammenhang mit Frauen, die sich lustvoll nackt im Spiegel betrachten (1898, S. 2080). Überhaupt bleibt lustvoll-sexuelle Selbstbespiegelung seit Ende des 19. Jahrhunderts und für lange Zeit ein Symptom, dass in der Literatur mit dem Narziss-Mythos verbunden ist.

Der deutsche Psychiater und Kriminologe Paul Näcke (1899) zum Beispiel verwandte den Begriff „Narcismus" als Synonym für die „schwerste Form des Autoerotismus", als erotisierte Selbstverliebtheit in den eigenen Körper, die auch bei Homosexuellen zu finden sei. „Gemeinsam war allen sexualwissenschaftlichen Positionen des ausgehenden 19. Jahrhunderts die Einschätzung, dass der Narzissmus (als Selbstverliebtheit beziehungsweise als erotisches Gefallen am eigenen Körper) als eine ernste ‚Geschlechtsverwirrung' einzustufen sei", meinen die Autoren von Wikipedia dazu[6]. Meine Einschätzung: Dies ist eine der zahlreichen Facetten des Narzissmus, die heutzutage wieder wichtiger geworden ist unter dem Stichwort „Geschlechtsdysphorie", allerdings entkleidet aller Nebenaspekte der Homosexualität, wohl aber verbunden mit einer Art Homoerotik im Sinne von – teils auch negativer – Selbstbezogenheit. Dieser Aspekt wird uns im Folgenden noch öfter beschäftigen.

Psychoanalyse und Narzissmus

Dann begann zunehmend die aufkommende Psychoanalyse, sich des Begriffs Narzissmus anzunehmen – auch so divers, dass der Berliner Psychologe Jens León Tiedemann 2007 in seiner Dissertation spottete, man sei sich in der Psychoanalyse in Bezug auf den Narzissmus nur in zweierlei Hinsicht einig: Er gehöre zu den wichtigsten Erkenntnissen des Faches und sei „sehr verwirrend" (S. 252).

Der österreichische Psychoanalytiker Isidor Sadger wiederum hat nicht nur den Begriff Sadomasochismus, sondern auch 1908 – ebenso wie Otto Rank (1911) –„anhand eines Fallbeispiels den Begriff des Narzissmus in die psychoanalytische Diskussion eingeführt (‚Psychiatrisch-Neurologisches in psychoanalytischer Beleuchtung'). Allerdings interpretiert er Narzissmus, wie in der Sexualwissenschaft um die

6 ↗ https://de.m.wikipedia.org/w/index.php?title=Narzissmus&diffonly=true#Prim%C3%A4rer_Narzissmus

Jahrhundertwende üblich, als sexuelle Lust an Teilen des eigenen Körpers bis hin zum Orgasmus“ (Goddemeier 2017). Homosexualität verstand er als „narzisstische Perversion“; doch jede gesunde sexuelle Entwicklung führe über eine kindliche Phase der Selbstverliebtheit, so Sadgers Meinung.

Auch das Thema der möglicherweise versteckten Homosexualität in Menschen mit narzisstischen Zügen ist und bleibt natürlich untersuchenswert; ebenso die These, dass narzisstische Menschen aus der Phase der kindlichen Beschäftigung mit dem eigenen Körper und der Faszination für das eigene Sein möglicherweise in ihrer weiteren Entwicklung nicht hinausgefunden haben.

Besonders intensiv hat sich mit dem letztgenannten Aspekt Sigmund Freud beschäftigt, der die Diskussionen um Narzissmus in der entstehenden Sexualwissenschaft um die Wende zum 20. Jahrhunderts und in seinen psychoanalytischen Werken weiterentwickelte (1914). Dabei war er ambivalent, wie er narzisstische Persönlichkeitszüge theoretisch einordnen sollte. Er beschrieb „narzisstische Neurosen“ (im Gegensatz zu Übertragungs-Neurosen) als Psychosen, also als psychiatrische, wahnhafte seelische Krankheit.

Heute würde man das nicht so sehen. Narzissmus hat primär nichts mit einer Psychose zu tun, wiewohl Psychotiker in ihrem Wahn gefangen sind; allerdings hat der meist eher mit dem Gefühl zu tun, von anderen Menschen bedroht zu sein. Doch dass ein Mensch mit narzisstischen Persönlichkeitszügen durch eine psychoanalytische „Übertragungsbeziehung“ nicht erreichbar bzw. nicht heilbar sein könnte, das erleben Psychotherapeuten des Öfteren.

Besonders die nicht sehr abstinenten PsychotherapeutInnen tun sich schwer, mit einem über kurz oder lang stets mit ihnen in Konkurrenz gehenden, vielleicht sogar arroganten Patienten zu arbeiten, der ausagierend ihre Schwächen bloßstellt, sich als den eigentlich besseren Therapeuten präsentiert und dann den Psychotherapeuten „analysiert“, sobald die „Flirtphase“ während des Therapieaufbaus beendet ist. Wer dann als TherapeutIn über keine innere Unabhängigkeit verfügt, verstrickt sich gern heillos.

Primärer und sekundärer Narzissmus

Primären Narzissmus beschreibt Freud als frühkindliche Verschmelzung mit der Mutter; dabei seien die sexuellen Triebe auf das Selbst gerichtet. Der sekundäre Narzissmus sei dann – nach enttäuschter Liebe und Selbstwertkränkung – eine Fixierung und Regression auf die frühkindliche Phase des primären Narzissmus und dabei durchaus notwendig für die Ausbildung eines „Ich-Ideals“.

Soweit ich, als eher aus der verhaltenstherapeutischen, systemischen und psychotraumatologischen Richtung kommende Betrachterin der Narzissmus-Thematik, den Gedankengang nachvollziehen kann, wollte Freud damit zum Ausdruck bringen, dass der Narzisst sich selbst als den idealen Menschen darstellt, und sekundärer Narzissmus dann bedeuten könnte, von dieser Form der Selbstwerterhöhung nicht mehr herunterzukommen. Wie kann man das in heutiger Sprache verständlich machen?

In ihrer Meta-Analyse über Narzissmus in den sozialen Medien haben McCain & Campbell (2018), auf deren Arbeiten ich in Kapitel 7 zurückkommen werde, auf den bedeutsamen Unterschied zwischen grandiosem und verdecktem Narzissmus (Miller et al. 2011) hingewiesen und in diesem Zusammenhang die These aufgestellt: Der primäre Narzissmus nach Freud könnte mit dem grandiosen Narzissmus in Beziehung stehen. Das Kind findet sich einfach toll, ist auf sich bezogen und möchte für das bewundert und geliebt werden, was es gerade tut und fühlt. Normalerweise reift ein Kind aus dieser Phase heraus und entwickelt eine „Objektbeziehung", richtet also seine Selbst-Liebe auf andere Bindungspersonen. Wenn diese Beziehung gut geht, kann der Heranwachsende – über eine weitere, eher selbstunsichere Phase in der Pubertät hinweg – ein realistisches Selbstwertgefühl entwickeln, sodass er als Erwachsener mit anderen empathisch mitschwingen und sich auf angemessene Weise sozial einbringen kann.

Der sekundäre Narzissmus im Sinne Freuds hingegen könnte der „verdeckten" oder „vulnerablen" Form des Narzissmus entsprechen. Man appelliert sozusagen an das Gegenüber: „Nun sieh doch, wie besonders ich bin!" Allerdings ist das verbunden mit einem innerlichen Rückzug und einer übergroßen Beschäftigung mit der eigenen Identität und dem eigenen „Image" – also dem Bild, das man in den Augen der anderen erzeugt und in dem man sich wiederfinden will.

Das Problem der soliden Fachliteratur besteht darin, dass die psychoanalytischen Theorien von Freud und seinen Nachfolgern – weil sie historisch bedeutsam sind, beschreibe ich sie auch im Weiteren – und die empirische sozialwissenschaftlich-klinische Forschung sich meist nicht „gefunden" haben. Oft liegen die analytische Sichtweise und die der anderen Therapieschulen weit auseinander – ebenso die Studien und Erkenntnisse über das Vorkommen narzisstischer Züge in der Allgemeinbevölkerung. Der nächste schwierige Punkt ist: Auch die sozialwissenschaftliche Forschung und die nicht-analytischen Psychotherapien haben sich nicht gefunden. Daher mein Versuch, mit diesem Buch auch aus klinisch-psychotherapeutischer Sicht zum Thema Narzissmus und Trauma einen eigenen Beitrag zu leisten. Mehr dazu in späteren Kapiteln.

Wir alle stehen auf großen Schultern von Psychotherapeuten, die ich eher Denker nennen würde. Deshalb gehe ich mit Ihnen gern weiter die Spuren nach in der historischen Entwicklungsgeschichte zum Thema „Narzissmus als psychologisches Konstrukt“. Denn wir wollen am Ende ja verstehen, wieso narzisstische Themen gerade in den letzten Jahrzehnten als gesellschaftliche Faktoren eine so große Bedeutung gewonnen haben. Und was wir daraus für die Gegenwart lernen könnten, in Psychotherapie und in einer Gesellschaft mitten in der digitalen Revolution.

In seiner Schrift *Versuch einer Genitaltheorie* (1924) betrachtet der ungarische Neurologe und Psychoanalytiker Sándor Ferenczi Narzissmus als das „uranfänglich gegebene, narzisstisch wünschende und wollende Ich, das die Libido dem Sehnen nach dem vorgeburtlichen Paradies der fetalen Intrauterinexistenz unterwerfe“ und durch die Umwelt – hier: reale Ansprüche realer Beziehungen – gestört werde. Ihm geht es also darum, die Sehnsucht nach der ursprünglichen Verschmelzung im Mutterleib als ursächlich für die Fixierung narzisstischer Tendenzen anzusehen.

Sein Lieblingsschüler und Institutsnachfolger in Budapest, der ungarisch-britische Psychoanalytiker Michael Balint, wendete Ferenczis „passive Objektliebe des Kindes“ um in: Der Säugling hat das Bedürfnis danach, geliebt zu werden. Nichts anderes ist für ihn „primärer Narzissmus“ (1965). Sekundärer Narzissmus ist dann laut Balint „der verzweifelte Versuch, sich selbst gegen ein vernichtendes Gefühl der Ohnmacht zu verteidigen“. Der sekundär narzisstische Mensch werde von seinen eigenen tiefen Ohnmachtsgefühlen bedroht und wehre diese durch oberflächliche Allmachtsfantasien ab.

Allmachts- vs. Ohnmachtsgefühle

Dies ist eine Sichtweise, die ich bei etlichen PatientInnen mit narzisstischen Persönlichkeitszügen bestätigt finde. Hinter und unter dem arroganten Überheblichkeitsgestus befindet sich ein Abgrund, der ohne therapeutische Unterstützung meist nicht ausgelotet werden kann, weil er in ein Gefühl der Vernichtung mündet, einer Ahnung eines Sich-Auflösens.

> Wenn ich bei diesen Klienten eine von mir entwickelte verbale Prozesstechnik, die „Kaskadentechnik“ (Huber 2023) anwende (etwa: „Lieber mich überlegen fühlen, sonst …“), bauen sie häufig erst einmal erheblichen Widerstand auf („Was soll das? Wollen Sie mich aufs Glatteis führen?“). Falls sie sich doch einlassen, zeigt sich folgendes Muster: „Das kann ich mir gar nicht vorstellen. Was wäre sonst? Sonst würde ich mich eben nicht überlegen fühlen.“ – „Und was wäre dann?“ – „Dann … dann … hätte ich mich eben geirrt.“ – „Und wenn Sie das Gefühl hätten, sich mit ihrem Überlegenheitsgefühl zu irren, was wäre dann?“ –

> „Dann wäre ich ja ein … ein … Nichts!“ Variationen derart drastischer „Was-wäre-wenn“-Projektionen höre ich des Öfteren von diesen Klienten, etwa in Form von Formulierungen wie „Dann würde ich quasi verschwinden“ – „Dann gäbe es mich gar nicht“ – „Dann könnte ich mir gleich die Kugel geben.“

Das Omnipotenzgefühl narzisstischer Menschen, zumindest aber das Gefühl, die eigene Umgebung kontrollieren zu können, muss also unbedingt aufrechterhalten werden, weil sonst ein Vernichtungs- bzw. Auflösungsgefühl einträte. Besonders interessant finde ich das, wenn ich die täterimitierenden Anteile in Menschen mit einer tief gespaltenen, dissoziativen Identität dazu befrage, denn diese spiegeln sozusagen den pathologischen Narzissmus des oder der Täter in entsprechenden Selbstzuständen wider, nach dem Motto: „Entweder ich bin dominant, überlegen und habe Macht, auch über Leben und Tod meines Opfers, habe einfach alles unter Kontrolle oder ich löse mich auf und es gibt mich gar nicht.“

Das Sein ist Allmacht, Ohnmacht ist Nichtsein – das ist eines der Dilemmata des pathologischen Narzissten.

Die österreichisch-britische Psychoanalytikerin Melanie Klein, Begründerin der Kinderpsychoanalyse und der Objektbeziehungstheorie, wies Freuds primäre Narzissmustheorie zurück. Aufgrund ihrer Säuglings- und Kleinkindbeobachtungen stellte sie fest: Selbst der Säugling ist in der Lage, zwischen sich selbst und anderen, Subjekt und Objekt zu unterscheiden und sie in Liebe und Fantasien einzubeziehen. „Liebe und Hass, Phantasien und Ängste sowie die entsprechenden Abwehrmechanismen seien von Anfang an wirksam und an die jeweiligen Objektbeziehungen geknüpft … Ein in der Entstehung begriffenes Ich existiere von Geburt an, wenn auch unter dem Druck von Verfolgungsängsten – die, um das rudimentäre Ich zu schützen, nach außen projiziert werden müssen – und von Fragmentierung bedroht sei“ (Kernberg & Hartmann 2006, S. 175).

Letzteres kennen wir aus der Arbeit mit dissoziativen PatientInnen, die partiell oder als Vollbild (nach ICD-11) eine Dissoziative Identitätsstörung (DIS) entwickelt haben: Rudimentäre Ich-Vorstellungen sind unter Stress (Klein nennt das „Verfolgung“) bedroht und fragmentieren, wenn der Druck zu stark ist. Und so können „Phantasien und Ängste sowie die entsprechenden Abwehrmechanismen“ in unterschiedlichen Bereichen der Persönlichkeit lokalisiert sein. In einigen Menschen mit einer dissoziativen Identität finden wir psychisch gesunde Anteile ebenso wie beispielsweise narzisstische, borderlinige, zwanghafte, dependente oder dissoziale. Die meisten dieser Persönlichkeiten hatten bis zur Aufnahme der Psychotherapie keine Möglichkeit, diese unwillkürlich und früh separierten Selbstanteile spontan zu integrieren und dadurch in ihrer Intensität und Ausprägung zu entschärfen (Klein 1962).

Klein hat auch die Theorie der projektiven Identifizierung begründet (s. Frank & Weiß 2017) – ein wichtiges, inzwischen weiterentwickeltes Konzept, das erklärt, warum Menschen abgewehrte Ich-Anteile auf andere Menschen projizieren und sie dort bekämpfen. Auch dieses psychische Vorgehen spielt bei narzisstischen Menschen in ihrer Beziehungsgestaltung eine große Rolle; wir werden noch darauf zurückkommen. Denn dass, wenn etwas schief geht, immer der andere schuld ist, gehört zum Selbsterhaltungstrieb einer narzisstischen Persönlichkeit.

Falsches vs. wahres Selbst

Unter dem Einfluss Melanie Kleins, aber doch auch in Abgrenzung zu ihr, entwickelte der britische Psychoanalytiker Donald Winnicott (1960) als wichtiges Konzept das „falsche Selbst". Es ist das Ergebnis der Anpassungsbereitschaft des Menschen an die Anforderungen anderer, im Vergleich zum „wahren Selbst", das innerhalb der Persönlichkeit immer gleich und von außen unbeeinflussbar sei. Nur wenn der Mensch sein falsches Selbst für sein wahres hielte, käme es zu Verzweiflung, Einsamkeit und Sinnlosigkeit. Narzissmus verstand Winnicott im Sinne Freuds als sekundären Narzissmus und diesen als Rückzug von äußeren Beziehungen und „abwehrbedingte Identifizierung mit dem inneren Objekt", von Anfang an mit Neid und Aggression verbunden. Der Mensch schütze sein fragiles inneres „wahres Selbst" und wehre alle Angriffe darauf ab. Er misstraue anderen – sie könnten besser sein als er und ihn attackieren – und zöge sich lieber unbewusst hinter die Schutzmauer eines falschen Selbst zurück.

Diesem „Seitenzweig" der Diskussion möchte ich hier weiter nachgehen, nämlich über das „falsche Selbst" nachzudenken und seine Auswirkungen auf die Entwicklung einer narzisstischen Persönlichkeitsstruktur, denn ich halte dies für einen wesentlichen Aspekt der narzisstischen Problematik.

Joan Riviere, Winnicotts zweite Analytikerin, hatte sich 1929 in einem vielbeachteten Aufsatz mit dem Titel „Womenliness as a Masquerade" damit beschäftigt, dass Frauen mit einer männlichen Orientierung „eine Weiblichkeitsmaske" entwickelten, um ihre Angst vor Entdeckung dieser Merkmale und vor der Bestrafung durch Männer abzuwehren.

Auch die österreichisch-amerikanische Psychoanalytikerin Helene Deutsch – eine Freud-Schülerin und -Assistentin sowie engagierte Frauen-Analytikerin – begann kurz darauf, sich mit dem Thema falsches Selbst zu beschäftigen und blieb lebenslang dabei. Wo Freud den „dunklen Kontinent" Frau nur so interpretieren konnte, dass

Frauen grundsätzlich passiv, narzisstisch und masochistisch seien, erklärte Deutsch, die Passivität der Frau sei eine nach innen gerichtete Aktivität und ihr Narzissmus ein Gegengewicht, um die masochistische Seite in ihr im Zaum zu halten.

1934 hatte Deutsch in der *Internationalen Zeitschrift für Psychoanalyse* einen Artikel veröffentlicht unter dem Titel „Über einen Typus der Pseudo-Affektivität (‚Als ob')". Wen man damals „eine geheimnisvolle, rätselhafte Frau" oder „Dame" genannt hätte, war für Deutsch ein Beispiel für Menschen, die sich eine liebenswürdige Fassade aufbauen, hinter der sie ihre Verletzlichkeit und Verletztheit, ihre dunklen und ihnen selbst unheimlichen Aspekte verbergen. Manchmal fragt sich jemand, der mit so einer rätselhaften Dame zu tun haben: „Was ist da los?" Hierzu Deutsch: „Die Frage: was ist da los?, soll ausdrücken: an einem Menschen dieser Art ist gar nichts Krankhaftes zu bemerken, er benimmt sich vollkommen normal, seine intellektuellen und affektiven Äußerungen sind vollkommen geordnet und entsprechend, und doch schiebt sich zwischen ihn und den anderen Menschen etwas, was nicht faßbar und definierbar ist" (S. 323).

Ich selbst habe so manche unglückliche Klientin sehnsuchtsvoll ihre narzisstische Mutter beschreiben hören mit Worten wie „diese schöne fremde Frau".

Um Gefühle wie Angst, Unsicherheit und dunkle oder unbekannte Empfindungen, Ahnungen oder ungeklärte Wissensbestandteile zu schützen, die dem „wahren Selbst" zu eigen sind, entwickeln gerade Frauen, so Deutsch, eine äußere Hülle. Sei diese zu sehr entfernt vom „wahren Selbst", käme es zu Selbstverleugnung, Selbsthass und -entfremdung.

Ganz ähnlich beschrieb es auch die deutsch-amerikanische Psychoanalytikerin Karen Horney in ihrem Buch *Neurose und menschliches Wachstum* (deutsch 1975, im englischen Original bereits 1950 erschienen). Angst ist für Horney das zentrale Problem jeder Neurose – eine Einschätzung, die heute allgemein von Tiefenpsychologen, die sich mit neurotischen Entwicklungen beschäftigen, geteilt wird. Wenn das „Selbst-Ideal" jedoch losgelassen werden könne, dann sei der Weg frei für die Lösung der als existenziell erlebten Probleme. Sei der Druck der Umwelt jedoch zu groß, entstünden Phänomene, die wir heute als dissoziative Störungen kennen, nämlich unter anderem Depersonalisation und Derealisation, also sich selbst in Teilen oder auch die Umgebung nicht adäquat wahrnehmen und spüren können.

Horneys Lebensgefährte Erich Fromm sprach bereits 1941 in seinem Buch *Die Furcht vor der Freiheit* vom „Pseudo-Charakter" des falschen Selbst, das den Menschen daran hindere, frei zu sein im Sinne einer positiven Verwirklichung des inneren Selbst.

Wie entsteht ein Selbst?

Wie kommt nach Ansicht psychoanalytischer Theoretiker eine überdauernde Vorstellung von sich selbst zustande – im eigentlichen Sinne also ein Selbst? Daniel Stern (1985), amerikanischer Säuglingsforscher und Psychoanalytiker, hat zunächst vier Stadien der Selbstentwicklung voneinander unterschieden. Sie basieren alle auf der Erkenntnis, dass der Säugling keineswegs in der totalen Verschmelzung mit der Mutter lebt, sondern von Anfang an sich selbst von anderen unterscheiden kann. Nach und nach differenzieren sich, so Stern, dann klarere Selbstwahrnehmungen und schließlich Selbstkonzepte aus:

- Zunächst das „auftauchende Selbst", das mit zwei bis drei Monaten bereits abgeschlossen ist und das einfache Wahrnehmungen und Koordinierungen von äußeren Objekten und inneren Identifikationen beinhaltet.
- Dann das „Kern-Selbst", im Alter von drei bis sieben Monaten. Das Kind entwickle jetzt vier „Invarianzen", also überdauernde Eindrücke. Dazu gehört die „Selbsturheberschaft": Das Kind bemerkt, wenn es als „Ich" etwas tut, verändert sich die Wahrnehmung. Ein Beispiel wäre das Augenschließen. Weiter gehören zu den bis zum siebten Lebensmonat entwickelten Invarianzen die „Selbstkohärenz", also die Wahrnehmung körperlicher Ganzheit; die „Selbstaffektivität", also die Ähnlichkeit von Gefühls- und Körperzuständen über die Zeit, und die „Selbstgeschichtlichkeit", also die Wahrnehmung, immer dieselbe Person über Raum und Zeit hinweg zu bleiben.
- Im Alter von sieben bis neun Monaten entwickelt das Kind ein „subjektives Selbst" als entstehendes inneres Arbeitsmodell. Erschlossen wird es aus den wiederholten Begegnungen mit anderen Menschen, sodass das Kind in der Lage ist, sich auf andere einzuschwingen. Stern hat als erster den Begriff „Attunement" dafür geprägt, was im Deutschen heute ebenfalls mit Fremdworten übersetzt wird wie „Rapport" oder „Kontingenz".
- Im Alter von 15 bis 18 Monaten entsteht dann das „verbale Selbst", das neues Wissen erwirbt, versprachlicht, mitteilt und verbal neu erschafft.
- 1997 fügte Stern, der sich nur mit Säuglingen und Kleinkindern bis zum Alter von drei Jahren beschäftigt hatte, noch eine Selbstkonzeption hinzu: das „narrative Selbst", das sich vom dritten bis zum vierten Lebensjahr herausbildet. Das ist das Selbst, das – als Weiterentwicklung des verbalen Selbst – über sich selbst erfahrene und erfundene Geschichte/n erzählen kann.

Ich selbst habe mich intensiv mit frühen Störungen der Entwicklung beschäftigt (s. Huber 2020). Für mich ist es besonders interessant zu vergleichen, welche Vorstellungen vom Selbst es in psychoanalytischen Konzepten gibt und welche Erkenntnisse wir aus dem klinischen und Forschungshintergrund zu schweren Bindungs- und

Entwicklungsstörungen durch extremen Stress haben. Heute wissen wir ja, dass das Gehirn von Säuglingen und Kleinkindern aufgrund wiederholter früher Stressererfahrungen anders aufgebaut wird als das von Kindern, die diese Formen von Stress nicht erleben (Teicher 2010). Je nachdem, in welchem frühen Stadium (von intrauterin angefangen) der massive wiederholte Stress stattfand, werden Aufbau und Funktion des Selbst nachhaltig gestört, und zwar so sehr, dass es dadurch grundverschiedene „Selbste" geben kann (Huber et al. 2019), mit sehr unterschiedlichen Formen, sich auf die innere und äußere Welt zu beziehen.

Wie entsteht ein falsches Selbst?

Wie entsteht ein „falsches Selbst"? Dazu gibt es je nach Autor unterschiedliche Vorstellungen. Der amerikanische Psychiater und Psychoanalytiker James F. Masterson ging wie Winnicott davon aus, dass eine „ausreichend gute Mutter" dem Kind hilft, sich ein geschütztes inneres „reales Selbst" und ein notwendigerweise nach außen hin angepasstes „falsches Selbst" zu erschaffen. Wobei Masterson betonte, das falsche Selbst werde vom Kind konstruiert, um der Mutter zu gefallen. In der frühen Säuglingsphase sei das Kind noch nicht in der Lage, anders als mit seinem realen Selbst mit der Mutter in Kontakt zu treten. Kann die Mutter jedoch aufgrund eigener Probleme die realen Bedürfnisse und Seinszustände des Kindes nicht erspüren und adäquat darauf antworten, sei das Kind gezwungen, sich schon sehr früh dem anderen Menschen – hier erst einmal der Mutter – anzupassen. Das könne so weit gehen, dass das reale Selbst nicht mehr wahrgenommen werden könne und durch das falsche fast vollständig ersetzt werde.

Zwei narzisstische Persönlichkeitsstile könnten daraus entstehen, so Masterson 1990: der „exhibitionistische" und der „verborgene". Der exhibitionistische Typus ist derjenige, der sich offen zeigt, der verborgene hingegen idealisiere aufgrund seines schlechten Selbstwertgefühls sein Gegenüber und fühle sich innerlich leer.

Wir werden beide Typen im heute als Menschen mit narzisstischen Persönlichkeitszügen wiedererkennen: im grandiosen und im vulnerablen Narzissmus. Beide entfremden sich von ihrem authentischen Inneren – dem, wie ich es nenne, „stimmigen" inneren Gefühl von Authentizität. Und besetzen, wie der österreichisch-ungarische Psychoanalytiker Heinz Hartmann, Begründer der „Ich-Psychologie" (2021) es nannte, „libinidös" das falsche Selbst.

Auch der Hauptvertreter einer humanistisch-psychoanalytischen Psychotherapie, Stephen M. Johnson, war der Ansicht, Narzissmus sei die „Zurschaustellung des falschen Selbst anstelle der Äußerung des wahren Selbst" (1987), während 35 Jahre später der deutsche Psychiater und Psychoanalytiker Hans-Joachim Maaz „ein bedrohtes, gequältes, ungeliebtes, abhängiges, gehemmtes, vernachlässigtes, überfordertes Selbst" (2022), also verschiedene „Selbste" oder besser Selbstzustände, unterschied.

Alice Miller hingegen, die polnisch-schweizerische Psychologin und Kritikerin der Psychoanalyse, hat noch in ihrem bekanntesten Buch *Das Drama des begabten Kindes* die traditionelle Vorstellung vertreten, eine narzisstische Störung sei „die Isolierhaft des wahren Selbst im Gefängnis des falschen", das durch „die Anpassung an elterliche Bedürfnisse" entstehe (1979).

Wiederum näher an unseren heutigen Vorstellungen lag Kathrin Asper (1987) mit ihrer These, die „Selbstentfremdung im Rahmen narzisstischer Persönlichkeitsstrukturen und -störungen könne den Charakter einer Depersonalisation annehmen". Das bedeutet: Dissoziative Entfremdungszustände des Selbst oder seiner Teile (Depersonalisation) könnten als Ergebnis narzisstischer Störungen auftreten – eine These, die wir heute nur bestätigen können.

Mit Interesse habe ich mir in diesem Zusammenhang auf YouTube in der Reihe „Rätsel des Unbewussten" Folge 5 angesehen: „Das falsche Selbst – wie man wird, was man ist"[7]. Die beiden psychoanalytischen Autoren, Cécile Loetz und Jakob Johann Müller, berichten in dieser Folge von ihren Erfahrungen mit narzisstisch gestörten Menschen, die „sich immer weiter von sich entfernen, um zu gefallen, bis sie sich fremd und darüber krank werden".

In ihrem Buch *Politik und Schuld – Die zerstörerische Macht des Schweigens* (1997), spricht die deutsche Politikwissenschaftlerin Gesine Schwan im Zusammenhang mit der Diskussion transgenerationaler Traumata davon, dass nach dem 2. Weltkrieg „von Generation zu Generation zunehmend undurchschaubarere Deformationen" entstanden seien. Die zweite Generation, auch als „Generation der Stunde Null" bezeichnet, habe es schwer, ein eigenständiges Selbst zu entwickeln und verlässliche Beziehungen aufzubauen. Es sei ihnen verwehrt, „zu eigenständigen Persönlichkeiten zu werden", sie entwickelten „latente Depressionen" und seien abhängig von einem „falschen Selbst".

Die britische Psychotherapeutin und Analytikerin Susie Orbach (2002), die sich als Feministin versteht, betonte die körperlichen Auswirkungen des falschen Selbst: So deformiert wie das Verhältnis zur Mutter könne auch das Verhältnis der Frauen zu ihrem Körper werden. Auch das ist ein spannender Gedanke.

---

7 ↗ https://www.youtube.com/watch?v=Fq-tkvs7n4w

Der Kampf um die Selbste

Wie zerstörerisch kann der innere Kampf um das Selbst – oder die Selbste, also unterschiedliche und konkurrierende Identitäten im Innern der Persönlichkeit – werden? Hierzu haben sich zwei Giganten der Psychoanalyse gestritten und das gesamte Feld der klinischen Diagnostik und Therapie narzisstischer Störungen revolutioniert: Kohut und Kernberg.

Der österreichisch-amerikanische Arzt und Psychoanalytiker Heinz Kohut wandte sich ab von der Vorstellung Sigmund Freuds und seiner Schüler – und auch von der seines US-amerikanischen, aus Österreich stammenden Kollegen Otto F. Kernberg –, dass Neurosen ihre Wurzeln in der sexuellen Unterdrückung hätten. Kernberg hatte einer scharfen, ausschließlich negativen Diagnose des pathologischen Narzissmus folgerichtig eine konfrontative Übertragungstherapie vorgeschlagen. Kohut jedoch entwarf ein anderes Bild:

„Er [Kernberg] war der Ansicht, dass beginnend mit dem primären Narzissmus, oder, wie er ihn nannte, archaischen Narzissmus eine Entwicklungslinie zu den Objektbeziehungen führt, die andere zu höheren Formen des Narzissmus, nämlich Empathie, Humor, Kreativität … und Weisheit … Dieser letzteren Entwicklungslinie wandte Kohut seine Aufmerksamkeit zu" (Lachmann 2014, S. 29).

Kinder hätten, so Kohut, sowohl ein Bedürfnis nach „Responsivität" – von den Eltern in ihrer kindlich-narzisstischen Bedürftigkeit gespiegelt und versorgt zu werden –, als auch ein Bedürfnis nach Zugehörigkeit und innerem Abbild eines Alter Ego. Geschieht dies nicht, wird das Kind Enttäuschung erleben und sich idealisierten anderen Personen zuwenden, in der Hoffnung, von diesen anerkannt zu werden. Statt konfrontativ solle also in der Therapie anders, nämlich empathisch vorgegangen werden.

Wie Letzteres meines Erachtens aussehen kann, dazu später mehr. Denn erst einmal soll ja verstanden werden, weshalb ein Mensch mit pathologisch narzisstischen Zügen aggressiv, arrogant und verletzend werden kann.

Der deutsch-britische Psychoanalytiker Herbert Rosefeld schrieb 1971 über Patienten, die versuchten, die Übertragungsbeziehung zu verhindern oder zu zerstören, und er behauptete: Der destruktive Narzissmus solle ein Ideal retten, „das mit Harmonie, Reinheit und Stimmigkeit zu tun" habe. Als Jude, der aus Deutschland emigrieren musste, interessierte ihn die destruktive Seite des pathologischen Narzissmus auch in politischen Zusammenhängen: „In der Psychose der deutschen Nation brachte es die destruktive, hypnotische, omnipotente Macht des Führers fertig, (Juden) durch die Aufreizung ungeheurer, neidischer Verzerrung in gefährliche

Feinde der deutschen Nation zu verwandeln" (Zienert-Eils et al. 2020, S. 263). Eine Erkenntnis, die sich möglicherweise auch heutzutage anwenden lässt auf alle, die Projektionsflächen des abgelehnten „anderen" sind: „der Russe", „die Rechten", „die Lumpenpazifisten", „die Coronaleugner", „die Impfgegner", „die Klimaleugner" und wie auch immer die Klischees vom jeweils zu bekämpfenden Feind in unserer gegenwärtigen Gesellschaft lauten mögen.

Dazu fällt mir Herbert Csef (2015) ein, der die Entwicklung zur narzisstischen Gesellschaft so beschrieb: „Destruktiver oder maligner Narzissmus ist häufig mit antisozialen Tendenzen verknüpft und führt nicht selten zu Kriminalität, Mord oder Totschlag" (S. 1).

Unter dem Titel *Die narzisstische Gesellschaft* hat sich schließlich der Psychiater und Psychoanalytiker Hans-Joachim Maaz (2012) ebenfalls mit den destruktiven Aspekten des Narzissmus beschäftigt. Seine These: Die „Gier, sei es nach Geld oder anderen Lebensvorteilen", sei Ausdruck einer narzisstischen Störung, die bei den meisten Bürgern der westlichen Konsumgesellschaft anzufinden sei. Grund unter anderem: „Der Narzisst ist ständig damit befasst, sein beschädigtes Selbst zu schützen. Er kann sich nur um sich selbst drehen – nicht etwa aus Eitelkeit, wie fälschlicherweise oft angenommen wird, sondern aus Not. So verliert der Narzisst die Mitmenschlichkeit; es bleibt für andere im Grunde nichts mehr übrig, da er permanent damit befasst ist, das eigene Selbst zu stabilisieren" (S. 147).

Doch ist das in der heutigen Welt nicht etwas, das uns allen abverlangt wird?

3. | Gibt es das – gesunden Narzissmus?

Fragen rund um das „Ich“ und …

Bei aller Diffusität der Definitionen gilt für das Thema Narzissmus: Hier steht das „Ich“ im Zentrum der Aufmerksamkeit des Menschen. Hier ist jemand damit beschäftigt, sich immer wieder Fragen zu stellen wie:

1. Wer bin ich eigentlich?
2. Ist das gut für mich?
3. Was will ich im Grunde wirklich?
4. Wie denke und fühle ich dazu?
5. Wie geht es mir körperlich und seelisch?
6. Was brauche ich, damit es mir gut / besser geht?
7. Wie verhalte ich mich in Beziehung zu … (meiner PartnerIn, meinen Kindern, KollegInnen, Vorgesetzten, der Öffentlichkeit …)?
8. Habe ich das gut gemacht?
9. Mögen mich die anderen?
10. Wie bekomme ich von anderen, was ich brauche?
11. Werde ich beachtet und respektiert?
12. Komme ich weiter so, bin ich damit erfolgreich? – Und so weiter.

So zu denken ist in westlichen Gesellschaften inzwischen selbstverständlich – für jedes Kind, jeden Jugendlichen und Erwachsenen, und es gilt als gesund und normal. In Beratungen, Coachings, Mentaltrainings, Psychotherapien wird diese Art des Denkens und des Selbsterforschens gezielt unterstützt. Ob das gut ist, sei mal dahingestellt, aber es ist eine Art der Rückbesinnung auf das Eigene, die in unserer Kultur sogar so weit getrieben wurde, dass die Frage „Bin ich eigentlich weiblich oder männlich oder etwas ganz anderes als Geschlecht?“ zu einer auch gesetzlich unterstützten „Selbstbestimmung“ geworden ist. Alles darf in Bezug auf das eigene Ich gefragt werden – und alles wird in seiner Beantwortung viel Zeit und Raum einnehmen, wenn nicht gerade die Alltagspflichten das schiere Funktionierenmüssen erforderlich machen.

Geschichtlich betrachtet aber war diese Art der Selbsterforschung keineswegs immer selbstverständlich – in unserer Kultur nicht, und in anderen Teilen der Welt ist das bis heute nicht der Fall. In Ländern z. B., die buddhistisch geprägt sind, gilt das Kreisen ums „Ich“ eher als etwas, das man tunlichst ablegen sollte. Was früher fast immer einer privilegierten Oberschicht vorbehalten war – sich mit sich selbst zu beschäftigen –, ist heute in einer globalisierten Welt allgemein und diffus in allen Gesellschaftsschichten vorfindbar. Und es hat sich bis in die klinisch relevanten Dimensionen verbreitet.

… Antworten eines erfolgreichen Einzelgängers

Wie würde jemand, der in Trainings oder mithilfe anderer Selbstoptimierungsmethoden an seinem Ich gearbeitet hat, die oben genannten Fragen wohl beantworten? Vielleicht in etwa so:

Antwortset 1

1. Wer ich eigentlich bin? Ein ganz besonderer, ein liebenswerter Mensch.
2. Ob etwas gut für mich ist, entscheide ich.
3. Ich nehme mich wichtig und möchte mich auch verwirklichen.
4. Ich denke und fühle, dass ich da bin; ich nehme Raum ein, und das ist gut so.
5. Mir geht es besonders gut, wenn ich mich in meiner Kraft und geliebt fühle.
6. Ich brauche es, dass ich, nicht nur wenn ich in Not bin, die Aufmerksamkeit und Fürsorge der anderen bekomme.
7. Ich kann andere dazu bringen, mir zu geben, was ich von ihnen bekommen möchte.
8. Ich bin mir sicher, dass ich es gut mache, und ich werde die Ernte einfahren.
9. Die anderen mögen mich, weil ich mich zu benehmen weiß. Zu Neidern und Gegnern halte ich Distanz.
10. Was ich wirklich brauche, sage ich deutlich, zunächst freundlich. In jedem Fall kann ich durchsetzen, dass ich es bekomme.
11. Ich sorge dafür, dass andere mich respektieren.
12. Da ich es gut und richtig mache und besondere Fähigkeiten habe, werde ich auch (weiterhin) Erfolg haben.

Wie vielen dieser Aussagen würden Sie zustimmen? Hier ist praktisch das Credo des westlichen Erfolgsmenschen formuliert, der selbstbewusst und mit breiter Brust den seiner Meinung nach ihm zustehenden Raum einnimmt. Dies wird nicht nur in Managementtrainings eingeübt (heute sogar heruntergebrochen für die Crew der Marketingleute), sondern auch für jedermann publik gemacht.

Es gibt zahllose, mit Meditationsmusik unterlegte Affirmations-Podcasts, wo mit sanfter weiblicher oder männlicher Stimme bestätigend vorgetragen wird, was man sich vielleicht gerade nicht selbst sagen kann. Es gibt kostenlose Affirmationen, auf YouTube oder in Apps, die man zum Einschlafen im Handy einstellen kann: „Ich bin besonders, ich bin gut, ich mache es richtig, ich werde erfolgreich sein, ich, bin liebenswert …, ich, ich, ich …" Manchmal reden diese Stimmen uns auch gut zu, als seien sie liebevolle Elternfiguren: „Du bist wundervoll, einzigartig, du machst es gut, du wirst glücklich sein …"

Was immer Sie davon halten: In unserer westlichen, globalisierten Welt scheint es nötig zu sein, sich dieser Selbstbefragung und Selbstbestätigung des eigenen Gut- und Richtigseins immer wieder auszusetzen. Dass dahinter oft ein schwaches, unsicheres Selbstwertgefühl steckt, dürfte offensichtlich sein.

… Antworten eines seelisch stabilen Menschen

Was wäre dann gesund an dieser Art, das eigene Ich in den Mittelpunkt der Betrachtung zu stellen?

Gesunder Narzissmus gilt bei uns als Teil einer natürlichen Persönlichkeitsentwicklung, und es heißt, dass der vor allem bei jungen Menschen natürlicherweise wichtig sei, wenn sie zu Erwachsenen werden wollen, die Verantwortung übernehmen (Kohut 1971). Dieses Phänomen ist inzwischen jedoch wesentlich weiter verbreitet (siehe Kapitel 7).

Gesund könnte Folgendes sein: Man lenkt die Aufmerksamkeit von außen nach innen, nimmt sich (vielleicht vorübergehend) wichtiger als alles, was von außen kommt, fokussiert und plant von da aus, wie man mit dem „Außen" interagiert. Das ist etwas ganz anderes als die Art von Selbstbezogenheit, die wir bei der pathologischen Form des Narzissmus antreffen: unempathisch, sich ungeliebt fühlen und deshalb andere manipulieren. Das Einüben und Erproben von Selbstwertgefühl und Selbstvertrauen hingegen ist heute nötiger denn je – und, wie gesagt, Teil einer normalen Entwicklung.

Als Hauptmerkmale eines gesunden Narzissmus gelten: eine realistische Selbsteinschätzung, Empathiefähigkeit, Authentizität und stabile Selbstwerteinschätzung (Pincus et al. 2009). Ein seelisch stabiler Mensch würde die zwölf oben gestellten Fragen vielleicht so beantworten:

Antwortset 2

1. Ich bin ein liebenswerter und liebesfähiger Mensch.
2. Ob etwas gut für mich ist, untersuche ich. Bevor ich mich entscheide, befrage ich mich selbst und meine Vertrauten.
3. Im Grunde meines Herzens möchte ich mich geliebt fühlen und anderen viel Liebe geben.
4. Vor einer Entscheidung bedenke ich alles und beachte alle Seiten. Dann vertraue ich auf meine gute Intuition und versuche, daraus die für mich und meine Schutzbefohlenen (und am besten mit ihnen) klügsten Beschlüsse zu fassen.
5. Ich habe ein gutes Gespür dafür, wie es mir körperlich und seelisch geht und achte selbstverantwortlich auf meine Gesundheit.
6. Damit es mir gut / besser geht, brauche ich Zeit für mich, aber auch ein liebevolles Miteinander und den Austausch mit Menschen, die mir wichtig sind.
7. Im Umgang mit anderen höre ich zu und sage so aufrichtig wie möglich, was ich denke und wie es mir damit geht. Manchmal einigen wir uns dann, manchmal nicht, aber ich versuche auf alle Fälle, auch jeden Kritiker als Ratgeber zu verstehen.
8. Ich merke selbst ganz genau, ob ich etwas gut (genug) gemacht habe; man kann mir weder schmeicheln noch mich entwerten. Ich selbst bin meine eigene, schärfste KritikerIn und stehe danach auch verantwortlich zu meinen Fehlern.
9. Es ist mir nicht so wichtig, ob die anderen mich mögen. Ich versuche, anständig mit jeder und jedem umzugehen; die Leute werden dann von selbst entscheiden, ob sie und was sie an mir mögen oder nicht. Ich bin aber unabhängig von deren Launen und von jeder Mode.
10. Ich bin manchmal abhängig von anderen, weil ich etwas von ihnen brauche. Das ist in Ordnung. Ich kann darum bitten und weiß, dass ich nicht immer bekommen kann, was ich möchte, aber ich versuche es. Umgekehrt weiß ich, dass auch andere von mir abhängig sind, was ebenfalls in Ordnung ist. Ich versuche, mich ihnen gegenüber anständig zu verhalten und zu helfen wo ich kann, ohne zu erwarten, dass sie das auch für mich tun müssen.
11. Ich werde beachtet und respektiert, das ist gut so. Und ich achte und respektiere auch die anderen, selbst meine Gegner.
12. Erfolg ist zu 99 % Transpiration und zu 1 % Inspiration – und es gehört auch eine Menge Glück dazu. Wenn ich es schaffe, bin ich dem Schicksal, den anderen und auch mir selbst dankbar.

Wo liegt der Unterschied zwischen dem ersten und dem zweiten Antwort-Set? Das erste hat etwas mit dem erfolgreichen Einzelgänger zu tun. In unserer westlichen Kultur ist dieser Typ noch nicht pathologisch, sondern kennzeichnet z. B. Führungsfiguren im Management und Chefs in Unternehmen, die es gewohnt sind, rasch

Entscheidungen treffen zu müssen. Das zweite Set an Antworten ist kennzeichnend für den bindungsorientiert denkenden und lebenden Menschen. Dieser nimmt sich selbst, aber auch alle anderen um sich herum ernst, hat ein stabiles Selbstwertgefühl und eine innere Unabhängigkeit im Urteil, ist aber auch selbstreflexiv, kritikfähig und lässt sich auch von anderen etwas sagen. Das kennzeichnet zum einen den Chef der Art „Primus inter pares", zum anderen den „interdependent" lebenden Menschen, der gemeinschaftsfähig ist. Häufig findet man darunter Familienmenschen, die in (lange) gewachsenen Strukturen leben oder in einer Wahl-Familie. Auf alle Fälle mit Menschen, deren Meinungen und Erfahrungen ihnen wichtig sind.

Gesunder Narzissmus kann dazu beitragen, dass ein Mensch erfolgreich und zufrieden mit seinem Leben ist, ohne auf Kosten anderer zu handeln oder manipulatives Verhalten zu zeigen, denn schließlich leben wir „im Zeitalter des Anspruchs(denkens)", das eine „narzisstische Epidemie" im Sinne einer Notwendigkeit zur permanenten Selbstoptimierung ausgelöst hat (s. Twenge & Campbell 2009).

Wer „den Kritiker als Ratgeber" nehmen kann, ohne in Scham- und Schuldgefühlen zu versinken, aber auch ohne (dauerhafte) Abwehr oder gar Rachegefühle, verfügt über die nötige Selbstreflexionsfähigkeit, die gesunden Narzissmus kennzeichnet.

... Antworten von TraumapatientInnen

Das nächste Antwortset deckt in etwa ab, was viele meiner TraumapatientInnen zum Thema sagen könnten. Nicht wenige von ihnen hatten oder haben immer noch PartnerInnen, die narzisstische Persönlichkeitszüge aufweisen.

Antwortset 3

1. Wer ich bin? Weiß ich nicht. Ich kann vieles sein, manchmal denke ich, ich weiß, wer ich bin, manchmal nicht ...
2. Ob etwas gut für mich ist – keine Ahnung. Es ist schon so vieles schiefgegangen in meinem Leben ...
3. Was ich im Grunde wirklich will, weiß ich eigentlich gar nicht. Sterben? Meine Ruhe haben jedenfalls. Nicht mehr so viel Angst haben, besser schlafen, diese Flashbacks sollen weg ... Eigentlich will ich doch nur normal sein.
4. Was ich denke und fühle, ist total verschieden und verwirrend. Sehr chaotisch.
5. Es geht mir körperlich und seelisch schlecht. Und ich weiß nicht, wie ich das ändern soll, ich hab schon alles versucht.

6. Was ich brauche, damit es mir besser geht? Keine Ahnung. Ein anderes Leben vielleicht. Oder sterben.
7. Ich passe mich in Beziehungen zu anderen an, sage möglichst wenig, denn wenn ich was sage, tun die anderen mir oft nur weh.
8. Habe ich jemals etwas gut gemacht? Oft denke ich, mein ganzes Leben ist so verpfuscht, und ich bin das selbst Schuld.
9. Ich glaube, ehrlich gesagt, niemand mag mich. Dabei gebe ich mir solche Mühe.
10. Nur, wenn ich ganz doll darum bitte, bekomme ich manchmal, was ich brauche. Oft aber auch nicht.
11. Respekt? Was ist das? Mich respektiert doch keiner!
12. Ich komme einfach nicht weiter. Helfen Sie mir!

Das mag Ihnen beim Lesen übertrieben erscheinen, aber viele KlientInnen mit Traumafolgestörungen – egal, aus welcher Gesellschaftsschicht sie kommen und egal, wie viel sie von außen betrachtet erreicht haben – äußern sich zum Anfang der Psychotherapie ganz ähnlich.

… Antworten eines pathologischen Narzissten

Und jetzt die prototypischen Antworten eines pathologischen Narzissten auf die Fragen. Wenn Sie sie gelesen haben, mögen Sie sich vielleicht vorstellen, wie dieser Mensch mit einer Persönlichkeit von Antwortset 3 umgehen würde – und umgekehrt.

Antwortset 4

1. Wer ich bin? Selbstverständlich ein besonderer Mensch, der Besonderes verdient.
2. Ich weiß genau, was gut für mich ist – und ich kriege es.
3. Im Grunde will ich Macht. Ich will bestimmen, wo's lang geht, und es macht mir am meisten Spaß, die anderen mitzureißen.
4. Was ich denke und fühle, setze ich in die Tat um – auch für andere oft spontan und überraschend, und das gefällt mir.
5. Es geht mir körperlich und seelisch gut, wenn mich die Leute anerkennen. Und ich gebe zu, ich mag es, wenn sie bewundernd zu mir aufschauen.
6. Wenn es mir mies geht, bring' ich die Leute auf Trab und sorge dafür, dass die mir geben, was ich brauche. Arschlöcher gibt es immer, die verachte und bekämpfe ich, bis sie ihre Klappe halten.

7. Alle um mich herum hören auf mein Kommando. Ich bin gern der Chef und weiß einfach, was für sie alle gut ist.
8. Ich mache es immer gut, was für eine Frage! Fehler machen die anderen – und ich muss sie ständig ausbügeln …
9. Ob mich die anderen mögen? Natürlich! Sie spüren, dass ich sie in die richtige Richtung lenken und das Beste aus ihnen herausholen kann.
10. Wie ich von anderen bekomme, was ich brauche? Indem ich es einfordere natürlich.
11. Selbstverständlich werde ich beachtet und respektiert, das gehört sich so.
12. Ob ich damit erfolgreich bin? Na klar! Und ich bin unterwegs zu immer größeren Erfolgen! Wer sich mir in den Weg stellt, wird beiseitegeschoben, denn ich habe noch viel vor!

Wie würde wohl Ihr Antwortset ausfallen? Danach können Sie ermessen, wo Ihr „Einfallstor" für Narzissmus ist – sowohl für den eigenen als auch für den von außen auf Sie zukommenden. Sollten sich zwei Menschen aufeinander einlassen, von denen einer Antwortset 3 und der andere Antwortset 4 entspricht, dürfte sich daraus eine brisante Partnerschaft ergeben. Und solche Kombinationen sind gar nicht so selten. Im Gegenteil, wie in folgenden Kapiteln zu sehen ist.

4. Diagnostik narzisstischer Störungen

„Du Narzisst!" ist oft eine Beschimpfung für jemanden, über dessen Art und Weise, sich selbst zu behaupten, man sich geärgert hat. Doch nicht bei jedem sogenannten Narzissten haben wir es mit pathologischem Narzissmus zu tun (Lammers 2019). Wie wir gesehen haben, ist der Übergang von selbstbewusstem Verhalten zu narzisstischen Zügen, die auch ins Negative kippen können, fließend.

Im Folgenden schauen wir uns an, wie die internationalen diagnostischen Handbücher ICD und DSM den pathologischen Narzissmus definieren und wie sich die Kriterien im Lauf der Zeit entwickelt und verändert haben. Beide Diagnosehandbücher werden in den USA herausgegeben – eine afrikanische oder asiatische Variante sähe unter Umständen anders aus, das muss man hinzufügen. Die von der Weltgesundheitsorganisation (WHO) herausgegebene *International Statistical Classification of Diseases and Related Health Problems,* kurz ICD, enthält sämtliche medizinischen Diagnosen. Das *Diagnostic and Statistical Manual of Mental Disorders,* kurz DSM, wird von der American Psychiatric Association (APA) herausgegeben und umfasst nur die psychologisch-psychiatrischen Diagnosen.

Schauen wir nach der narzisstischen Persönlichkeitsstörung, abgekürzt NPS, so ist diese seit der inzwischen veralteten ICD-10 und dem 1980 erschienenen DSM-III gekennzeichnet durch:

- ein überhöhtes Selbstbild,
- ein starkes Bedürfnis nach Bewunderung und
- Schwierigkeiten, Empathie für andere Menschen zu empfinden (Raskin & Hall 1979, APA 2013).

Narzisstische Persönlichkeitsstörung im DSM-5

Genauere klinische Kriterien werden in dem 2013 erschienen DSM-5 aufgeführt (deutsch: Falkai & Wittchen 2018).

Um die Diagnose einer Narzisstischen Persönlichkeitsstörung zu erhalten, müssen die Patienten ein anhaltendes Muster von Grandiositätsgefühlen, ein Bestehen darauf, bewundert zu werden und mangelndes Mitgefühl aufweisen. Dieses Muster wird durch das Vorhandensein von mindestens fünf der folgenden Merkmale deutlich:

- Ein übertriebenes, unbegründetes Gefühl der eigenen Bedeutung und Talente (Grandiosität)

- Die Beschäftigung mit Fantasien von unbegrenzten Erfolgen, Einfluss, Macht, Intelligenz, Schönheit oder der vollkommenen Liebe
- Der Glaube, dass sie ganz besonders einzigartig sind und sich nur mit den besten Menschen auf höchstem Niveau umgeben sollten
- Der Wunsch, bedingungslos bewundert zu werden
- Ein Gefühl, berechtigte Ansprüche auf Besonderheit zu haben
- Die Ausnutzung anderer, um eigene Ziele zu erreichen
- Ein Mangel an Empathie
- Neid auf andere und umgekehrt: der Glaube, dass andere sie beneiden
- Überheblichkeit und aufbrausende Arroganz

Die Symptome gelten ab frühem Erwachsenenalter, da Kinder und Jugendliche vorübergehend solche Phänomene zeigen können, ohne dass von einer Pathologie ausgegangen werden kann.

Differenzialdiagnosen

Wichtig im DSM-5 sind die Differenzialdiagnosen. So ist eine Narzisstische Persönlichkeitsstörung von folgenden Störungen zu unterscheiden:

Bipolare Störung: Menschen mit narzisstischer Persönlichkeitsstörung (NPS) leiden häufig unter Depressionen und werden aufgrund ihrer Grandiosität fälschlicherweise als manisch bzw. manisch-depressiv betrachtet und erhalten damit die Diagnose einer bipolaren Störung. Der Unterschied: Menschen mit einer NPS haben zwar depressive Episoden, doch ihr anhaltendes Bedürfnis, sich über andere zu erheben, unterscheidet sie von Menschen mit einer rein depressiven Störung. Auch werden bei der narzisstischen Persönlichkeitsstörung Veränderungen in der Stimmung durch Angriffe auf das Selbstwertgefühl ausgelöst, und dies kann zwar hektische (Verteidigungs-)Aktivität auslösen, ist aber von einer Manie unterscheidbar.

Antisoziale Persönlichkeitsstörung: Mit der NPS gibt es einige Gemeinsamkeiten, etwa die Tendenz, andere Menschen zum eigenen Nutzen auszubeuten. Doch die Motive für das Ausbeuten sind jeweils unterschiedlich. „Patienten mit einer antisozialen Persönlichkeitsstörung nutzen andere für ihren materiellen Gewinn aus; Menschen mit Narzisstischer Persönlichkeitsstörung nutzen andere aus, um ihr Selbstwertgefühl zu erhalten" (Zimmermann 2022).

Histrionische Persönlichkeitsstörung: Auch hier gibt es eine Gemeinsamkeit mit der NPS, nämlich die Aufmerksamkeit der anderen zu suchen. Doch Menschen mit Narzisstischer Persönlichkeitsstörung haben nichts dafür übrig, um jeden Preis aufzufallen. Sie sind ja davon überzeugt, grundlegend besser zu sein als andere, und für sie sind nur drei Dinge entscheidend: anerkannt zu werden, die Kontrolle über die Situation zu behalten und zu bekommen, was sie brauchen.

Diagnostiziert wird NPS nach dem DSM mittels des „Strukturierten Klinischen Interviews (SKID-II)“ oder anderer halbstrukturierter Interviews. Entscheidende Kriterien sind das Erleben von Leid und soziale Beeinträchtigung. Und genau da liegt der Hase im Pfeffer: Um die Diagnose Narzisstische Persönlichkeitsstörung zu erhalten, muss der oder die Betreffende unter der Situation leiden, und es muss zu erheblichen Beeinträchtigungen im privaten oder beruflichen sozialen Bereich gekommen sein. Häufig wird NPS jedoch als Fremddiagnose zugeschrieben, etwa durch Psychiater. Die Betroffenen hingegen empfinden sich selbst nicht als problematisch, und nur ihr Umfeld leidet. Ohne individuelles Leiderleben des Betreffenden selbst darf die NPS-Diagnose jedoch genau genommen nicht gestellt werden.

Narzisstische Persönlichkeitsstörung in der ICD

Nun zum anderen internationalen Handbuch, der ICD. Entscheidend für das Ausmaß der Pathologie der NPS sind nach der seit 2020 geltenden ICD-11 die Dimensionen Dissozialität bzw. Antagonismus (Mestel 2019). Hier sieht man unmittelbar, wie sehr sich die Vorstellungen zum einen im Lauf der Zeit geändert haben und wie es zum anderen davon abhängt, ob die WHO (ICD) oder die APA (DSM) die Kriterien beschreiben. Was den Faktor Zeit betrifft: Früher reichte es, wenn jemand darunter litt, aufgrund seiner Grandiositätsgefühle bei anderen nicht genügend Anerkennung zu finden. Oder dass er sich verlassen fühlte und soziale Beeinträchtigungen wie Partnerschafts- oder Jobverlust erlitt. In der ICD-11 wurde radikal „aufgeräumt“. Im Vergleich zu den Vorgängerversionen wurden sämtliche Persönlichkeitsstörungen durch mehrere Skalen ersetzt. Für narzisstische Persönlichkeitszüge ist jetzt nicht nur wesentlich, dass ein Mensch sich anderen überlegen fühlt und stets versucht, sich auch auf Kosten seiner Mitmenschen durchzusetzen. Für eine schwerwiegendere Diagnose kommt notwendigerweise auch dazu, sich in extreme Konkurrenzsituationen zu begeben und dann zu gesellschaftlich geächteten bis gar unerlaubten Mitteln zu greifen, um sich durchzusetzen. Denn die Auswirkungen des pathologischen Narzissmus können in (insbesondere partnerschaftlichen und familiären sowie beruflichen) Beziehungen gravierend sein, wenn die Betreffenden manipulativ, missachtend bzw. ausbeuterisch handeln (Campbell et al. 2002).

Hinzugekommen ist eine weitere Erkenntnis: Pathologisch kann nicht nur der offen egomane Narzisst sein, sondern auch jemand, der scheinbar das genaue Gegenteil ist:

zurückhaltend und vulnerabel (Vater et al. 2013). Unterschieden wird seither nach aggressivem (offen manipulativ agierenden) und verdecktem (aus einer Pseudo-Opferhaltung heraus agierenden) Narzissmus (s. Doering 2021, Müller 2022).

Diagnostik der Persönlichkeitsstörungen in der ICD-11

Statt einfacher Diagnosen und Diagnosekriterien für die Persönlichkeitsstörungen schlägt das neue internationale Diagnosehandbuch ICD-11 Folgendes vor:

Zunächst sollen diverse *Funktionsbeeinträchtigungen* geprüft werden, etwa instabiles, inkohärentes Identitätsgefühl und Selbstbild, schlechtes Selbstwertgefühl; mangelnde Kompetenz, eigene Stärken und Schwächen zu erkennen; fehlende Selbststeuerung ... Diese werden dann anhand von drei *Schweregraden* eingeschätzt: leicht, mäßig, schwer.

Schwere Funktionsbeeinträchtigungen liegen z. B. vor, wenn die Person soziale Normen und Rollenerwartungen in allen Lebensbereichen nicht erfüllen kann, was häufig mit erheblicher Selbst- oder Fremdgefährdung verbunden ist.

Selbstbeeinträchtigungen können auf folgenden Ebenen gegeben sein:
- kognitiv (dysfunktionale Entscheidungen),
- emotional (zu schnell oder gar nicht reagieren) und
- im Verhalten (dem Entwicklungsstand nicht entsprechend ausagierte unangemessene Impulskontrolle).

Diese treten in persönlichen, familiären, sozialen und/oder beruflichen Situationen auf, beeinträchtigen also das Sozialleben und führen bei der betreffenden Person zu Leidensdruck.

Abschließend können fünf *Persönlichkeitsdomänen* erfasst werden:
- negative Affektivität
- Distanziertheit
- Dissozialität
- Enthemmung
- Zwanghaftigkeit
- Plus evtl. auch das Vorliegen einer Borderline-Persönlichkeitsstörung.

Somit besteht die Möglichkeit, ein Profil von „zeitstabilen Persönlichkeitsmerkmalen als Traits" (Zeitraum mindestens zwei Jahre) zu erstellen, eventuell auch Risikofaktoren früh zu erkennen (Hauser et al. 2001, Tyrer et al. 2019).

Die Narzissmus-Spektrums-Skala (NSS)

Interessant fand ich die inzwischen validierte Entwicklung eines Narzissmus-Tests (Quirk et al. 2015, Malkin 2017a), der bunt gemischte Aussagen zu gesundem, extremem (egomanem) und verdecktem Narzissmus enthält: The Narcissism Spectrum Scale (NSS). Hier die Aussagen von mir auf Deutsch übersetzt und die Subskalen dazu, damit Sie erkennen können, welche Items insgesamt in welchen Dimensionen erfragt werden:

Die Narzissmus-Spektrums-Skala (NSS) nach Malkin (2017b)

Aussage	Subskala
Es fällt mir leicht, Leute zu manipulieren.	Extrem
Ich bestehe darauf, den verdienten Respekt zu bekommen.	Extrem
Ich bin erst zufrieden, wenn ich bekomme, was ich verdiene.	Extrem
Insgeheim finde ich, dass ich besser bin als die meisten Leute.	Extrem
Ich schaue mich gern im Spiegel an.	Extrem
Ich weiß, dass ich etwas Besonderes bin.	Extrem
Ich bin selbstsicher, aber auch liebevoll.	Gesund
Hindernisse halten mich nicht auf.	Gesund
Trotz Rückschlägen glaube ich an mich.	Gesund
Herausforderungen schrecken mich nicht ab.	Gesund
Auf das hart Erarbeitete bin ich besonders stolz.	Gesund
Ich kann meine Grenzen erkennen, ohne mich schlecht zu fühlen.	Gesund
Wenn es die Situation verbessert, gebe ich gern Fehler zu.	Gesund
Komplimente sind mir peinlich.	Defizitär
Aufmerksamkeit macht mich unruhig, selbst wenn sie positiv ist.	Defizitär
Ich bleibe lieber im Hintergrund, als im Rampenlicht zu stehen.	Defizitär
Ich habe schon etwas verpasst, weil ich mich nicht gemeldet habe.	Defizitär
Ich rede nicht gern über mich.	Defizitär
Mir ist unbehaglich, wenn ich im Fokus stehe.	Defizitär
Es fällt mir schwer, mich über Komplimente zu freuen.	Defizitär

Craig Malkin, Psychologe von der Harvard Medical School, hat mit seinem Forschungsstab herausgefunden, dass die Aussagen eins bis sechs und die Aussagen 14 bis 20 etwas miteinander zu tun haben, obwohl sie so gegensätzlich scheinen: Sie sind nämlich zwei Seiten einer Medaille. Denn auch der so bescheiden auftretende Mensch, bislang „verdeckter Narzisst" genannt, zeigt eine Variante des Narzissmus. Häufig antworten sogar pathologische Narzissten auf beide Varianten positiv, oder sie suchen sich eine PartnerIn mit den entsprechenden Eigenschaften.

„Verdeckter" vs. „offener" Narzissmus

Wer ist das, der „verdeckte Narzisst"? Eine Sonder- bzw. Unterform des Narzissten – oder gar ein und derselbe?

Auch das hat Craig Malkin (2017b) mit seinem Team untersucht. Seine wichtigste These: In narzisstischen Persönlichkeiten koexistieren offener und verdeckter Narzissmus. Manche von ihnen zeigen sich nur lauter, manche stiller. Ein „verdeckter Narzisst" ist zudem nicht etwa jemand, der seine narzisstischen Züge bewusst versteckt. Vielmehr drängt sich der verdeckte (hypersensitive / vulnerable) Narzisst nicht laut angeberisch nach vorn. Doch genauso wie der „offene" oder „grandiose Narzisst" – wie etwa Donald Trump – ist er im Grunde seines Herzens davon überzeugt, anderen überlegen zu sein, etwas Besseres verdient zu haben. So träumt er davon, dass seine überragenden Fähigkeiten endlich entdeckt, gefördert und belohnt werden, ist ständig um sein Image besorgt – und beutet, ebenso wie der grandiose Typus, seine PartnerIn aus. Daher verwendet Malkin in seinem Buch *Rethinking Narcissism* (2017a) für die stillere Variante des Narzissmus den Begriff „introvertierter Narzisst".

Ein extrovertierter Narzisst könnte davon überzeugt sein, intelligenter und / oder schöner zu sein als jeder andere im Raum. Ein introvertierter Narzisst könnte sich als besonders feinfühlig empfinden oder das Gefühl haben, ständig missverstanden zu werden. Und dann gibt es noch die Variante des „kommunalen Narzissten": Er kommt sich als der hilfreichste oder liebevollste Mensch auf Erden vor, der sich für alle opfert.

Wichtig dabei: Über das Ausmaß der Pathologie sagt auch Malkin wenig, er versteht Narzissmus als ein in unterschiedlichem Ausmaß vorhandenes Persönlichkeitsmerkmal (Trait), und so darf man auch die veränderte ICD-11 verstehen. Je intensiver der Mensch in Richtung der Narzisstischen Persönlichkeitsstörung tendiere, so Malkin weiter, desto mehr ist ein grundlegender Charakterzug ausgeprägt: andere auszubeuten. Je stärker dieser Trait ausgeprägt sei, desto dissozialer der Narzisst, der zur Befriedigung seines Egos am Ende der Skala bereit sei, wie jeder Suchtabhängige, alles, wirklich alles für seine Befriedigung zu tun, einschließlich zu lügen, zu betrügen, zu stehlen und Gewalt anzuwenden.

Ein Narzisst fühlt sich so besonders, dass er keine Rücksicht auf die Bedürfnisse anderer nehmen kann, so sehr ist er davon überzeugt, dass doch die Welt da draußen ihm endlich seine Anerkennung und Reverenz erweisen müsse. Diese manipulative Tendenz ist jeder Form des Narzissmus inhärent. Das bedeutet, so Malkin: Jeder Mensch mit einer narzisstischen Persönlichkeitsstörung werde über kurz oder lang missbräuchlich mit anderen umgehen.

Damit ist das Muster beschrieben, das in Täterschaft gegenüber anderen endet, mindestens in missbräuchlicher Beziehungsgestaltung, nicht selten auch in psychisch oder sogar körperlich bzw. sexuell gewalttätiger Form. Gleichzeitig fühlt sich der pathologisch narzisstische Mensch im Grunde seines Herzens als Opfer: nicht genug gesehen, nicht genug anerkannt, nicht genug versorgt, gewürdigt, respektiert, gefördert – und noch längst gesellschaftlich nicht da, wo er sein müsste. Und wie sieht das sein Gegenüber?

5. Das Gegenstück: Die „Co-NarzisstIn“, „EmpathIn“ oder „EchoistIn“

Zum Ausbeuten gehören zwei: einer, der ausbeutet und einer, der ausgebeutet wird. Oder *eine,* denn was pathologischen Narzissmus angeht, so scheint das Verhältnis Mann-Frau sehr deutlich in die Richtung zu weisen: männlicher Narzisst und weibliches Opfer. Der Egoist und sein Echo, den Harvard-Forscher Craig Malkin folgerichtig eine/n „EchoistIn“ nennt. Diese Namensgebung ist natürlich spannend, weil sich konzeptionell zeigt, wie nahe beieinander – zwei Seiten einer Medaille – „Egoist“ und „Echoist“, also Narzisst und die Co-NarzisstIn sind, so Malkin (2018).

Warum Narziss und Echo ein Paar werden

Der Begriff „Echoist“ führt uns zurück zum Narziss-Mythos. War es doch die Nymphe Echo, die sich so unsterblich in Narziss verliebte und deren Fluch darin bestand, nur die letzten Worte, die der andere sagte, stets zu wiederholen. So ähnlich geht es häufig der Co-Narzisstin – ja, es ist wie gesagt sehr häufig eine Frau, die einem narzisstischen Mann auf den Leim geht und sich nur mühsam später von ihm lösen kann, besonders wenn das Paar gemeinsame Kinder hat (siehe Kapitel 11). In der populären Narzissmusliteratur finden sich zuhauf Ratgeber der Art „Geh weg vom Narzissten“. Außerdem gibt es Videos, Blogs und Broschüren darüber, wie einem narzisstischen Mann zu entkommen sei. Von daher ist es vermutlich das klassische Bild.

Echoisten müssen nicht unbedingt einen pathologischen Narzissten als Partner haben. Sie kommen auch ohne zurecht und werden das nach einer eher traumatischen (meist als „toxisch“ beschriebenen) Partnerschaft mit einem solchen auch versuchen. Dennoch zieht es beide geradezu magisch – und wie ich aus klinischer Erfahrung weiß, immer wieder – zueinander. Deshalb sollten wir diese klassische Konstellation, die ich hier einmal als Täter-Opfer-Beziehung beschreiben möchte – genauer anschauen.

Sich in eine schillernde Persönlichkeit zu verlieben ist ja keine Schande, zumal die Umworbene vom Narzissten anfangs sehr oft mit Flirts, Zuneigungsbekundungen, Einladungen, anerkennenden Bemerkungen, Geschenken, WhatsApp-Nachrichten etc. regelrecht überschüttet wird – ein Vorgehen, für das sich der Begriff „Love

Bombing" eingebürgert hat. Dieser Begriff stammt ursprünglich aus der Sprache der Sektenaussteiger und er bedeutet: Dubiose Gruppierungen setzen Liebesbezeugungen als Manipulationsmittel ein mit dem Ziel, Anhänger zu gewinnen (Singer 2003). Später versuchen diese destruktiven Gruppen, Aussteigewillige mit allen Mitteln zu halten, auch durch Stalking und physisches Bedrängen. Und wenn alles nichts hilft, versuchen sie, das abtrünnige Mitglied psychisch und beruflich fertig zu machen. Ganz ähnlich wird der Verlauf nach einem Love Bombing eines Narzissten sein, aber das bekommen wir noch im Detail.

Hier soll erst einmal deutlich werden, dass ein Narzisst sein Opfer per Targeting (sein Ziel auswählen, und es wird immer ein besonders „anschmiegsames" und selbstunsicheres sein) und Grooming (umwerben auf jede erdenkliche Art) in seinen Bann zu ziehen versucht. Das absolut beste Opfer ist natürlich eine Echoistin. Denn sie (oder er) ist sehnsuchtsvoll auf den anderen bezogen: „Endlich sieht mich jemand und liebt mich, wie ich bin. Ich bin unendlich dankbar und tue alles dafür, in guten und in schlechten Tagen zu ihm zu halten." Häufig ist Echoist-Sein auch mit Empath-Sein verbunden: Man kümmert sich liebevoll, weil man so froh ist, wahrgenommen und „gesehen" zu werden. Am Ende wird man sich bei näherem Einlassen mit einem pathologischen Narzissten allerdings alles andere als gesehen fühlen, sondern emotional missbraucht, vielleicht sogar körperlich und sexuell gedemütigt und gequält, unterdrückt und mindestens dorthin zurückgeworfen, wo man herkam. Wie um alles in der Welt kann so etwas (meist) einer Frau oder einem Mann passieren? Im Folgenden werde ich statt des auch gebräuchlichen Begriffes „Empath" den Begriff „Echoist" verwenden.

Was kennzeichnet EchoistInnen?

Craig Malkin hat mit seinen Kollegen die Stärken und Schwächen des Echoist-Seins empirisch untersucht und in der Online-Version der amerikanischen Zeitschrift *Psychology Today* (2018) neun entscheidende Punkte benannt, die Echoisten kennzeichnen. Mit eigenen Beispielen möchte ich diese ergänzen.

1. **Warmherzig und unsicher.** Unter Malkins StudienteilnehmerInnen verfügten die EchoistInnen über besondere Herzlichkeit. Und das ist wirklich tragisch. Als ideales Ausbeutungsobjekt wollten sie typischerweise anderen nicht zur Last fallen. Es war ihnen unangenehm, wenn sie gelobt wurden, und sie stimmten Äußerungen zu wie: „Wenn andere mich nach Vorlieben fragen, weiß ich oft nicht, was ich sagen soll." Die amerikanische Psychoanalytikern Christina Savary (2018)

nennt das „Abwesenheit eines Selbst, am besten erkennbar an der Abwesenheit einer eigenen Stimme" (Übers. MH).

Ergänzend würde ich aus meiner langjährigen klinischen Erfahrung sagen: Es ist nicht die vollständige Abwesenheit eines Selbst, das empathische Frauen als „Co-Narzisstinnen" in die Arme eines gnadenlos selbstsüchtigen Mannes (oder einer Frau) treibt. Es ist entweder ein „falsches Selbst" in der Art: „Wenn ich nur lieb genug zu anderen bin, dann sind sie so lieb mit mir, dass ich mich auch selbst akzeptieren kann." Ich bezeichne das als „Florence-Nightingale-Syndrom": Ohne Dank zu erwarten einfach so lange „da" sein wollen für einen erkennbar bedürftigen Menschen, dass am Ende das „Gutsein" in liebevollem Dank des / der anderen enden wird – oder dass das Schicksal einem am Ende doch gnädig ist (christliche Menschen hoffen, „für Gotteslohn in den Himmel zu kommen").

Manchmal haben EchoistInnen aber auch so viele unterschiedliche innere Stimmen, dass vor lauter innerem Chaos kaum je ein Pieps nach außen dringen kann, und das sind meist langjährig, seit Kindertagen gequälte Frauen. Sie passen sich einfach an, sagen Ja und Amen zu allem, was ihnen der andere vorschreibt und sind bloß froh, nicht ganz allein sein zu müssen. Aus Angst vor dem endgültigen Verlassensein machen sie, die ich „die Bindungshungrigen" nenne, alles mit, was ihnen der Narzisst, dem sie in die Hände gefallen sind, abverlangt.

2. **Nur nicht bedürftig sein – im Zweifelsfall ist man alles selbst schuld.** Wenn eine unsichere, unglückliche und wenig Sicherheit bietende Kindheit hinter ihr liegt und wenn sie vielleicht auch narzisstische Elternteile als Vorbilder erlebt, möchte eine EchoistIn nicht unangenehm auffallen und auf keinen Fall anhänglich und bedürftig erscheinen. Dies führt zu einem Hingezogensein zu jemandem, der genau weiß, was er will, der sich ausbreitet und den ganzen Raum einnimmt. So fühlt sich die EchoistIn weniger unsicher und ängstlich, und wenn es schief geht, ist sie in ihren Augen selbst schuld.

   „Ich weiß, ich hätte nicht zu ihm zurückgehen sollen, aber ich brauche halt eine starke Hand", sagte einmal eine Frau über ihren prügelnden Partner zu mir. Sie hatte sich gerade in ein Frauenhaus geflüchtet, und es war ihre dritte Partnerschaft mit einem gewalttätigen Alkoholiker. „Haben Sie auch schon früher gewalttätige Alkoholiker gekannt?" fragte ich sie. „Na klar", seufzte sie, „meinen Vater. Und wissen Sie was? Ich habe bei jedem meiner Männer gedacht: Der ist aber ganz anders. Waren sie auch. Sie sahen anders aus, hatten andere Berufe, wirkten anders, waren am Anfang immer total nett zu mir – das war mein Vater nie. Ich hab's einfach nicht gemerkt, immer erst, wenn's zu spät war. Ich bin doch einfach zu blöd, immer wieder auf das Süßholzgeraspel hereinzufallen!"

3. **Feinfühlig und schüchtern.** Oft von Geburt an hochsensibel und tief empfindungsfähig, machen EchoistInnen häufig eine Kindheit durch, in der sie immer wieder beschämt und bestraft, nicht selten auch nicht nur seelisch, sondern auch körperlich oder sexuell misshandelt werden. Einen despotischen Vater und / oder eine traumatisierte und „abwesende", also nicht schützende Mutter zu haben, lässt das feinfühlige Kind zu einer EchoistIn heranwachsen, die lernt, sich bei jeder Regung des anderen geschickt anzupassen.

   Eine Frau erzählte mir, wie sehr sie schon als Kind gelernt habe, „mit der Wand zu verschmelzen", um gewalttätigen Ausbrüchen ihres Vaters durch „Verschwinden" zu entgehen. Sie hatte keine Wünsche zu haben, denn die Antwort wäre garantiert schlimm gewesen. Der Vater hätte deren Erfüllung an sexuelle Dienstleistungen geknüpft, und ihre depressive Mutter hätte nach dem Motto gehandelt: „Ich weiß, was du willst, und du kannst es nicht haben." Sie machte mich auf ein Buch der US-Schriftstellerin Lisa Alther aufmerksam: Schlechter als morgen, besser als gestern (1991). *Dort wird die Psychotherapie mit einer Frau geschildert, die genau dies als Kind von ihrer Mutter immer wieder zu verstehen bekam: „Ich weiß, was du willst. Und du kannst es nicht haben."*

   Wer nur durch äußerste Anpassung ein wenig Zuwendung zu bekommen hofft, verlernt, eigene Bedürfnisse zu haben.

4. **Aktiv, wenn es um die Versorgung anderer geht.** Interessanterweise ergaben die Forschungen des Malkin-Teams: Dieses Merkmal war sowohl bei Frauen als auch bei Männern, die sich zu Echoisten entwickelt hatten, zu etwa gleichen Teilen vorfindbar. Ansonsten waren die weiblichen Echoisten den männlichen zahlenmäßig deutlich überlegen. Sich um den anderen kümmern, eigene Wünsche zurückstellen, eifrig bemüht, alles richtig zu machen, kennzeichnet dieses Merkmal. Empathisch und aktiv zuhören, stets etwas Tröstendes sagen, sich auf den anderen einstellen und ihm jeden Wunsch von den Augen ablesen – das können Echoisten perfekt. Anders sieht es aus, wenn es darum geht, ihre eigenen Gedanken zu äußern. Viele, die dann zum Beispiel in einer Psychotherapie gefragt werden: „Und wie finden Sie das?", sagen so etwas wie „normal", da sie nicht gelernt haben, ihre Aufmerksamkeit vom anderen weg und auf ihre eigenen Bewertungen zu lenken. Sie können schlecht mentalisieren – also ihre eigenen Gedanken beobachten – und so vielleicht zu beurteilenden Einschätzungen kommen, die den anderen kritisieren.

   Ich erinnere mich an eine Studentin, die für eine Uni-Arbeit jemanden interviewen sollte und mir ganz verzweifelt gestand: „Ich habe gar keine Fragen! Ich lasse sie einfach reden und schreibe das auf." Im Zusammensein mit anderen Menschen verschmolz sie sozusagen mit deren Denk- und Handlungsweise – das, so fanden wir gemeinsam heraus, war der Hintergrund dafür, dass sie „keine Fragen" hatte.

5. **Nichts Besonderes sein – und darunter leiden.** Erstaunlicherweise wollen auch Echoisten, die mit einem sich spreizenden Narzissten zusammen sind, selbst „jemand Besonderes" sein. Doch ihre überaus große Bescheidenheit und die Tatsache, dass sie sich während der Partnerschaft bis zur Unkenntlichkeit anpassen, führt dazu, dass sie darunter leiden, „mich nicht selbst zu haben", wie eine Frau es mir gegenüber ausdrückte. Viele von ihnen schreiben jedes Lob den glücklichen äußeren Umständen zu. Jede Kritik, die sie ernten, halten sie jedoch für absolut wahr – spiegelt sich darin doch häufig das wider, was sie schon als Kind zu hören bekommen haben. Wie die Nymphe Echo, die sich vor Sehnsucht verzehrte, bis sie dahinschwand, sehnen sich EchoistInnen danach, gesehen zu werden, und zwar als ein besonderer Mensch. Eine Besonderheit, die sie dann doch nur als „Leben aus zweiter Hand" (so auch der Titel eines von mir 1990 übersetzten Buchs der Schriftstellerin Janina David) erfahren. Zu Beginn der Partnerschaft, mit Liebes- und Anerkennungsbeweisen des Narzissten überhäuft, glauben viele daran, dass sie tatsächlich selbst gemeint sind. Doch im Lauf der Zeit stellen sie fest, dass ihre Sehnsucht verbleicht.

6. **Zahlreich, aber unterschätzt.** Wie viele Menschen unter „Echoismus" leiden, kann man nur raten, da dieses Merkmal in klinischen Studien noch nicht sehr lange untersucht wird. Es scheint mir aber, dass es die klassische Täter-Opfer-Situation in engen Beziehungen widerspiegelt, und dann wäre es tatsächlich sehr häufig.

   Niemand kann einem anderen Menschen in einer Partnerschaft seelische, körperliche und / oder sexuelle Gewalt antun, insbesondere mehrfach und über lange Zeit, ohne
   a. zu glauben, ein Recht dazu zu haben; das nennt man Schamabwehr. Und
   b. den anderen Menschen zu beschuldigen: „Ich mache das nur, weil du …"; das wiederum nennt man Schuldabwehr.

   Man stellt sich also über den anderen, findet die eigenen Bedürfnisse wichtiger, und zwar so sehr, dass man dem anderen den eigenen Willen aufzwingen will. Mit anderen Worten: Man benimmt sich pathologisch narzisstisch.

Wenn das erwachsene Gegenüber das lange „freiwillig" aushält, dann aus dem Gefühl heraus,

a. wertlos und voller Scham zu sein; das nennt man Schamübernahme. Oder
b. es verdient zu haben, weil man etwas / viel / alles falsch gemacht habe; das nennt man Schuldübernahme.

7. **Keine Diagnose, aber eine Störung.** EchoistIn zu sein sei vor allem eine Überlebensstrategie, meint Malkin, die etwa folgendermaßen funktioniert: „Wenn ich mich sicher und geliebt fühlen will, dann muss ich darauf achten, so wenig wie möglich von Leuten zu erwarten und ihnen so viel zu geben, wie ich kann."

   Als Kind haben EchoistInnen schon gelernt, dass niemand für sie da ist, wenn sie traurig, erschrocken oder einsam sind. Unsicher gebunden und bindungstraumatisiert, wie sie sind, verbergen sie ihre Nöte und hoffen, ihr Gegenüber möge doch noch merken, wie es ihnen geht und ihnen geben, was sie brauchen. Im Gegensatz zu gesunden Beziehungen gelingt es ihnen nicht, klar zu sagen, was sie möchten und wie es ihnen geht. Sich selbst beschuldigend („Tut mir leid, sorry!!"), um ihre Enttäuschung zu verbergen, bleibt ihnen häufig nur passiv-aggressives Verhalten, um deutlich zu machen, dass sie etwas anderes bräuchten.

   Wie in einer Art griechischer Tragödie betrachten sich viele Opfer in toxischen Beziehungen als „unschuldig-schuldig": „Ich weiß nicht, was ich schon wieder angestellt habe, aber er ist wieder böse auf mich." Damit wird leider auch oft erklärt, warum man selbst nichts tun kann: Es ist wahrscheinlich Schicksal, oder man muss irgendwie irgendwas wohl falsch gemacht haben … Verspricht dann jemand einer EchoistIn, sie aus ihrer Not zu befreien und winkt mit der Aussicht auf Bindung und Er-Lösung, kann sie eigentlich nur auf ihn hereinfallen – und ist wohl auf dem Weg vom Regen in die Traufe …

8. **Ärgerlich darauf bedacht, nur ja nichts Besonderes zu sein.** „Mach kein Theater um mich!" – „Lass mal!" – „Du SOLLST mir doch nichts schenken!" – Viele EchoistInnen werden geradezu wütend, wenn man sie feiern, ihnen etwas zukommen lassen oder sie besonders trösten will. Nichts fordern, nichts wollen, um nichts bitten – manche treiben es auf die Spitze bis zur Selbst-Verwahrlosung, während sie gleichzeitig bis zum Tod für den anderen „da" sein wollen.

   Der alte Pascha ist krebskrank und will mit seiner jüngeren Frau zusammen sterben. Und sie tut's, denn ein Leben ohne ihn kann sie sich nicht vorstellen. Gerade habe ich im beruflichen Kontext wieder eine tragische Geschichte als konkretes Beispiel dafür gehört.

9. **Narzisstische Eltern? Beware of becoming an echoist!** Wenn eine Mutter zu ihrer Tochter sagt: „Stell dich nicht so an!", weil diese elend, kummervoll oder krank ist. Wenn es heißt: „Bilde dir bloß nichts ein!", wenn das Kind zaghaften Widerspruch wagt. Wenn Eltern wütend zuschlagen oder dramatisch in Tränen ausbrechen, sobald das Kind sich nicht ihrem Willen beugt. Wenn die Eltern selbst nach dem Motto leben: „Nimm dich bloß nicht so wichtig!" – dann ist die Wahrscheinlichkeit groß, dass mindestens eins der Kinder zum Echoismus neigen wird.

Malkin hat einen Test entworfen, mit dem man überprüfen kann, ob man ein Echoist sein könnte. Der Test beruht auf den Forschungen seiner Arbeitsgruppe. Wer ihn machen möchte, er ist auch auf Deutsch erhältlich (2017a).

6. Wie entsteht eine narzisstische Störung?

Zwillingsstudien haben darauf hingewiesen, dass narzisstische Störungen teilweise genetisch bedingt sind. Die Ergebnisse dieser Studien darüber, wie stark der genetische Einfluss im Vergleich zu Umweltfaktoren sei, reichen von 44 bis 75 Prozent (Campbell et al. 2009, Kendler et al. 2008, Luo & Cai 2018, Torgersen et al. 2000).

So fanden Livesley et al. (1993, 1998) in ihrer großen kanadischen Zwillingsstudie heraus, dass an der Entstehung einer NPS zu etwa 44 Prozent genetische Faktoren beteiligt sind, Umwelt- und Sozialisationsfaktoren zusammen zu etwa 56 Prozent. Luo und Kollegen (2018) berechneten in ihrer umfangreichen Zwillingsstudie einen genetischen Effekt von 73 Prozent.

Anscheinend gibt es nicht nur ein Gen, sondern mehrere genetische Effekte, die zusammenwirken müssen, um eine narzisstische Persönlichkeitstendenz auszulösen (Coolidge et al. 2004), die meist auch mit anderen charakteristischen Persönlichkeitszügen wie Extraversion, Offenheit für Neues und Gewissenhaftigkeit verbunden ist. Negativ hingegen – und wohl kaum überraschend – korreliert Narzissmus mit dem Persönlichkeitsmerkmal Verträglichkeit (Miller & Maples 2011, Vernon et al. 2008).

Was das Lebensalter betriff, so gibt es deutliche Hinweise darauf, dass sich manifeste Züge von Narzissmus ab etwa acht Jahren zeigen, ihren Höhepunkt in der Teenager-Zeit haben und mit dem Alter tendenziell abnehmen (Hill & Roberts 2011, Thomaes et al. 2009). Dennoch scheint zu gelten: Einmal Narzisst, immer Narzisst, nur eben mal intensiver (Pubertät), mal weniger intensiv ausgeprägt (im Alter) (Cramer 2011, Del Rosario & White 2005, Edelstein, Newton & Stewart 2012).

Der größte transgenerationale Effekt besteht jedoch in der Sozialisation. Wie benehmen sich die Eltern dem Kind gegenüber? Fördern sie es liebevoll, sodass sein Selbstwertgefühl wächst? Oder gehen sie so schlecht mit ihm um, wie mit sich selbst? Oder gar, was das Schlimmste ist: Befreien sie sich von ihren eigenen Ängsten, indem sie sie ihren Kindern weitergeben? Idealisieren sie den Sprössling, der alle ihre Sehnsüchte nach Erfolg, Wohlstand und einem guten Standing in der Gesellschaft erfüllen soll? Und wenn ja, fördern sie das Kind auch, damit es Schritt für Schritt dahin kommen kann, oder legen sie einfach die Latte hoch, ohne zu sagen, wie die Tochter oder der Sohn darüber kommen kann? Achten oder missachten sie ihr Kind, respektieren oder übergehen sie dessen eigene Wünsche, Fähigkeiten, intellektuelle oder handwerkliche Möglichkeiten? Sind sie für ihr Kind in Krisenzeiten da oder lassen sie es in der Not immer wieder im Stich? Räumen sie ihm alle Hindernisse aus dem Weg oder putzen sie es immer wieder herunter, sobald es mit eigenen Vorschlägen oder Ideen kommt? Geben sie ihm Raum oder erdrücken sie es mit ihren eigenen Projektionen und Bedürfnissen? All das wird darüber entscheiden, ob das Kind sich in eine narzisstische Richtung entwickelt oder ob es einen Weg in Richtung einer angemessenen Selbsteinschätzung, eines realistischen Selbstwertgefühls und empathischer Zugewandtheit anderen gegenüber gehen wird.

Aus den vorhergehenden Kapiteln wissen wir bereits, dass die meistdiskutierte Variante der narzisstischen Störung – das unangemessene Größenselbst, verbunden mit Neid und mangelndem Einfühlungsvermögen in andere – eher ein männliches Problem zu sein scheint: Drei Viertel der davon Betroffenen sind jedenfalls Männer, betonen die Autoren des DSM-5 (APA,2013) und beziehen sich damit auf statistischen Erhebungen. Demgegenüber findet sich die vulnerable Version des Narzissmus bei beiden Geschlechtern – etwas häufiger bei Frauen. Vulnerabler oder verdeckter Narzissmus besteht darin, das eigene Licht eher unter den Scheffel zu stellen und aus dieser Position von anderen versorgt werden zu wollen, sich insgeheim aber doch für etwas Besonderes zu halten. Das Echoist-Sein, also die komplementäre Anpassung und angebliche Bedürfnislosigkeit, die dem anderen – gern einem Narzissten – viel Raum anbietet, sich dann aber von ihm ausgebeutet und sprachlos gemacht fühlt, scheint eher eindeutig eine weibliche Version zu sein.

Wie die einzelnen Narzissmus-Varianten entstehen, lässt sich vermutlich zurückführen auf eine Mischung aus Genetik (extravertiert oder introvertiert, reizsuchend oder reizvermeidend, angeberisch oder bescheiden, laut oder zurückgezogen, zupackend oder passiv zu sein) und auf das, was einem die Eltern als Vorbilder mitgeben bzw. abverlangt haben.

Wir alle sind eine Mischung aus allem: Genen, Vorbildern und dem, was wir an Lebenserfahrung machen. Und auf der Skala von ein bisschen narzisstisch bis zum kriminellen und brutalen pathologischen Narzissten steht jeder von uns auf einem anderen Grad. Die Tendenz um Aufschneiden und Angeben, zum wenig mitfühlenden Einfordern nach Versorgtwerden etc. dürfte jedoch in der Teenagerzeit bei den meisten ihren Höhepunkt erreicht haben.

Das narzisstische Bindungstrauma

Was aber lässt Menschen so narzisstisch werden, dass man von einer narzisstischen Persönlichkeitsstörung (NPS) sprechen kann?

Am häufigsten zitiert für die frühkindliche Entstehung der NPS ist die psychoanalytische Theorie von Heinz Kohut (1966, 1971), die ich in Kapitel 2 näher beschrieben habe. Sowohl übermäßige Bewunderung als auch übermäßige Kritik und Vernachlässigung an Kindern können demnach zur Entwicklung pathologisch-narzisstischer Störungen beitragen. Mehrere Studien zeigten, dass vor allem Kinder, die übermäßig gelobt und gepriesen wurden, zur Entwicklung von NPS neigten (Brummelman et al. 2015). Umgekehrt können auch Kindheitstraumata und Vernachlässigung zu NPS führen (Gabbard 2018, Kernberg 1975).

Mein Eindruck aus 40 Jahren klinischer Praxis ist: Beide Versionen stimmen. Zu viel und ebenso zu wenig Aufmerksamkeit und Förderung führen zu dem, was ich das narzisstische Bindungstrauma nenne. In beiden Fällen nämlich wird das Kind nicht „gesehen", es wird nicht „erkannt" und nicht als ein eigenständiges Wesen „anerkannt" in dem Sinne, wie die Psychoanalytikerin Jessica Benjamin es in ihrem Buch *Die Fesseln der Liebe* (2020) beschrieben hat. Wer am Ende der Kindheit nur Macht und Unterwerfung kennt, wird sich für eine der beiden Seiten entscheiden müssen – wobei Temperament, Wille und das Ausmaß an Unterdrückungserfahrungen eine führende Rolle spielen werden.

Die Tendenz oben und unten, dominant und unterwürfig, herrschend und beherrscht, Täter und Opfer in Beziehungen zu wiederholen, wird viele leise und conarzisstische Menschen – sie sehen den anderen eher als höherwertig an – und Menschen, die vor angeblichem Selbstbewusstsein nur so strotzen – tatsächlich sind sie aber nur narzisstisch – zueinander treiben.

Auch das kann zu einem transgenerationalen Wiederholungs- und Reinszenierungseffekt führen, wie ihn Pierre Janet (1902) beschrieben hat: „Wer ein Trauma nicht realisiert, ist gezwungen, es zu wiederholen oder zu reinszenieren." Was in diesem Zusammenhang heißt: Wer nicht realisiert, also buchstäblich nicht wahr-nimmt, was an ungelöstem kindlichen Leid in die nächsten Beziehungen hineingetragen wird ist gezwungen, dieselbe Erfahrung noch einmal zu machen oder dafür zu sorgen, dass man sich in der einen (narzisstisches Täter-Introjekt) oder anderen (narzisstisches Opfer) Rolle wiederfindet. Wobei es dann auch zu einem Rollentausch kommen kann: Wer als Kind narzisstisch ausgebeutet wurde, kann unter Umständen als Jugendlicher oder Erwachsener andere in Beziehungen narzisstisch ausbeuten.

In Studien hat sich genau diese Variante besonders für Jungen und Männer in der Vater-Sohn-Reihe als häufig herausgestellt. Das heißt: narzisstischer Vater – narzisstischer Sohn. Bei Töchtern gabelt es sich: Narzisstischer Vater oder narzisstische Mutter – co-narzisstische oder „Echoisten"-Tochter ist ein durchaus häufiges Modell. Doch etwa gleich häufig ist die Variante: Eitle und ausbeuterische Diva-Mama und zickig-hochnäsige Tochter, die sich beide als „etwas Besseres" fühlen … (s. Kapitel 11).

Spannend wird es nicht nur, wenn sich das narzisstische Rollenspiel in Familien, Partnerschaften und im Kollegenkreis wiederholt, sondern auch, wenn es sich gesellschaftlich ausbreitet. Und das tut es, in immer stärkerem Ausmaß. So stellte der Psychologe Florian Becker, der sich auch auf eine große US-Studie bezog (Gimbrone et al. 2022) in einem Interview mit der Zeitschrift *Cicero* (2024) fest, dass besonders linke junge Frauen mit schlechtem Bildungshintergrund „traurig und passiv" würden. Generell zeigten Umfragen: „Bei Jugendlichen nehmen depressive Stimmung, niedriges Selbstwertgefühl und Selbstabwertung zu." Viele junge Leute lebten „in ihrer eigenen Filterblase", in der sie „keine widersprüchlichen Meinungen mehr mitbekommen. Sie glauben dann beispielsweise, dass der Klimawandel die Menschheit bald auslöschen wird und können nicht fassen, dass niemand etwas tut." – ‚Die anderen sind schuld!' Das ist ein Mindset, das auf persönlicher Ebene traurig macht und demotiviert, doch auf politischer Ebene in die Katastrophe führt." In Elternhäusern mit mehr Bildung – unabhängig übrigens vom sozioökonomischen Status – werde differenzierter argumentiert und mehr Zuversicht vermittelt. Kritisch geht Becker mit dem zeitgenössischen gesellschaftlichen Klima um und meint am Ende des Interviews: „Es braucht einen gesellschaftlichen Glauben an das einzelne Individuum als gestaltendes Element seines Lebens. Menschen sollten sich als aktive Gestalter sehen statt als passive Opfer. Wir sollten aufhören, Jugendlichen zu erzählen, dass andere für ihren Erfolg im Leben zuständig sind."

Doch auch hier gilt: Trau, schau, wem! Denn wer als Kind schon daheim gelernt hat, dass man sich zwar (passiv aggressiv) über die schlechten Verhältnisse beschweren, aber nichts dagegen unternehmen kann, fällt eher auf Menschen herein, die angeblich genau wissen, was richtig ist, und auf gleich gelagerte Parolen.

Quo vadis?

Kulturell scheinen individualistisch ausgerichtete Gesellschaften wie die USA anfälliger für NPS zu sein als kollektivistische wie etwa Japan (Twenge et al. 2008). Andererseits, so asiatische Forscher, hat die NPS auch in Asien epidemische Ausmaße angenommen (Luo & Cai 2018). Das wiederum hängt mit der sogenannten vierten – der digitalen – industriellen Revolution zusammen. Heutzutage müssen Menschen zusehen, wie sie sich dem Markt anbieten. Dabei werden individueller Erfolg und „Selbstverwirklichung" immer stärker betont – und je mehr das der Fall ist, desto anfälliger für NPS scheint eine Gesellschaft zu sein. Das hat schon Lasch (1979) beschrieben – ein kritischer Analytiker der industriellen Revolution und des späten Kapitalismus, der die Meinung vertrat, zunehmend würden Menschen in Abhängigkeiten und Überlebenssorgen getrieben statt sie zu befähigen, selbstständig und zupackend eigene Entscheidungen zu treffen und ihr Schicksal selbst in die Hand zu nehmen.

Die Veränderungen sind nicht aufzuhalten: Nach der „Dienstleistungsgesellschaft" der 1980er- und 1990er-Jahre sind wir inzwischen im „digitalen Zeitalter" angekommen. Dieses ist gekennzeichnet durch eine extreme Individualisierung, Isolation und Vereinzelung, auf die Spitze getrieben durch die Förderung von Heimarbeit und sozialen Medien. Bereits Mitte der 1980er-Jahre habe ich ein Buch mit herausgegeben (Huber & Bussfeld 1985) mit dem Titel *Blick nach vorn im Zorn. Die Zukunft der Frauenarbeit,* in dem einige der jetzigen Entwicklungen geradezu seherisch (es gab noch gar kein Internet!) vorweggenommen wurden. Wir Autorinnen sahen eine Zukunft für Frauen voraus, in der sie wieder zurück ins Haus gelockt würden, um dort mit „Teleheimarbeit" ihren Lebensunterhalt zu bestreiten und gleichzeitig die Kinder zu erziehen, während die Männer noch Gelegenheit hätten, sich außerhalb des Hauses Arbeit und Beschäftigung zu suchen.

Inzwischen kann man sagen: Durch die Zeit der Corona-Maßnahmen wurde „Homeoffice", das man eingedeutscht und altmodisch durchaus als „Teleheimarbeit" bezeichnen könnte, tatsächlich zu einer zunehmend gelebten Arbeitsform. Eine Online-Befragung des Instituts für Arbeitsmarkt- und Berufsforschung (IAB) ergab 2020 tatsächlich, „dass Frauen mit 28 Prozent deutlich häufiger ins Homeoffice wechseln als Männer (17 Prozent)" und zwar auch deshalb, weil „vor allem Beschäftigte aus den Querschnittsfunktionen und der Verwaltung ins Homeoffice wechseln (34 Prozent). Dies dürfte auch ein Grund dafür sein, warum mehr Frauen ins Homeoffice wechseln als Männer". Weitere Gründe sind Kinderbetreuung – und: „Knapp 6 Prozent der Männer und 15 Prozent der Frauen geben an, (zum Teil zusätzlich) eine erwachsene Person zu betreuen" (Frodermann et al. 2020).

Insgesamt ist das Geschlechterverhältnis besser, als wir das vor fast 40 Jahren für die „Teleheimarbeit" vorhergesagt hatten, die Tendenz ist dennoch erkennbar, dass Frauen durch Kinder und zu betreuende Familienmitglieder sowie ihre Berufswahl in eher datenverwaltenden Berufen vermehrt „zu Heim und Herd zurückkehren". Doch wie auch jeder Mann brauchen sie erst einmal einen Job. Und das bedeutet: Jede und jeder muss sich selbst vermarkten. Dies führt zu der absoluten Notwendigkeit, sich selbst, ohne persönlich in einem Raum mit anderen auftreten zu können, möglichst ideal darzustellen.

Schon Kinder und Jugendliche lernen heute (nicht mehr nur aus Fernsehen und Kinofilmen, sondern viel mehr aus dem Internet, etwa von Influencern) sich zu stylen und sich körperlich und mit den richtigen Bildern und Slogans zu präsentieren; sich also in einer künstlichen Welt des Netzes zu „erschaffen", anzupassen und stets neu auszurichten.

Das schafft Selbstdarsteller, die zwischen ihrem privaten und dem nach außen präsentierten „Ich", wie manche Studien zeigen (Ki & Kim 2019), unterscheiden sollten. Sie neigen aber eher dazu, von sich nicht nur in Games Avatare zu erschaffen, sondern auch für andere Zusammenhänge, und diese Avatare ähneln ihren Idolen: Alter-Egos, die aus angebotenen Versatzstücken zusammengesetzt eine Art Ersatzidentität ergeben.

Gesunde Kinder, Jugendliche und Erwachsene können zwischen diesen und ihrem „privaten Ich" unterscheiden, psychisch kranke kaum. Das zeigt nicht nur die angewachsene Literatur zum Thema Spielsucht, etwa bei Jugendlichen (Kothambikar 2023). In seinem Blog betont wiederum der Psychosomatiker Claus Krüger, dass bei einer narzisstischen Problematik die Spielsucht kaum behandelbar sei, ohne sich dem narzisstischen Thema besonders zuzuwenden.[8] Ebenso schwierig ist die Kombination von Narzissmus und Sexsucht. Hier spielt das Anschauen von Pornos eine große Rolle, und in diesen Filmen wird das Klischee verbreitet, dass Mädchen immer Sex wollen und Jungen immer „können". Je ausgeprägter das Bedürfnis nach Anerkennung und Bewunderung und je depressiver der Jugendliche, desto narzisstischer der Mensch, der dabei herauskommt (s. Hill, Habermeyer & Briken 2023). Letzterer läuft dann besonders Gefahr, in allen möglichen Bereichen süchtig zu werden und auch die Partnerschaft zu ruinieren, wie Coach Martina Bamesberger-Hellwig es in ihrem Blog „Masterclass of Mind" erklärt.[9]

Also geht es vor allem um selbstunsichere, aber (deswegen) narzisstische Individuen. Es ist schon ein Klischee, dass zur sogenannten Generation Z gehörende Jugendliche

---

8 ↗ https://psychosomatik-info.com/pathologisches-spielverhalten-ist-schwer-zu-behandeln

9 ↗ https://www.masterclass-of-mind.de/narzissten-und-ihre-suechte/

nach der eher selfiesüchtigen Generation Y der „Millennials“ nun gar nicht mehr wissen, wer sie sind oder sein wollen oder sollen und sich für den anonymisierten digitalen Marktplatz privat wie beruflich „24/7“, wie es heute heißt, bereithalten müssen (Wood et al. 2021). Das Handy oder Tablet wird zu einem „Hilfs-Ich“, wie es der Psychoanalytiker Darius Leskauskas (2020) beschreibt.

Dabei kann ihr Selbstwertgefühl „geboostert“ werden oder ins Bodenlose stürzen, so dass sie hilflos, ohnmächtig und passiv werden. Was wird darüber entscheiden, in welche Richtung es geht?

Dies möchte ich anhand des Themas „Influencer und soziale Medien“ im nächsten Kapitel untersuchen.

7. Narzissmus, Influencer und die sozialen Medien

Wenn jemand narzisstische Persönlichkeitszüge aufweist – und in unterschiedlicher Intensität und Ausprägung ist das bei uns allen der Fall –, dann hat er ein positives, allerdings überhöhtes und damit unrealistisches Selbstkonzept (Campbell et al. 2002). Er möchte unbedingt mehr Anerkennung und erwartet von anderen, in diesem Sinne „versorgt“ zu werden. Manche Menschen zeigen das Bedürfnis, als jemand Besonderes gesehen zu werden, auch nach außen. Andere sind eher insgeheim davon überzeugt, eines Tages endlich wahrgenommen und anerkannt zu werden. Und beide Typen unterscheiden sich in den Mitteln, die sie dazu einsetzen.

Bereits in der Einleitung habe ich darauf hingewiesen, es sei umstritten, inwieweit die grandiose Form des Narzissmus in Ost und West auf dem Vormarsch ist. Sicher hingegen ist, dass wir es auf dem breiten Narzissmus-Spektrum hier mit einer vor allem männlichen Variante zu tun haben (Luo & Cai 2018, Twenge & Campbell 2009, Weidmann et al. 2023), während es verschiedene komplementäre Formen gibt, die zahlenmäßig eher beim weiblichen Geschlecht anzutreffen sind. Unterschieden wird unter anderem nach Art und Intensität der äußeren versus der inneren, überblähten Selbstüberzeugung (Zajenkowski & Szymaniak 2021) sowie nach „weiblichem Narzissmus“ (Wardetzki 2021), Co-Narzissmus (Malkin 2017b, Müller 2022) und dem „Echoisten“-Sein (Malkin 2018, Savary 2021).

Werden wir von Generation zu Generation immer narzisstischer?

Den Millennials, heute als „Generation Y“ bekannt, wurde ein ganz besonderer Hang zum privat wie öffentlich gelebten Narzissmus nachgesagt. In einer gut recherchierten und polemisch zugespitzten Titelgeschichte des amerikanischen Nachrichtenmagazins *Time* (Stern 2013) hieß es: „The Me, Me, Me Generation: Millennials are lazy, entitled narcissists who still live with their parents“, also: Die Ich, Ich, Ich-Generation, faule und ansprüchliche Narzissten, die immer noch bei den Eltern leben“.[10] Sollte diese Analyse stimmen, wäre ja zu fragen: Wie spiegelt sich

10 Unter diesem Link finden Sie das Titelbild und auch den Artikel: ↗ https://time.com/247/millennials-the-me-me-me-generation/.

wiederum diese Selbstbespiegelung einer ganzen Generation in deren öffentlicher Wahrnehmung? Einer eher negativen öffentlichen Einschätzung widerspricht eine neuere Umfrage aus Deutschland, laut der die Millennials kaum narzisstischer sind als vorherige Generationen und die nachfolgende Generation Z (Weidmann et al. 2023). Was allerdings stimme: Bei jüngeren Menschen finde man generell deutlich höhere Narzissmuswerte als bei älteren. Und insgesamt, so die umfangreiche Studie, glichen sich die Geschlechter mehr einander; sowohl bei Männern als auch bei Frauen gebe es die gesamte Bandbreite von Bescheidenheit bis zu massivem und aggressivem Größenselbst.

Eine Studie der Universität Konstanz (Wetzel et al. 2017) wertete Daten aus, die über einen längeren Zeitraum (von 1992 bis 2016) an amerikanischen Studenten erhoben wurden und stellte sogar eher einen Rückgang narzisstischer Tendenzen fest. Untersucht wurde hier allerdings der allgemeine, alltägliche Narzissmus als unterschiedlich stark ausgeprägtes Persönlichkeitsmerkmal (Trait), wie etwa auch Neurotizismus, Extraversion, Gewissenhaftigkeit oder Sozialverträglichkeit. Es ging weniger um die pathologische Form der narzisstischen Persönlichkeitsstörung. Einen Rückgang stellten die Forscher in den Daten sowohl bei Frauen als auch bei Männern fest, insbesondere bei den Dimensionen „Anspruchsdenken" und „Führungsverhalten". Bei Frauen sei vor allem die Dimension Eitelkeit weniger intensiv ausgeprägt.

Allerdings: Es sind amerikanische Daten an Studenten – und es wurden die gängigen Narzissmus-Fragebogen verwendet, die vor allem das grandiose Selbstkonzept abfragen. Ob daher die Befunde auch auf andere Bevölkerungsgruppen in anderen Ländern mit anderen Definitionen von Narzissmus und sowohl als Trait als auch in der pathologischen Form zutreffen, ist durchaus umstritten.

In der nichtpathologischen Population gibt es ein breites Narzissmus-Spektrum. Es beginnt bei positiven Selbstwertthemen wie der Überzeugung, eine verantwortliche Führungsperson zu sein (Rosenthal & Pittinsky 2006) und über ein gesundes Selbstbewusstsein zu verfügen (Sedikides et al. 2004). Und es reicht bis zu negativen Themen: die Neigung zu Aggressionsdurchbrüchen (Bushman & Baumeister 1998), Unverbindlichkeit in Paarbeziehungen, aber man sucht die Nähe zu Menschen mit hohem sozialem Status (Horton & Sedikides 2009) und der selbsterhöhenden Tendenz, sich mit Menschen zu vergleichen, auf die man herabsehen kann (Campbell et al. 2000), was gewöhnlich als Überheblichkeit bezeichnet wird.

Diese letztere, auffälligere Form, der grandiose Narzissmus, ist gut untersucht. Anders sieht es bei der vulnerablen, mit introvertiertem Verhalten verbundenen Form – „Eines Tages wird man merken, wie großartig ich bin, und dann bekomme ich, was mir zusteht" – aus (Miller et al. 2011), die ich als besonders studierenswert empfinde. In psychotherapeutischen Settings finden sich nämlich viele Menschen mit sehr geringem Selbstwertgefühl und einer starken sozialen Rückzugstendenz, die aber dennoch glauben, im Grunde mehr Aufmerksamkeit zu verdienen. „Eigentlich“ verfügen sie über ganz viel Talent und auch Können, und beides warte darauf, entdeckt und gefördert zu werden. M.E. gibt es bislang noch viel zu wenige AutorInnen, die die Sichtweise von Pinsky & Young (2009) teilen, dass es sich auch bei der inneren und äußeren „Celebrity-Suche“ – also dem Gefühl, im Grunde müsse man so berühmt sein wie diejenigen, die im gesellschaftlichen Fokus stehen – um die Folgen von Bindungstraumatisierung handeln könnte.

Kollektive und persönliche Probleme

Nicht nur immer mehr Bücher zeigen: Es gibt ein wachsendes Interesse am Thema Narzissmus und parallel am Thema Psychotrauma, und zwar gerade seit der Jahrtausendwende. Möglicherweise haben wir es mit einem zunehmend unsicher gewordenen Identitätsgefühl ganzer Generationen zu tun. Mit einer inzwischen bei „Generation Z“ und „Letzter Generation“ angekommenen Suche nach Bedeutung und Sinn im Leben. Einer Suche nach dem „ganz anderen“ – bei einer vorherrschenden Weltuntergangsvision in westlichen Ländern – und nach ganz neuen Vorbildern, seien es „Influencer“ wie Greta Thunberg mit ihrem „How dare you!“, jungen, hübsch gestylten Frauen, die Waren anpreisen oder reichweitenstarken YouTubern mit Anlagetipps.

Die Nachkriegsgeneration hatte zertrümmerte Länder wieder aufgebaut, ökonomischen Wohlstand geschaffen, war dem Konsum verfallen. In den letzten Jahren jedoch sind wir bei einer forciert vorgetragenen „Nichts geht mehr“-Stimmung gelandet, die nicht nur junge Menschen, sondern die gesamte Gesellschaft des Westens in eine tiefe Identitätskrise gestürzt hat. Wachstum oder De-Growth, Familie und Staat oder Geschlechtervielfalt und offene Grenzen, links oder rechts sein, Humanismus oder Transhumanismus – wohl noch nie wurde in den letzten Jahrhunderten der Bruch mit Traditionen so fundamental diskutiert wie zur Zeit.

Es beginnt mit der Frage, ob man noch Fragen stellen darf. Etwa, ob die Erzählungen bestimmter Regierungen und Medien überhaupt stimmen – zum Beispiel das Narrativ vom CO_2-Einsparenmüssen, von der Notwendigkeit, wieder Kriege führen zu müssen, vom Vertrauenmüssen in nicht gewählte Institutionen wie UNO, WHO oder die EU-Kommission, die heute weitgehend unsere Gesetze und Verordnungen „machen“. Es geht weiter mit den Fragen nach dem Glauben oder Unglauben daran, dass der Mensch die Ursache der Erdzerstörung ist, wieweit das ökonomisch wie ökologisch begründet ist, welcher wissenschaftlichen These man vertrauen soll. Bis hin zu den Fragen, ob es ökonomisch und psychologisch ein Morgen für jeden

Menschen geben kann, das noch irgendetwas mit dem Gestern zu tun hat. Darüber ist die Gesellschaft so tief zerstritten wie ein Paar, von dem jeder glaubt, unbedingt Recht zu haben. Jeder lebt in seiner eigenen Blase, fest davon überzeugt, im Besitz der einzig gültigen Wahrheit zu sein und ist unfähig, mit dem anderen noch einen demokratischen Diskurs zu führen. Die Folge: Man trennt sich besser per WhatsApp oder auf eine andere Dialogunfähigkeit zeigende Art …

Wenn wir diese individuellen und kollektiven Probleme besser verstehen wollen, müssen wir gelegentlich abwechselnd Mikro- und Makroebenen betrachten und hoffen, dabei zu Erkenntnissen zu gelangen, die sowohl dem einzelnen Menschen als auch der sozialen Gemeinschaft Hinweise geben zu können – wozu dieses Buch aus psychologischer und traumatherapeutischer Sicht einen Beitrag leisten will. Etwa wenn es darum geht, die Grundfragen narzisstischer Suche nach dem Besonderen in jedem Menschen und der Sehnsucht nach Zugehörigkeit und Gemeinschaft zu beantworten.

Klinische Erfahrungen und Daten (Downey & Crummie 2022, Ferrajao & Elklit 2020, Yichu & Yiming 2023) zeigen nämlich: Viele junge Menschen, die durch Belastungserfahrungen, besonders in der Kindheit, ein geringes Selbstwertgefühl auf die Waage bringen und sich tastend in der Welt bewegen, weisen ein geradezu unterirdisches Selbstgefühl auf. Ja, wie Yichu & Yiming zurecht betonen, ist das schlechte Selbstwertgefühl die zentrale Verbindung zwischen einem Psychotrauma und der komplexen Posttraumatischen Belastungsstörung (K-PTBS). In extremen, aber keinesfalls seltenen Worten hört man das in psychotherapeutischen Sitzungen von TraumapatientInnen in etwa so:

- „Wissen Sie, ich bin im Grunde ein Nichts."
- „Meine Eltern haben mich schlechter behandelt als ihren Hund, und ich fühle mich auch so."
- „Mein Selbstwertgefühl? Gleich null."
- „Er hat zu mir gesagt, ich sei genetischer Müll."
- „Ich habe Angst, mich komplett aufzulösen."
- „Ich will einfach nur ins Nirwana verschwinden."
- „Suchen Sie ein Fass ohne Boden? Hier bin ich!"
- „Sie wissen doch, ich bin einfach zu blöd für alles."

Gleichzeitig ist geradezu mit Händen zu greifen, wie sehr sich diese Menschen danach sehnen, Anerkennung zu erfahren. Doch gerade dieser Personenkreis neigt dazu, sich mit Menschen zusammenzutun, die überaus genau wissen, was sie wollen, und klagt häufig über „toxische Beziehungen", die mindestens bestärken, wenn nicht noch mehr vertiefen, was an Selbstwertproblemen schon da war. Sodass man dann entweder isoliert zurückbleibt oder auf die Suche geht nach virtuellen Vorbildern, Freundschaften und Partnerschaften im Netz.

Mich interessiert dabei, wie verschieden die gesellschaftlichen und die virtuellen (Internet-)Vorbilder des einzelnen Individuums sind und wonach sich die einzelnen Menschen richten.

Welche Vorbilder haben junge Menschen?

Die gesellschaftlichen Vorbilder der jungen Leute finden sich heutzutage eher bei „Fridays for Future", im Bereich der grünen und linken Gesellschaftstransformationsbewegung oder sogar bei der „Letzten Generation". Bauernvertreter, die für eine konventionelle Landwirtschaft stehen, Vielfachmütter oder gar der „weiße alte Mann" (Bolz 2023) sind es eher nicht. Letzterer darf natürlich auch kein weiser alter Mann für sie sein, weil der für Kolonialismus, Rassismus und Sexismus steht. Überhaupt taugen Angehörige der älteren Generation offenbar nicht mehr zu Vorbildern.

Mir scheint: Vorbilder werden heute als Vor-Bilder gesehen: Ein Bild oder Selfie, das nachgebaut oder nachgespielt werden kann, das einerseits sehr individuell, andererseits aber auch politisch korrekt sein muss. Denn eines scheint ganz wichtig zu sein: „gut" zu sein. Also nicht rassistisch, nicht sexistisch, nicht rechts … Darüber definiert sich die Zugehörigkeit zu einer Gruppe bzw. zu einer Social-Media-Blase.

Nun neigen tief verunsicherte Menschen generell zu eher düsteren und angsterfüllten Zukunftsvorstellungen. Durch Weltuntergangs-Horrorszenarien kann man sie leicht noch tiefer verunsichern und zu geradezu verzweifelten Handlungen treiben. Bestimmte Aktivisten (Vorbilder für viele), etwa Ikonen wie Greta Thunberg und Luisa Neubauer oder andere Vertreter dieser politischen Richtung malen ein Menetekel an die Wand und fordern, um die Welt zu retten, ultimativen Konsumverzicht und ein ganz rasches Handeln. Sie sind überzeugt davon, jetzt radikal vorgehen zu müssen und dabei auf demokratische Gepflogenheiten keine Rücksicht nehmen zu können (so die Sprecherin von Fridays for Future, Luisa Neubauer, am 21.10.22 in einem Interview). Immer wieder wird beschworen, dass „keine Zeit mehr bleibt".

Überzeugungstäter oder vulnerable Narzissten?

Diese „Influencer" wollen eine ganz „neue Weltordnung", eine „Transformation", was bedeutet: Eine Weltgemeinschaft, die ihren Kohlenstoffausstoß verringern und auch zahlenmäßig weniger werden muss. Der „Wertewesten" hat dabei voranzugehen; schließlich habe er in früheren Zeiten den Rest der Welt kolonialisiert und ausgebeutet und verhalte sich jetzt im Postkolonialismus immer noch gewalttätig und ausbeuterisch. Bei einigen Vertretern solcher Thesen könnte es sich um vulnerable Narzissten handeln, denn: Ihre Überzeugungen sehen sie als so selbstverständlich an, dass sie – ohne Rücksicht auf rechtsstaatliche Gepflogenheiten – alle anderen Menschen davon überzeugen und dazu drängen wollen, das ihnen als altenativlos Erscheinende zu tun.

Meine Kollegin Maria-Christina Nimmerfroh (2023) hat sich in Kreisen der „Letzten Generation" umgesehen, und sie fand bei den professionell in Wohngemeinschaften zusammengezogenen und geschulten Aktivisten ein kollektives Größenselbst. Ein – bis auf die konkreten Unterstützer in Familie und Gruppe – vom Rest der Gesellschaft abgekoppeltes Selbstbewusstsein; die Überzeugung, man ganz persönlich habe jetzt die letzte Chance, den ganzen Planeten zu retten. Ziviler Ungehorsam, bis hin zu Straftaten, sei deshalb statthaft, Gefängnisaufenthalte nehme man in Kauf und vor Gericht zähle nur die eigene Überzeugung. Dafür erhalte man Applaus und Anerkennung – in den eigenen Kreisen und auch in denen der politischen und medialen Unterstützer. Dass die breite Mehrheit der „anderen" diese Auffassung nicht teilt, veranlasst sie zu keiner Form der Selbstkritik. Letztere ist übrigens bei allen elite- oder kaderbewussten Idealisten nicht üblich.

Ähnlich argumentieren etliche Politiker: Man habe dem Volk eben noch nicht gut „vermitteln" können, was man meine, heißt es oft. Auf die Idee, dass man selbst einer Hybris unterliegen könne, kommt man eher nicht. Die „anderen" seien eben noch nicht so weit, und deshalb führt man den Dialog nur noch mit den „eigenen" Leuten. Für die Demokratie ist das eine gefährliche Entwicklung, die sich in allen Lebensbereichen am deutlichsten in der Corona-Zeit zeigte. Wegen der „richtigen" Vorgehensweise kam es zu Zerwürfnissen in Familien, Kollegenkreisen und der gesamten Gesellschaft. Die mächtigsten Influencer: die Politik und die sogenannten Leitmedien.

In seinem Buch *Angstgesellschaft* (2022) hat der Psychoanalytiker Hans-Joachim Maaz die Vorbildfunktion von Politik und Medien und ihre Auswirkungen auf die Menschen während der Corona-Pandemie untersucht. Unter anderem beschreibt er, dass es zu einer Art „Massenpsychose" gekommen sei: „Von Anfang an waren die Anti-Corona-Maßnahmen so widersprüchlich, unlogisch, absurd, falsch, grotesk, verwirrend und nie wissenschaftlich ausreichend belegt, dass ich von einer kollektiven psychopathologischen Entwicklung ausgehen muss – einer Corona-Normopathie" (S. 44), und mutmaßt: „Dass heute ausgesprochen fragwürdige Informationen und absurde Maßnahmen bis hin zu autoritären Verboten und staatlicher Willkür von der Mehrheit einer angeblich demokratisch gebildeten Bevölkerung geduldet werden, ja oft sogar eine begeisterte Zustimmung erfahren, kann ich mir nur durch eine angsthypnotische Bewusstseinsverengung erklären" (S. 45). Er beschreibt den Verlust des „Sowohl – als auch" in unserer Gesellschaft, die Verengung auf das, was als angeblich alternativlos das „einzig Richtige“ sei, und betont: „In Urteilen und Handlungen auf nur eine Seite fixiert zu sein, bedeutet immer Störung, Krankheit – also z. B. Narzissmus oder Depression“ (S. 209).

Vorbild – Spiegelbild

Vorbilder sucht man nicht mehr im Sport- oder Karnevalsverein, in der Pfadfindergruppe oder der Jugendorganisation einer etablierten Partei. Entscheidend ist heutzutage eine virtuelle Gemeinschaft von Gleichgesinnten. Diese kann politisch sein oder darum kreisen, das „Richtige“ zu kaufen.

Die Verbreitung des Internets hat viele technische Produkte mit sich gebracht, etwa das Smartphone. Besonders bei jungen Menschen kann man beobachten, dass für sie virtuelle Kontakte immer bedeutsamer werden, manchmal sogar Begegnungen in der realen Welt verdrängen. Smartphones sind bei ihnen zu lebenswichtigen „Körperteilen“ geworden (Müller 2020, S. 3), denn mit dem kleinen Maschinchen hat man nicht nur das Weltwissen in der Hand, sondern auch potenziell jeden anderen im Netz angeschlossenen Menschen in Reichweite.

Sozialforscher und Marketingexperten haben sich in den letzten Jahrzehnten besonders mit der Frage beschäftigt, welche Idealfiguren („Influencer“) im Netz besonders viel Zulauf haben. Was für Menschen sind das und vor allem: Wer sind ihre Follower, die mit ihren Klicks vor allem als Konsumenten von Werbe- und politischen Inhalten aktiv werden? Wem folgen die Follower, wem eifern sie nach? Spiegeln sie sich mit ihren persönlichen Vorstellungswelten in den Influencern – oder ist es umgekehrt? Und wollen die Follower tatsächlich eitlen, selbstverliebten, nach Bewunderung suchenden – also narzisstischen – Vorbildern im Netz folgen?

Was die Influencer selbst angeht, so wurde vor allem die grandiose Darstellung einzelner Handelnder (in der internationalen Fachliteratur auch „agentic“ genannt) näher untersucht, vermutlich, weil sie besonders auffällig ist. Doch wie wir sehen werden, spiegelt sich das eher angeberische, sich spreizende und (nur scheinbar?) übermäßig von sich selbst überzeugte Verhalten dieser grandiosen Narzissten in der Reaktion ihrer Follower wider. Man könnte das als ein gemeinsames Abheben in grandiose Sphären beschreiben. Es zeigt sich ein „kommunaler“, also wechselseitig aufeinander bezogener, „gemeinschaftlich orientierter“ Narzissmus, wie ich ihn weiter oben auch für die politische Szene schlaglichtartig beschrieben habe. Sozialforscher untersuchen hier, welche Auftritte in dieser Wechselwirkung besonders erfolgreich sind und wie es zu erklären ist, dass es auch Vorbilder gibt, die eher „abtörnen“.

Wer die Fachliteratur studiert, kann sich eines Eindrucks nicht erwehren: In den sozialen Medien geht es zu wie in vielen Familien. Früher sagte man: „Wie der Herr, so's Gscherr." Heute kann man es so sagen: Egozentrismus ist ansteckend. Umgekehrt zeigen die Untersuchungen: Wenn Follower das Gefühl haben, das als übermächtig wahrgenommene Ideal niemals erreichen zu können, werten sie sich selbst ab. Das führt innerlich zu einer Art Kollaps und äußerlich zum Rückzug vom Influencer – dem als ideal projizierten anderen (Shan et al. 2020). Politisch wird das nicht zur links-grün-städtisch-woken Elite zählende Volk entweder apathisch, oder es wendet sich, besonders in ökonomisch immer schwieriger werdenden Zeiten, nach rechts oder sogar rechtsaußen. Als Bauer oder für einen Mindestlohn Schuftender sucht man dort eine Bestätigung, die man von den städtisch-studentisch-bildungsbürgerlich-multikulti-geprägten Milieus nicht bekommt. Das ist eine gefährliche Entwicklung, und nicht umsonst wird in den Medien immer wieder eine Analogie zur Weimarer Republik gezogen.

Schauen wir uns lieber nüchtern die Dar- und Zurschaustellung narzisstisch-individuellen Lebens an, wie sie uns öffentlich durch das Vorleben von Selbstdarstellungstalenten und die Reaktionen ihrer Anhänger präsentiert wird und wie sie sich in wissenschaftlichen Studien abbildet. Zum einen gibt es Untersuchungen über die eklatante Zunahme narzisstisch auftretender Personen in Reality-Shows (Stein 2013) oder im spirituellen Kontext (Gebauer et al. 2012). Der weitaus größte Teil der Literatur beschäftigt sich jedoch mit Influencern in sozialen Medien – dem „sozialen Spielplatz der virtuellen Narzissten" (Diller 2015).

Die amerikanische Psychologin Vivian Diller stellt dazu entscheidende Fragen (Übersetzung MH): „Wann wird aus normaler Angst von jungen Menschen ein zwanghaftes Bedürfnis nach Bestätigung, und wann verwandelt sich diese Angst in pathologischen Narzissmus?" Millionen junger Leute, so Diller weiter, sind besessen von Facebook, Twitter, Instagram und anderen sozialen Medien. „Täglich, ja stündlich, posten sie Fotos von sich und ihrer Umgebung, als interessiere sich die Welt plötzlich für die minutiöse Dokumentation ihres Alltagslebens." Als Psychologin fragt sie sich: Worum geht es dabei für diese jungen Leute, und welche Auswirkungen hat das auf Dauer auf uns alle? Beobachten wir hier eine Art Dauer-Jugendbewegung, die ständig ins Netz hineinruft: „Schau mich an, ich bin besonders!"? Oder spiegelt sich hier eine heimtückische, allgemeine Tendenz in unserer Gesellschaft: „Schau mich bloß an – sonst …" Ja, was sonst?

Bin ich sonst vielleicht ein Nichts oder verloren im Orkus des Netzes? Bin ich etwa auf dem digitalen Markt nichts wert, kann mich oder mein Produkt nicht verkaufen? Oder du bist ein nichtswürdiges Etwas, wenn du nicht an mich glaubst und mir nicht folgst?

Studien zum Verhalten in den sozialen Medien

Viele Studien und Metaanalysen – also Auswertungen zahlreicher Studien – wollen dazu Näheres herausfinden. Zum einen gibt es allgemeine Verhaltensanalysen von Social-Media-Gepflogenheiten: Wer ist das überhaupt und wie viel Zeit verbringt er oder sie damit (vielleicht rund um die Uhr), Informationen über sich selbst an ein breites Publikum zu senden? Mit dem Ziel, möglichst viele Klicks, Likes und Shares sowie positive Kommentare zu erzielen und dadurch größere Reichweite und mehr soziales Ansehen oder zum Beispiel Zugehörigkeit zu einer bestimmten sozialen Gruppe zu erreichen (Midgley et al. 2021, McCain & Campbell 2018). Gerade Letzteres scheint besonders wichtig zu sein: die Sehnsucht nach Zugehörigkeit zu einer (virtuellen) Gemeinschaft – und das gilt nicht nur für Jugendliche. Vielleicht liegt es daran, dass der traditionelle soziale Zusammenhalt in Familien, in der Schule, am Arbeitsplatz oder in der Gemeinde – ein menschliches Grundbedürfnis (Baumeister & Leary 1995, Putnam 2001) – im Zuge der globalen Digitalisierung in westlichen Kulturen und möglicherweise weltweit immer mehr verloren geht.

Die meisten Untersuchungen haben sich das bei Facebook-Nutzern angeschaut (Appel et al. 2015, Buffardi & Campbell 2008) und vor allem bei Instagram, wo sich überwiegend Selfies und Werbevideos finden (Battan 2019, Djafarova & Trofimenko 2019, Moon et al. 2016, Pedalino & Camerini 2022).

Wie schon gesagt fokussieren viele Untersuchungen vor allem darauf, wer die einflussreichen Personen, also die Influencer, denn eigentlich sind (Gaennsle & Budzinski 2021) und welchen Trends sie folgen (Hendricks & Bright 2022). Besonders interessant erscheint den selbst meist noch jungen Forschern, wie sehr das Styling und Verhalten der Influencer sowie ihre Vorlieben für bestimmte Produkte sich auf ihre Follower dahingehend auswirken, ob, wann und unter welchen besonderen Umständen diese die angepriesenen Produkte kaufen (Algesheimer et al. 2005, Cai et al. 2015, Ki & Kim 2019, Sedikides et al. 2007).

Des weiteren scheint von Interesse, wie die Camouflage der Narzissten wirkt im Gegensatz zu der in den letzten Jahren immer mehr geforderten „Authentizität“ der Protagonisten (Moulard et al. 2015). Das ist ein interessanter Trend, der zeigt: Auf Dauer zieht auch das noch so perfekt gestylte Bild nicht mehr, denn die Follower möchten auch Pickel, Schwächen und Tränen ihrer Idole sehen, um sich mit ihnen umso inniger zu identifizieren. Was sie anpreisen – Waren, Börsentipps oder politische Aufforderungen – kaufen sie ihnen dann noch viel lieber ab.

Viele der zahllosen Social-Media-Studien untersuchen die Wirkung von Marketingstrategien und Bedingungen für ökonomischen (Miss-)Erfolg. Hier sind vor allem Eigenarten und Persönlichkeitsmerkmale entscheidend und natürlich die

Einstellungen der Follower (Campbell & Farrell 2020). Weil viele Social-Media-Protagonisten – Influencer wie Follower – weiblich sind, stehen gerade die Reaktionen von Frauen im Fokus. Wie wirken sich die Social-Media-Aktivitäten auf ihren Sozialneid (Chae 2018), ihr Körperbild (Hogue & Mills 2019) und ihr Selbstwertgefühl (Midgley et al. 2019) aus? Die Ergebnisse dürften wenige überraschen:

Mädchen und Frauen, die besonders selbstunsicher sind, neigen auch in besonderer Weise dazu, sich Vorbilder in den sozialen Medien zu suchen, zu denen sie aufschauen können und verbringen sehr viel Zeit damit, ihren Influencern zu folgen (Pedalino & Camerini 2022). Familienmitglieder, Freunde und das weitere persönlich erreichbare Umfeld haben wenig Einfluss auf ihr Selbstwertgefühl, das Netz hingegen „saugt" ihre Aufmerksamkeit ab und die Vergleiche mit ihren Idolen werden zunehmend schwieriger. Je schlechter ihr Selbstwertgefühl ist, desto negativer wirken sich Vergleiche mit den Influencern auf sie aus: Sie schätzen sich selbst noch schlechter ein als vor der Exposition mit den Instagram-Inhalten, mögen ihren Körper noch weniger und werten sich selbst noch intensiver ab (Midgley et al. 2021).

Aber ist das wirklich etwas Neues? Das gab es doch auch schon früher, in einem eher überschaubaren Umfeld, fern aller virtuellen Communitys und Internet-Blasen, oder? Die US-Psychologin Vivian Diller (2015, Übers. MH) hat da ihre Zweifel: „Offensichtlich erleben Jugendliche heute einen Entwicklungsprozess, der sichtbarer ist als je zuvor. Ihr Wunsch nach Aufmerksamkeit, angeschaut zu werden und als etwas Besonderes zu erscheinen, scheint narzisstischer zu sein als bei früheren Generationen. Dennoch ist es wahrscheinlich nicht allzu viel anders. Klar, es ist selbstbezogen und ja, es wirkt anspruchsvoll, oberflächlich und ein bisschen zwanghaft. Aber noch besorgniserregender sind die Narzissten, die möglicherweise auf allen gesellschaftlichen Ebenen im Entstehen begriffen sind – und es ist zu einfach, dafür allein die sozialen Medien verantwortlich zu machen. Narzisstische Charakterbildung entwickelt sich vom Tag unserer Geburt bis zum Erwachsenenalter im Kontext der Familie, der Gleichaltrigen und der uns umgebenden Kultur. Wir müssen andere Faktoren berücksichtigen – wie etwa die Verwöhnung durch die Eltern, aber auch Kinderrechte, unsere Promi-Kultur und mehr."

8. Narzisstin oder Narzisse? Weiblicher Narzissmus ist (ein wenig) anders

Männlicher Narzissmus wird in Verbindung gebracht mit „Love Bombing“, sich darüber ein Opfer gefügig zu machen und es mit machtvollen Gebärden, mit aggressiv Aufmerksamkeit und Bewunderung einfordernden Verhaltensweisen dann einzuschüchtern. Ein Narzisst besteht hemmungslos darauf, jederzeit der Mittelpunkt der Aufmerksamkeit seiner Opfer / seines Publikums zu sein. Auch Angeberei und Arroganz gegenüber Schwächeren passen in dieses Bild. Wird er nicht bewundert, kann er die eigenen Bedürfnisse nicht durchsetzen: Abbruch – Verlassen der Szene (Campbell et al. 2011).

Bei Frauen kommt Narzissmus anders daher: liebevoll, fürsorglich, aufopfernd, bezogen bis unterwürfig und gleichzeitig selbstbewusst wirkend auf das Gegenüber: „Wie sehe ich aus?!“ Sprich: „Bitte gib mir doch die Bestätigung, dass ich in Ordnung bin.“ Attraktiv, schlank, leistungsbewusst zu sein und sich als etwas Besonderes zu stylen gehören ebenso dazu wie heimliche Süchte (Alkohol, Bulimie, Magersucht, Abhängigkeit von Psychopharmaka) …

„Sie treten oft selbstbewusst auf, fühlen sich jedoch innerlich klein und unsicher. Auch wenn sie in der Regel attraktiv sind und viel Wert auf ihr Äußeres legen, lehnen sie sich von Grund auf ab, finden sich hässlich, dick, unattraktiv und vor allem nicht liebenswert. Sie sehnen sich nach Liebe und Nähe, rennen aber davon, wenn sie wirklich jemand mag. Sie machen sich immer wieder einsam, obwohl sie gerade unter dem Gefühl, allein zu sein, sehr leiden“ (Wardetzki 2021).

Worin wurzeln die Unterschiede?

Um zu erklären, wie diese doch vielleicht nicht gerade kleinen Unterschiede zustande kommen, sollten wir uns das ganze Konzept, die Vorurteile der Forschenden und die empirischen Unterschiede grundlegend und genauer anschauen.

Wie wird geforscht? Was wird erforscht?

Auch in die fünfte, aktuelle Ausgabe des *Diagnostischen und Statistischen Manuals Psychischer Störungen (DSM)* wurde die Narzisstische Persönlichkeitsstörung aufgenommen. Für die „grandiose" Version werden hier neun wesentliche Kriterien benannt:

1. Ein übertriebenes, unbegründetes Gefühl der eigenen Bedeutung und Talente (Grandiosität)
2. Die Beschäftigung mit Fantasien von unbegrenzten Erfolgen, Einfluss, Macht, Intelligenz, Schönheit oder der vollkommenen Liebe
3. Der Glaube, dass sie speziell und einzigartig sind und sich nur mit den Menschen auf höchstem Niveau verbinden sollten
4. Der Wunsch, bedingungslos bewundert zu werden
5. Ein Gefühl des Anspruchs
6. Ausnutzung anderer, um ihre eigenen Ziele zu erreichen
7. Ein Mangel an Empathie
8. Neid auf andere und der Glaube, dass andere sie beneiden
9. Überheblichkeit und Hoffart

Außerdem müssen Symptome im frühen Erwachsenenalter begonnen haben (APA 2013, Zimmermann 2021).

Dies wiederum hat die psychiatrisch-klinische ebenso wie die sozialpsychologische und psychotherapeutische Forschung beflügelt (Cain et al. 2008) und bei letzterer die Vorstellung bewirkt: Narzissmus ist ein Persönlichkeitsmerkmal (Trait) und in unterschiedlicher Ausprägung in allen Menschen vorhanden (Wright et al. 2013). Es gibt zwar noch andere Vorstellungen über Narzissmus, etwa solche, die auf psychoanalytische Konzepte zurückzuführen sind (s. Kapitel 1), doch inzwischen hat sich das Trait-Modell in der Forschung durchgesetzt. Maßgeblich ist hier vor allem ein Test: Das „Narcissistic Personality Inventory (NPI)" mit sechs Subskalen:

1. Autoritätsanspruch
2. Überheblichkeit, Selbstgefälligkeit
3. Überlegenheitsgefühl, Einzigartigkeit
4. Angeberei
5. Manipulationsneigung, Ausbeutung
6. Anspruchsdenken.

Die Überbetonung der Grandiositätsmerkmale macht es schwer, zwischen der weiblichen und männlichen Form von Narzissmus zu unterscheiden. Und wenn man Narzissmus vor allem als nach außen gerichtet und aggressiv Bewunderung einfordernd versteht, dann ist es kein Wunder, dass Männer deutlich, nämlich im Verhältnis von etwa drei zu eins, überrepräsentiert sind. Das findet sich schon im DSM 5 und spiegelt sich auch in Forschungsergebnissen wider (s. u. a. Blinkhorn et al. 2019, Corry et al. 2008, Foster et al. 2003, Grijalva et al. 2015, Miller & Campbell 2008, Perry & Perry 2004, Zeigler-Hill et al. 2008, Zerach 2016).

Demgegenüber hat die eher vulnerable Seite des Narzissmus, gekennzeichnet durch eher schüchterne und schamvolle Überempfindlichkeit und geringes Selbstwertgefühl (aber überzeugt davon, eigentlich jemand ganz Besonderes zu sein) sich entweder als gender-neutral erwiesen (Besser & Priel 2009, Milller et al. 2010). Oder es waren sogar die Frauen überrepräsentiert (Green et al. 2022, Onofrei 2009, Pincus et al. 2009, Rohmann et al. 2012, Wolven 2015, Wright et al. 2010).

Dass sich die Geschlechter zunehmend angleichen, auch was den per NPI gemessenen Narzissmuswert angeht, hat schon die US-Generationen-Forscherin Jean Twenge (2008) bemerkt. Sie untersuchte Geschlechterunterschiede im Bereich Narzissmus über einen langen Zeitraum hinweg, von den 1990er-Jahren bis in die Nuller Jahre dieses Jahrtausends. Die Angleichung interpretierte sie als Hinweis darauf, dass die aktive und selbstbewusste Attitüde von Frauen im Laufe der Jahrzehnte, in denen ihnen mehr gesellschaftlicher Spielraum ermöglicht wurde, gewachsen sei. Andere Forscher widersprachen, etwa Joshua Foster et al. (2003) und auch eine spätere Metastudie von Emily Grijalva et al. (2015), deren Datenbasis über 470.000 Teilnehmer und Daten aus über drei Jahrzehnten umfasste. Der „gender gap", so die letztgenannten Autoren, wird nicht kleiner, ist also kein Messfehler, sondern stellt einen echten Unterschied dar.

Geschlechterrollen

Dafür, dass sich Narzissmus bei Männern und Frauen unterschiedlich äußert, könnten die Geschlechterrollen verantwortlich sein – also die Erwartungen, die an Männer und Frauen gesellschaftlich gestellt werden (Corry et al. 2008, Green et al. 2019, 2022; Jonason & Davis 2018, Lamkin et al. 2017, Sherry et al. 2014).

Aufgrund der unterschiedlichen Rollenerwartungen – ursprünglich stammen sie wohl aus der Aufgabenteilung der Geschlechter in Jäger- und Sammlerkulturen – haben sich vermutlich die beiden Narzissmusvarianten „agentic", also aktiv nach außen auftretend (selbstbewusst, dominant, konkurrierend und erfolgsorientiert) und „communal", also gemeinschaftlich orientiert, etwa fürsorglich, liebevoll, selbstlos etc. heraus-„gemendelt". Und so ist der grandiose Narzissmus eher dem einzeln und aggressiv aktiven, „männlichen" Typus zugeordnet, der vulnerable eher vom gemeinschaftlich und sozial orientierten „weiblichen“ Stereotyp, wie Grijalva et al. (2015) mutmaßen.

Kein Wunder also, dass der Narziss-Mythos dem männlichen Narzissmus zugeordnet wurde und die Figur der Nymphe Echo dem „echoistischen“, weiblichen Gegenstück sozusagen (Onofrei 2009, Malikin 2018). Das letztere Modell war in der Fachliteratur bis vor kurzem unterrepräsentiert. In einer umfangreichen Literaturübersicht stellten die britische Psychologin Ava Green und ihre Kollegen (2022) sich mit Pullen & Rhodes (2008) die Frage: „Hat sich Echo im Unterholz versteckt?“

Bei ihrer Beschäftigung mit der Narzissmus-Historie fiel ihnen unter anderem auf: Freud hatte immer wieder behauptet, das weibliche Geschlecht sei narzisstischer als das männliche, denn Mädchen und Frauen seien mehr mit ihrem Äußeren beschäftigt und würden ihre „Objektwahl“ danach ausrichten, welche Qualitäten sie für ihr Selbst benötigten (Freud 1914 / 2020). Wilhelm Reich hatte sich 1933 in seinem Werk *Charakteranalyse* sogar ausschließlich auf den „phallisch-narzisstischen Charakter“ bezogen, der übellaunig und voll kalter Verachtung, dafür aber mit offener Aggression auf Kritik reagiere – und natürlich ein Mann sei.

Jahrzehnte später bewegte die Kernberg-Kohut-Kontroverse die Fachöffentlichkeit zum Thema Narzissmus. Während Kernberg (1975 / 2009) sich vor allem auf die Themen Grandiosität und Aggression konzentrierte und sie als Untergruppe der Borderline-Störung betrachtete, konzentrierte sich Kohut (1976) mit Schüchternheit und Depressivität auf die vulnerable Seite des Narzissmus. Beiden verdanken wir, dass Narzissmus 1980 in das Diagnosehandbuch DSM der Amerikanischen Psychiater-Vereinigung aufgenommen wurde.

Fünf Jahre später, 1985 also, wies die feministische Forscherin Ilene Philipson darauf hin, dass Kernbergs und Kohuts Theorien auf insgesamt nur 29 Fallgeschichten beruhten und im Grunde lediglich deren Männerperspektive darstellten. Dennoch konnte sich die Ansicht durchsetzen, diese Theorien beschrieben ein verlässliches pathologisches Syndrom, das sowohl Männer wie Frauen beträfe. Und – allen unterwegs immer wieder festgestellten massiven Geschlechterunterschieden zum Trotz – wird diese Auffassung bis heute, also bis ins DSM-5, fortgeschrieben. Übrigens setzt sich noch ein weiterer Trend fort: In Fallgeschichten sind Männer, wenn es um pathologischen Narzissmus geht, überrepräsentiert (s. Dimaggio 2012).

Dass die narzisstische Persönlichkeitsstörung eher ein Männerproblem sei, gilt sowohl in der klinischen wie in der Forschungsliteratur also als erwiesen (s. Karterud et al. 2011), und das spiegelt sich auch in Zahlen wider. So gab es eine große repräsentative Studie in den USA, nach der dann hochgerechnet wurde: Die pathologisch zugespitzte Form des Merkmals, die narzisstische Persönlichkeitsstörung (NPS), sei bei 7,7 Prozent aller Männer und 4,8 Prozent aller Frauen vorhanden. Männer hätten zudem mit höherer Wahrscheinlichkeit die Neigung, in Beziehungen ausbeuterisches und empathieloses Verhalten zu zeigen (Pulay et al. 2012).

Die weibliche, vulnerable oder „Echoisten"-Variante wurde hingegen kaum untersucht, vermutlich auch deshalb nicht, weil sie eben nicht im DSM vertreten ist bzw. die benannten „vulnerablen" Tendenzen nicht die Kriterien für eine NPS erfüllen. Mit anderen Worten: Das DSM beschreibt und diagnostiziert nur die männliche Variante des Narzissmusproblems, und die ist naturgemäß bei Frauen eben seltener vorfindbar.

Wie (und als was) wird weiblicher Narzissmus diagnostiziert?

Diejenigen, die eher die vulnerable Nazissmusvariante zeigen, haben mehr Chancen, eine Psychotherapie zu bekommen (Pincus et al. 2009). Wenn nicht nach DSM – wie dann wird der eher weibliche Narzissmus diagnostiziert?

Hat dieses Missverständnis vielleicht generell etwas damit zu tun, dass Fehldiagnosen in Persönlichkeitsstörungen zu unterschiedlichen Prävalenzraten bei Männern und Frauen führen? Das fragen sich Green et al. (2022, s. auch Schulte & Habel 2018). Das DSM weist sicher nicht umsonst darauf hin, wie sich Bevölkerungsstudien und die klinisch-therapeutischen Studien unterscheiden: „Prävalenz-Unterschiede spiegeln wahrscheinlich tatsächlich vorhandene Geschlechterunterschiede wider, doch die klinisch tätigen Kollegen sollten darauf achten, bestimmte Persönlichkeitsstörungen bei weiblichen oder männlichen Personen weder zu über- noch zu unterdiagnostizieren, denn sie könnten dabei sozialen Stereotypen über Geschlechterrollen und -Verhaltensweisen unterliegen" (APA 2013, S. 648, Übersetzung MH).

Werden die vulnerablen, eher bei Frauen vorfindbaren narzisstischen Merkmale möglicherweise fehldiagnostiziert als eine andere Form von Störung? Der Schweizer Psychiatrieforscher Sebastian Euler und sein Team (Euler et al. 2018) sagen: Ja, so ist es:

Grandioser Narzissmus bei Männern ist deckungsgleich mit der Narzisstischen Persönlichkeitsstörung, demgegenüber passen vulnerable Merkmale (Anspruchsdenken bei schlechtem Selbstwertgefühl und zurückgezogenem Verhalten) am besten zur Borderline-Diagnose!

Frauen suchen viel eher Psychotherapie auf als Männer (Skodol & Bender 2003), und narzisstische Menschen suchen eher in einem vulnerablen als in einem grandiosen

Selbstzustand die Hilfe von Psychotherapeuten (Ellison et al. 2013). Das könnte der Grund dafür sein, dass es in klinischen Settings weitaus mehr Frauen mit der Borderline-Diagnose gibt, während in epidemiologischen (Bevölkerungs-)Studien das Verhältnis Männer-Frauen bei der Borderline-Störung etwa gleich hoch ist (Paris et al. 2013).

Das sei ja allerhand, meinen Green et al. (2018): Die Narzissmus-Diagnose mit „männlichen Kriterien" wird mehr bei Männern gestellt. Die weibliche (vulnerable) Form des Narzissmus wird als Borderline-Störung interpretiert und dort subsumiert. Narzisstinnen gelten also als Borderlinerinnen und werden entsprechend behandelt. Machtgehabe, Kontrollbedürfnisse in Beziehungen und neidisches bis verachtendes Gebaren ist gleich männlicher Narzissmus. Schüchternes, appellierendes, bedürftiges und kokettierendes bis aggressiv manipulatives Verhalten ist dann – nein, eben nicht weiblicher Narzissmus, sondern wird unter der Borderline-Störung subsumiert.

Diesen Bias (systematisches Vorurteil) gibt es auch bei anderen Persönlichkeitsstörungen, wie Anderson et al. (2001) bei DSM-Diagnosen herausfanden: Psychiater und Psychotherapeuten vergaben mehr Diagnosen wie NPS und antisoziale Persönlichkeit an Männer, mehr dependente Persönlichkeitsstörung und Borderline an Frauen. Es sieht so aus, als hätte niemand verstanden, dass das an den Diagnosekriterien liegt. Vermutlich haben alle gedacht, das sei eben so: Männer sind narzisstischer und antisozialer, Frauen abhängiger und „borderliniger".

Unterschiedliche Reaktionen auf Kindheitserfahrungen

Etwas wurde dabei vielleicht übersehen: Auch Frauen können Grandiositätsfantasien haben und physisch bedrängend bis gewalttätig sein. Das zum einen.

Zum anderen könnte es sein, dass Männer und Frauen unterschiedlich auf dieselben Kindheitserfahrungen reagieren. Jungen wie Mädchen könnten ähnlichen Bedingungen ausgesetzt gewesen sein. Vernachlässigt und gequält und / oder übermäßig verwöhnt und zu lange vor allen Herausforderungen des Lebens „beschützt" zu werden – beide Varianten gelten ja als Entstehungsmöglichkeiten narzisstischer Probleme. Beide Narzissmusversionen, sowohl der grandiose als auch der vulnerable, sind im Grunde nur Variationen von maskierter erlebter und verinnerlichter Selbst- und Bindungsunsicherheit.

Doch die Reaktionen von Jungen und Mädchen auf dieselben oder ähnliche Bedingungen können verschieden sein, wie die kalifornische Kollegin Ilene Philipson

(1985) vermutet. Da vor allem Mütter die Kinder erziehen, werde eine Frau ihren Sohn immer als „das andere Geschlecht" wahrnehmen, ein Mädchen jedoch als „eine wie ich". Narzisstische Jungen und Männer blieben also eher im von Freud (1914) so genannten primären Narzissmus. Auf sich selbst bezogen, verlangten sie von der anderen Person Bewunderung und Anerkennung für ihre Handlungen. Mädchen und Frauen jedoch hätten „so sein wie …" verinnerlicht und strebten nach Anerkennung in und durch die Verschmelzung mit dem geliebten Objekt, so Philipsons Theorie, die meines Erachtens nicht von der Hand zu weisen ist.

Darüber hinaus vermuten Gijalva und Kollegen (2015), ähnlich wie Horton et al. (2006), dass Eltern entsprechend der Geschlechterstereotype von ihren Söhnen auch erwarten, sich mehr „agentic" zu verhalten, also Gefühle zurückhaltend, stark und unabhängig wirkend. Ihren Töchtern möchten sie dagegen fürsorgliches und „gemeinschaftsorientiertes" („communal") Sozialverhalten beibringen. Das heißt: Lautes, angeberisches „Ich-ich-ich-Verhalten" wird bei Jungen eher toleriert als bei Mädchen. Was nicht heißt, dass dasselbe Denken und Fühlen nicht in „leiserer" Version bei Mädchen genauso vorhanden sein kann – und, wenngleich nicht ganz so häufig, durchaus auch in der lauteren.

Welche Rolle spielt Erziehung?

Doch ist es wirklich so, dass Mädchen genauso gepampert und überprotektiv behandelt, verhätschelt und für großartig befunden werden wie Jungen? Die Befunde widersprechen sich. Tatsächlich zeigen einige Studien, z. B. die der britischen Forscherin Minna Lyons und ihres Teams (2013) in einem rein weiblichen Sample aus den Arabischen Emiraten und Großbritannien, dass nicht nur Geschlechts-, sondern auch kulturelle Unterschiede eine Rolle spielen können. In diesem Fall wiesen die arabischen im Vergleich zu den britischen Mädchen deutlich höhere Narzissmuswerte auf, waren überwiegend überbehütet worden, was, so die AutorInnen der Studie, der raschen kulturellen Veränderung in den arabischen Staaten geschuldet sein könne. Die untersuchten Studentinnen waren sozusagen Pionierinnen in ihrem Land. Waren sie wenig fürsorglich, sondern eher kalt und missachtend von ihren Eltern behandelt worden, hatten sie später höhere Werte dafür, angeberisch und ausbeuterisch in Beziehungen zu sein. Und Letzteres traf auch auf die britischen Studentinnen zu.

Weitere Befunde für den Zusammenhang von vernachlässigendem oder kaltem bis misshandelndem Erziehungsstil und vulnerablem Narzissmus finden sich in folgenden Studien: Cater et al. (2011), Mechanic & Barry (2015), Otway & Vignoles (2006), Trumpeter et al. (2008). So betonen Mechanic & Barry: Wenn man nur das Geschlecht mit allen anderen Variablen betrachte, stelle eine unsichere und inkonsistente elterliche Fürsorge die einzige Eltern-Dimension dar, die eine Tendenz zu vulnerablem Narzissmus vorhersagen könne; Frauen erzielten hier höhere Werte. Mit anderen Worten: Offenbar können auch Jungen und Männer einen vulnerablen Narzissmus entwickeln, Mädchen und Frauen aber mit höherer Wahrscheinlichkeit. In beiden Fällen ist eine mangelnde oder inkonsistente elterliche Fürsorge entscheidend für die Ausprägung dieser verwundbaren Version narzisstischer Persönlichkeitszüge.

Deutliche Zusammenhänge zeigen sich laut Cramer (2015), wenn man das Verhalten von Müttern und Vätern auf diese Entwicklung bei den Kindern und Jugendlichen vergleicht. Es sei eher ein unsicher-ambivalenter Erziehungsstil von Müttern, der bei Jugendlichen zu vulnerablem Narzissmus führe, ein autoritärer Erziehungsstil von Vätern würde eher zu grandiosem Narzissmus ermutigen. Auch Huxley & Bizumic (2017) stellten fest: Erinnerten sich die Teilnehmer der Studie an einen kalten und zurückweisenden Erziehungsstil ihrer Mutter, zeigten sie selbst später eher einen vulnerablen Narzissmus-Stil, während Väter, die ihre Sprösslinge herabsetzend behandelten, bei diesen eher grandiosen Narzissmus erzeugten.

Und was ist mit überbehütenden Vätern? Sie scheinen, so Green et al. (2020) sowohl grandiose wie vulnerable Söhne zu „produzieren“, während als warmherzig erlebte Mütter kaum je eine vulnerable Tochter heranziehen. Das alles muss natürlich noch weiter untersucht werden, doch es sind interessante Hinweise.

Übrigens war noch ein Ergebnis der Studie von Green et al. beeindruckend: Die Art, wie Frauen, die beide Formen von Narzissmus aufwiesen, sich gegenüber ihren PartnerInnen als Täterinnen benahmen: „Das Ergebnis lässt darauf schließen, dass Frauen, die ein höheres Maß an grandiosem und verletzlichem Narzissmus aufweisen, eher dazu neigen, einen Partner körperlich / sexuell und psychisch zu missbrauchen. Diese Ergebnisse stehen im Widerspruch zu früheren Forschungsergebnissen, die darauf hindeuten, dass weibliche Gewalt indirekter und subtiler Natur ist.“

Und wie sieht es bei den Männern aus? Was sagt ihre Narzissmus-Variante über ihre Neigung aus, bestimmte Arten missbräuchlicher Beziehungen zu führen? „Ähnlich wie bei den Frauen neigen Männer, die ein höheres Maß an grandiosem und verletzlichem Narzissmus aufweisen, eher dazu, eine/n PartnerIn psychisch zu missbrauchen, und Männer, die ein höheres Maß an verletzlichem Narzissmus aufweisen, neigen eher dazu, eine/n PartnerIn körperlich / sexuell zu missbrauchen.“ Sowohl für Frauen als auch für Männer gilt also: Stille Wasser sind nicht nur tief, sie können auch grausam sein.

Das sind nicht die üblicherweise erwarteten Ergebnisse, aber wie gesagt: Weitere Forschungen sind nötig. Auch dazu, ob „gleich und gleich sich gern gesellt“, also Narzissten lieber mit Narzissten zusammen sind. Es gibt einige Tendenzen in diese Richtung (Keller et al. 2014), und es zeigt sich, dass vor allem die rivalisierenden unter den grandiosen Narzissten in ähnlichen Beziehungen lebensgefährliche Gewaltpartnerschaften ausüben können.

Gewalt

Apropos Gewalt: Das ist das brisanteste Beziehungsfeld, in dem sich die narzisstischen Persönlichkeitsmerkmale geradezu explosiv zeigen können. Denn wenn ein narzisstischer Mensch sich verletzt fühlt, löst das unerträgliche Gefühle von Wut und Ärger aus. Er oder sie fühlt sich gedemütigt und beschämt und will zurückschlagen (Logan 2009). Wenn das verletzte Selbstwertgefühl in offene Aggression umschlägt, werden mit weitaus größerer Wahrscheinlichkeit Männer gewalttätig ausrasten (Girgis 2006, Sprecher et al. 2013, Velotti et al. 2014, Wallace et al. 2012, Webster 2005).

Webster (2005) interpretiert das so: Männer werden dazu erzogen, sich im Wettbewerb mit anderen überlegen zu fühlen, während Frauen „gut Wetter machen“. Tendenziell versuchen sie zu beschwichtigen und sich anzupassen, weil sie zu sozialem Verhalten erzogen wurden. Auch in einer anderen Studie (Wallace et al. 2012) hatten Männer höhere Werte als Frauen, sowohl in den Dimensionen proaktive wie reaktive Gewalt. Webster et al. (2007) fanden heraus, dass hohe Instabilität im Selbstwertgefühl und hohe Narzissmuswerte mit einem höheren Maß an körperlicher und verbaler Gewaltausübung verbunden waren – allerdings nur bei Männern, nicht bei Frauen. Es zeigten sich aber bei dem Ausmaß, in dem sie innerlich Wut und Feindseligkeit empfanden, keine Unterschiede zwischen den Geschlechtern. Jungen und Männer dürfen, so die Autoren, halt ihre Aggression sozial eher ausleben. Mädchen und Frauen hingegen würden eher manipulative Strategien anwenden (das zeigen auch nur für das weibliche Geschlecht reservierte Ausdrücke wie „um den Finger wickeln“, „sich nach oben schlafen“ etc.), hinter dem Rücken des / der anderen negativ sprechen oder unliebsame FreundInnen durch sozialen Ausschluss oder eigenen Rückzug einfach „abschaffen“.

Auch die gerade angeführten Studien hatten sich wieder nur auf die grandiosen Narzissmusmerkmale konzentriert. Anders bei Pincus et al. (2009), die mit ihrem „Pathological Narcissism Inventory“ (PNI) sowohl den grandiosen wie den vulnerablen

Narzissmus maßen. Bei Frauen zeigte sich: Hohe Narzissmuswerte, geringes Selbstwertgefühl und hohe körperliche und verbale Aggression gingen miteinander einher.

Ein brisantes Gemisch. Wie äußert es sich in Partnerschaften? Dazu mehr in Kapitel 10. Als Nächstes sollten wir uns die wirklich gefährliche Variante narzisstischer Überheblichkeit anschauen. Und nein, es ist eben nicht die grandiose, aber lesen Sie selbst.

9. Grandiosität und / oder Verletzlichkeit: Wie äußert sich der gefährlichere Narzissmus?

Was wie eine akademische Diskussion anmutet, hat in Wirklichkeit gravierende Bedeutung: Trägt das Narzissmuskonzept überhaupt, wenn so fundamental verschiedene Versionen wie „männlicher / grandioser" und „eher weiblicher / vulnerabler" Narzissmus dasselbe Etikett bekommen? Und wenn das nicht so sein sollte – was folgt daraus? Vielleicht ist dasjenige Narzissmuskonzept weitgehend falsch, das die meisten Psychoanalytiker und Sozialforscher bislang verfolgten, weil es die „knalligere" Variante ist: die grandiose Form des Narzissmus.

Dies mag einer der Gründe für den verblüffenden Befund sein, dass es nur wenige Prävalenzzahlen für die narzisstische Persönlichkeitsstörung gibt, aber in der klinischen Praxis sehr viel mehr NPS-Diagnosen gestellt werden (Caligor et al. 2015).

Zwei Seiten einer Medaille?

Leider gibt es zudem nicht viele Studien mit Mädchen und Frauen, denn der Großteil der Forscher geht einfach davon aus, dass Männer aggressiver und narzisstischer sind. Oder die Studien unterschieden gar nicht zwischen den Geschlechtern, sodass unklar ist, wer Täter und wer Opfer narzisstischer Verhaltensweisen war.

Levy et al. (2011) stellten fest: Grandioser und vulnerabler Narzissmus haben kaum Überlappungen in Merkmalen und sind gendertypisch verteilt.

Der vulnerable Narzissmus hat als Komorbidität (zusätzliche Diagnosen, die gemeinsam mit ihm auftreten) depressive und Angststörungen, nicht-suizidale Selbstverletzungen und Suizidversuche (u. a. Wright et al. 2010) sowie eine vermeidende und dependente Persönlichkeitsstörung (Miller et al. 2014).

Der grandiose Narzissmus hingegen ist stark korreliert mit der antisozialen Persönlichkeitsstörung (Stinson et al. 2008) und Störungen des Substanzgebrauchs, und das ist ein eher männliches Muster, während die mit Angst und Depressionen ringenden vulnerablen NarzisstInnen eher komorbid die Kriterien einer Borderline-Störung erfüllen.

Wenn nach selbstsicherem Auftreten und Dominanzgebaren gefragt wird, gibt es bei Männern durchweg höhere Werte, sodass bei ihnen eher „externalisierende" Störungen wie NPS, antisoziale Persönlichkeitsstörung, Suchtmittelabhängigkeit diagnostiziert werden. Frauen haben höhere Werte auf Skalen wie Neurotizismus, Scham und Fürsorglichkeit und erhalten folgerichtig eher „internalisierende" Störungsdiagnosen, die mit Stimmungsschwankungen zu tun haben bzw. die emotional instabile Variante der Borderlinestörung (s. Paris 2004).

Unter Fachleuten hat das zu Diskussionen darüber geführt, dass Persönlichkeitsstörungen – wie es in der ICD-11 dann auch geschehen ist – eher abgeschafft und die bislang vorherrschenden Kategorien durch dimensionale Merkmale ersetzt werden sollten (Euler et al. 2018, Karterud et al. 2011). Auch für das DSM-5 war das schon vorgeschlagen worden und vermutlich wird es in eine der überarbeiteten Versionen übernommen. Der „weibliche Narzissmus" der vulnerablen Variante könnte dann eine Unterform der Borderline-Störung darstellen.

Miller et al. (2018) stellen zum Beispiel auch infrage, inwieweit grandioser und vulnerabler Narzissmus überhaupt zwei Seiten ein und derselben Medaille sind – angesichts der Tatsache, dass die vulnerable Version so große Überschneidungen mit Neurotizismus und Borderline hat. Interessant auch der Unterschied in der Sichtweise zwischen Sozialforschern und Klinikern: Erstere bezweifeln (mit Miller et al.), dass Grandiosität und Vulnerabilität in einer Person koexistieren, während KlinikerInnen annehmen, dass eine Person zwischen beiden Zustandsversionen hin und her „oszillieren" könne (s. Gore & Widiget 2016). Ein Konflikt der Fachleute, der sich inzwischen zugespitzt hat.

Sozialforscher halten den grandiosen Narzissmus für den „eigentlichen Narzissmus", während Kliniker genau andersherum argumentieren: Sie halten den vulnerablen Narzissmus, also die mit Angst, Depression, Selbstschädigung, indirekter Manipulation und geringem Selbstwertgefühl einhergehende Variante für die zentrale, gegenwärtige Form des Narzissmus – und für die gefährlichere, kränkere Version (Ackerman et al., 2017).

Die Definitionsprobleme führten auch zu unterschiedlichen Messmethoden: Der PNI (Pincus et al. 2009) misst schwerpunktmäßig vulnerablen Narzissmus, der NPI und viele andere Tests mehr die grandiosen Aspekte. Und dass die Geschlechter unterschiedlich stark mit der einen oder anderen Variante verbunden sind, macht die Sache nicht gerade leichter ….

Ein Fünf-Faktoren-Modell

Inzwischen wird ein „Fünf-Faktoren-Modell" (s. Green et al. 2022) vorgeschlagen (s. auch Widiger & Costa 2013), auch **„Big Five"** genannt. Dies gibt Forschern und Klinikern die Möglichkeit, auf breiten Skalen Dimensionen zu erfassen. Nämlich:

1. Neurotizismus (Ausmaß emotionaler Verletzlichkeit),
2. Extraversion versus Introversion (Geselligkeit),
3. Offenheit für Erfahrungen (Aufgeschlossenheit),
4. Sozialverträglichkeit versus Antagonismus (Kooperationsbereitschaft, Empathie) und
5. Gewissenhaftigkeit (Ausmaß des Perfektionismus).

Dies trägt der allgemeinen klinischen und Forschungserkenntnis Rechnung, dass Persönlichkeitsstörungen eine gravierende „Ladung" von Persönlichkeitsmerkmalen darstellen, die sich auf unterschiedlichen Feldern verschieden ausprägen können. In ersten Studien hat sich dieses dimensionale Merkmalsmodell auch für klinische Zwecke durchaus als sinnvoller erwiesen (Hansen et al. 2019) als das kategoriale Modell der Persönlichkeitsstörungen, wie es noch im DSM-5 vorzufinden ist.

Für das Thema Narzissmus gibt es bereits ein „Fünf Faktor Narzissmus Inventar (FFNI)" (Miller et al. 2012), das sicher Verbreitung finden wird.

Ein weiterer Vorteil: Die Geschlechtsunterschiede sind bei den fünf Dimensionen schon besser untersucht. So weiß man, dass Frauen durchweg höhere Werte auf den Neurotizismus-Skalen aufweisen, Männer dagegen höhere auf den Antagonismus-Skalen (Paris 2004). In einer neueren Studie (Suzuki et al. 2019) kam unter anderem heraus, dass Frauen höhere Werte bei „negativen Gefühlszuständen" (Angst und Depression) hatten, Männer dagegen höhere bei Distanziertheit, Antagonismus, Enthemmung und Psychotizismus. Das heißt, es scheint so zu sein, dass das Geschlecht ein entscheidender Faktor dafür ist, wie sich psychische Störungen und Erkrankungen ausprägen.

Die Geschlechterfrage

Das FFNI könnte als Narzissmus-Test die empirisch-sozialforscherischen und klinischen Konzepte zusammenführen. Zusätzlich sollte man die Geschlechterfrage beachten. Ein Beispiel: Hohe Narzissmuswerte bei Männern gehen häufig mit hohen Cortisolwerten einher (Edelstein et al. 2010) – mit höheren als bei Frauen (Reinhard et al. 2012). Dies verweist unter Umständen darauf, dass die Genese der Störung unterschiedlich sein kann, etwa was Gewalterfahrungen angeht (Holtzman & Donnellan 2015).

Holtzman & Strube (2012) etwa glauben, dass auch evolutionär herausgebildete und bewährte Strategien zum Zuge kommen. Männer, wenn sie sich bedroht fühlen, greifen z. B. zu Machtgehabe, Dominanz, einem aufgeblähten Selbstbild und externalisierendem Verhalten. Demgegenüber könnten Frauen, um ihre Ziele zu erreichen, sich beispielsweise sexuell interessant, attraktiv und schön machen und damit kokettieren. Oder, so würde ich diese Befunde interpretieren: Frauen könnten Konflikte bagatellisieren, in Konflikten eher beschwichtigen, sich anpassen, unterwerfen und – wie ich es eine Frau einmal sagen hörte – „den unteren Weg gehen". Niedrige Cortisolwerte sind nicht selten auch die Folge von lange Zeit unverarbeiteten Traumata, die in der PTBS münden (siehe Kasten in Kapitel 11).

Dies könnte auch auf Unterschiede hinweisen, wie narzisstische Eltern mit ihren Kindern umgehen (Luo & Cai 2018). Hinzu kommt, dass die Vorstellungen von Geschlechterrollen, ja von Geschlecht und Diversität überhaupt, sich je nach Kultur stark unterscheiden (Campbell & Miller 2012, Foster et al. 2003). Damit könnten sich auch die Narzissmusvarianten entsprechend verändern. So hat sich schon deutlich gezeigt, dass kollektivistischere Gesellschaften auch einen Narzissmus „produzieren", der eher versteckt oder weniger ausgelebt wird, während es in individualistischeren und damit traditionell in westlichen Gesellschaften eher offene Narzissmusformen sind. Letzteres gilt inzwischen aber auch z. T. im asiatischen Raum, denn auch dort gibt es die Notwendigkeit, sich auf dem freien Markt individuell präsentieren und „anpreisen" zu müssen.

Achten sollte man sicher darauf, dass nicht weiterhin vor allem die männlichen Varianten narzisstischer Persönlichkeitszüge untersucht, publiziert und behandelt werden. Narziss und Echo sind nämlich unterschiedliche Wesen in der Mythologie – und es könnte sein, dass dies auch im wirklichen Leben so ist.

Dass der sogenannte „weibliche Narzissmus" ebenso wie die männliche Version auch transgenerationale Traumatisierungen enthalten kann, dazu mehr in den Kapiteln 10 und 12.

10. Narzissmus in der Partnerschaft

Ähnlich wie die Nymphe Echo im Mythos Narziss von Ovid (hier ein Gemälde von Waterhouse)[11] „echot" ein/e PartnerIn dem narzisstischen Mann / Menschen „hinterher". Heute heißt es: Grandios narzisstische und empathische „Echo-Menschen" gehen miteinander eine besonders unglückliche Beziehung ein. In den schlimmsten pathologischen Fällen beutet ein narzisstischer Mensch sein auf ihn bezogenes bzw. von ihm abhängiges Opfer tatsächlich bis zu dessen Vernichtung aus.

Wie quälend, gemein und zynisch Mitmenschen sein können, wenn sie nur ihr Eigeninteresse im Blick haben, hat vielleicht jede Leserin, jeder Leser dieses Buchs schon einmal erlebt. Erst wird man mit Liebesbeweisen regelrecht überschüttet („Love Bombing"). Doch sobald man in der Falle sitzt – manch eine/r nennt den Ehering nach schlechten Erfahrungen daher auch „Fangeisen" –, entpuppt sich der zartfühlende Mann als grausamer Despot, die anschmiegsame Frau als keifender Drachen. Besonders schrecklich wird es dann, wenn der Beziehungspartner nicht nur manipuliert und über den Tisch gezogen, ständig kritisiert und beschuldigt wird, sondern sich die Auseinandersetzungen steigern, bis es zu Handgreiflichkeiten kommt, die als „häusliche Gewalt" bezeichnet werden. Wie kommt so etwas zustande?

11 Eine farbige Version finden Sie hier: ↗ https://artuk.org/discover/artworks/echo-and-narcissus-127992

Man kann sagen: Je narzisstischer ein Mensch ist, desto schwieriger sind seine nahen Beziehungen. Das gilt ganz besonders für Partnerschaften und, wie wir im nächsten Kapitel zeigen wollen, auch für die Kinder von Menschen mit narzisstischen Persönlichkeitszügen. Der Narzisst oder die Narzisstin muss ständig bewundert und gelobt werden, fühlt sich anderen überlegen, reagiert extrem empfindlich auf Kritik und neigt dazu, sich in Beziehungen heillos zu verstricken, bis hin zu Aggressionsdurchbrüchen (Gunderson & Ronningstam 2001, Miller et al. 2007).

Gewalttätiger Mann – friedfertige Frau?

Im Zusammenhang mit narzisstischen Persönlichkeitszügen gibt es viel mehr Literatur über gewalttätige männliche als über weibliche Partner (Gormley & Lopez 2010). Allerdings haben auch Frauen gezeigt, dass sie bei hohen Narzissmuswerten zum Ausagieren von Aggressionen neigen (Simmons 2005). Ja, je höher ihre Narzissmuswerte sind, desto höher die Wahrscheinlichkeit, dass ein Mädchen oder eine Frau gewalttätig ausrastet, auch gegen PartnerInnen – und tatsächlich ist diese Wahrscheinlichkeit noch höher als bei Männern mit hohen Narzissmuswerten (Blinkhorn et al. 2019). Vielleicht liegt es daran, dass sie eine Partnerin oder einen Partner haben, die / der sie (aus Angst) beschwichtigt? Studien zeigen: Auch Frauen zerschlagen wütend nicht nur Porzellan. Man kann demnach zurecht die Idee von der angeblich von Natur aus „friedfertigen Frau" infrage stellen.

Jedes Paar streitet sich hin und wieder. Schwierig wird es auf Dauer, wenn eine Seite ständig nachgeben muss, weil der / die andere aufgrund narzisstischer Persönlichkeitszüge immer Oberwasser braucht. Nun könnte man sagen: Das mag in patriarchal geprägten Gesellschaften ein Mann-Frau Thema sein. Ein Mann muss als großartig angesehen werden, Frauen haben zu ihm aufzusehen. Dies könnte ein Grund für den in früheren Kapiteln schon festgestellten Befund sein, dass viel mehr Männer als Frauen einen „grandiosen" Narzissmus zeigen. Nun sollte man denken, das habe sich doch längst überlebt. Und es wäre interessant, dem näher nachzugehen.

Und wieder die Einschränkung: Die meiste Forschung zu Narzissmus in der Partnerschaft beschäftigt sich nur mit dem grandiosen Narzissmus – mit dem bekannten Ergebnis. Zudem wurden die meisten Studien an Studenten durchgeführt, also an noch recht jungen Leuten mit möglicherweise instabilen Beziehungen. Dennoch sind manche Befunde interessant.

Gormley & Lopez (2010) etwa untersuchten, inwieweit eine narzisstische Anspruchshaltung bei Frauen und Männern die Neigung beförderte, den / die PartnerIn zu entwerten, um sich selbst besser zu fühlen. Tatsächlich erklärte die ansprüchliche Seite des Narzissmus (in der Art: „Das … steht mir zu!“) den größten Teil der missbräuchlichen Verhaltensweisen bei Männern. Bei Frauen war es eher eine Kombination von Merkmalen, den Partner zu quälen: eine Tendenz, seine Interessen zu übergehen, um eigene Ziele zu erreichen; eine Distanzierung aus der Intimität mit dem Partner (Liebesentzug) als Waffe; und erstaunlicherweise das Gefühl, selbst gar nicht gestresst zu sein. In dieser Kombination bedeuteten diese Faktoren das höchste Risiko für ausbeuterische Partnerschaft seitens der Frauen.

Wie können wir uns eine Frau mit solchen Merkmalen vorstellen? So manche davon habe ich schon kennengelernt:

Sie merkt gar nicht, wie ihr Partner unter Druck gerät, weil sie findet, das, was sie will, ist vollkommen natürlich. Sie reagiert mit Schweigen und Liebesentzug, wenn er nicht macht, was sie will. Und wenn sie ein Ziel vor Augen hat, kennt sie keinerlei Skrupel, ihn dafür einzuspannen. Sie muss sich gar nicht aufregen, weil sie sich überlegen fühlt. Und sollte sie doch einmal wütend sein, schubst und schlägt oder beißt, tritt oder würgt sie ihn, wohl wissend, er würde damit nicht an die Öffentlichkeit gehen. – Welcher Mann gibt schon zu, dass er von einer Frau misshandelt wird?

Und was ist mit verbaler Übergriffigkeit? Lamkin et al. (2017) ließen Frauen den NPI-Fragebogen ausfüllen, beobachteten sie danach in Gruppendiskussionen und stellten fest, dass die narzisstischeren unter ihnen mehr ärgerliche und feindselige Bemerkungen zu anderen Gruppenmitgliedern machten. Interessant, dass es auch im öffentlichen Raum so ist. Jeder Paartherapeut kennt natürlich noch sehr viel mehr solcher Beispiele von Schimpfkanonaden, die „sie“ auf „ihn“ (oder dem Kind, dazu mehr in Kapitel 11) niedergehen lässt, wenn „das Maß voll ist“, also die Auseinandersetzung sich nicht rasch beilegen lässt.

Narzissmus und die Qualität von Beziehungen

Welche Ehen mit einem narzisstischen Partner halten länger – wenn er oder wenn sie eine besonders intensive Problematik in diese Richtung mitbringt? Lavner et al. (2016) stellten in einer Langzeitstudie fest, dass es eher der Narzissmus der Frauen war, der in den ersten Ehejahren den Verlauf der Partnerschaft vorhersagen ließ. Bei 146 Paaren, die sie sechsmal im Laufe von vier Jahren untersuchten, gab es zum einen auch in Bezug auf narzisstische Züge eine tendenzielle Bestätigung des Stichworts „Gleich und Gleich gesellt sich gern“: Narzisstische Frauen zieht es zu narzisstischen Männern (Beispiele: „Er sieht so gut aus, ist so erfolgreich, hat ein schickes

Auto / gutes Standing, wird viel Geld nach Hause bringen!“), und narzisstische Männer zieht es zu narzisstischen Frauen („Sie sieht gut aus, mit der kann ich mich sehen lassen. Das werden hübsche Kinder. Arbeiten kann sie auch, und sie erbt mal ein schönes Sümmchen …“).

Zum anderen wiesen die Langzeitdaten aus den ersten vier Ehejahren darauf hin, dass die Gesamtnarzissmuswerte und die für die Unterabteilung Anspruchsdenken und Ausbeutungstendenzen der Ehefrauen einen steileren Rückgang der Ehezufriedenheit und parallel dazu einen steileren Anstieg der Eheprobleme vorhersagten. Das bedeutet umgekehrt: Hatte eine Frischverheiratete hohe Narzissmuswerte plus ein hohes Anspruchsdenken plus die Tendenz, davon auszugehen, ihr stünde seitens des Gatten einiges zu, dann sorgte diese Kombination für den steilsten Sinkflug in der Ehe.

Die Narzissmuswerte der Ehemänner hingegen hatten im Allgemeinen nur geringe Auswirkungen auf ihre eigene bewertete Ehequalität oder die ihrer Frauen. „Diese Ergebnisse sind insofern bemerkenswert, als sie darauf hinweisen, dass es einige Zeit dauern kann, bis sich die Auswirkungen von Persönlichkeitsmerkmalen auf das Funktionieren der Ehe manifestieren, selbst wenn sie bereits zu Beginn der Ehe vorhanden waren. Zukünftige Forschungen zu den vermittelnden psychologischen und zwischenmenschlichen Prozessen, die den Narzissmus von Ehefrauen mit einer im Laufe der Zeit schlechteren Funktionsfähigkeit der Ehe in Verbindung bringen, wären wertvoll“, bemerkten die ForscherInnen (Lavner et al. 2016) dazu in ihrem Fazit.

Spricht das nun für die gesunde Widerständigkeit von mit Narzisstinnen verheirateten Männern? Oder spricht es für die übermäßige Geduld vieler Frauen, die es lange mit ihren narzisstischen Männern aushalten? Schauen wir weiter in die Forschungsergebnisse:

Aggression und missbräuchliches Verhalten

Ryan et al. (2008) maßen die Werte für Anspruchshaltung und ausbeuterisches Verhalten sowie Partneraggression (körperlich, sexuell) bei 63 Paaren. Dabei stellte sich heraus, dass die ansprüchlichen Frauen deutlich aggressiver dem Partner gegenüber waren und mutmaßten, dass sie jede Form von Zwang auf Seiten des Partners hoch sensibel wahrnahmen und ihrerseits den Partner manipulieren oder zwingen wollten, das zu tun, was ihnen richtig erschien. Das mag einigen LeserInnen ungewöhnlich erscheinen – aber geben wir es doch zu: Wir schauen halt nicht hinter die Wohnungstüren und den Menschen in öffentlichen Situationen nur vor, nicht in den Kopf, nicht wahr? Daher sind die Selbsteinschätzungen und Testantworten der Betroffenen und ihrer Partner durchaus geeignet, das Klischee „Immer ist er es, der sich aggressiv durchsetzt" zu widerlegen.

Auch Southard (2010) beschäftigte sich mit der Frage, wie Männer und Frauen sich in Bezug auf ihr ausbeuterisches Anspruchsverhalten und aggressives Verhalten unterscheiden – und zwar solche Menschen, die eher mit vulnerablem Narzissmus geschlagen waren. Dabei stellte sich heraus, dass nur beim weiblichen, nicht beim männlichen Geschlecht eine Kombination dieser drei Faktoren zu mehr aggressivem Verhalten (Mobbing, Unterwerfungsgesten, Liebesentzug) führte. Man kann also mutmaßen, dass Frauen, die ein Recht auf besondere Behandlung zu haben glauben und nicht zögern, ihre/n PartnerIn für sich auszubeuten, mehr zu aggressiv-zwingenden psychologischen Verhaltensweisen greifen, während Männer eher, wenn sie sich partout durchsetzen wollen, zuschlagen.

Auch im Bereich sexueller Gewalt hat sich Ähnliches herausgestellt (s. Blinkhorn et al. 2015): Erwartungsgemäß hatten Männer die höheren NPI-Narzissmuswerte und berichteten darüber, mehr sexuell zwingende Taktiken (emotionales Drängen, erkennbare sexuelle Erregung, sexuelle Grenzverletzung) anzuwenden als Frauen; dies besonders bei hohen Werten auf der Grandiositäts-Skala. Für Frauen war eher die Facette Ansprüchlichkeit / Ausbeutungstendenz relevanter, wenn es darum ging, wie aggressiv und zwingend sie sexuelles Verhalten als manipulative Strategie einsetzten. Ihre Reize gezielt zu entziehen oder dem Mann den Beischlaf zu erlauben – das ist bei vielen Frauen offenbar ein probates Mittel, sich im Zweifelsfall durchzusetzen. Man kann sich denken, dass das Verhalten beider Geschlechter eher ihrem sozial akzeptierten Bild entspricht. Da sexuell initiatives, aggressives Verhalten eher als unweiblich gilt, versuchen Frauen es im Zweifelsfall eher verbal oder durch Zu- und Abwenden.

Eine weitere Studie von Ava Green und ihrem Forschungsteam (2020) bestätigte die schon verschiedentlich beschriebene Tendenz: Frauen neigen mehr zu vulnerablem Narzissmus als Männer, und diese Form narzisstischer Persönlichkeitszüge (also geringes Selbstwertgefühl, Menschenscheu, Wunsch nach Bestätigung etc.) war der beste Vorhersagewert auch für körperlich aggressives bzw. sexuell wie psychisch missbräuchliches Verhalten. Das bestätigt dann doch die „weibliche Form der Aggression", wie sie auch die Psychoanalytikerin Margarete Mitscherlich (1987) beschrieben hat. Manipulativ, sozusagen „von hinten durch die Brust ins Auge", tun Frauen alles, um die eigenen Bedürfnisse durch den Partner oder die Partnerin erfüllt zu bekommen. In privatesten Beziehungen kann das durchaus auch einmal zu Handgreiflichkeiten führen, während Männer eher direkter und sexueller „zugreifen".

Auch bei häuslicher Gewalt setzen sich Frauen bei hohen Narzissmuswerten also eher entsprechend der Geschlechterrollen durch (Green et al. 2019), um Macht und Kontrolle zu behalten oder wiederzugewinnen. Dies erreichen sie, so das Ergebnis der Forscherinnen, indem sie sich in einen Opferstatus begeben, die „Mutter-Karte" ausspielen und gesetzliche bzw. gesellschaftliche Vorteile für sich nutzen. Das heißt, sie gehen eigentlich gar nicht als narzisstisch durch, sondern eher als klein, hilflos, bedürftig und an externe Institutionen appellierend. Dass dahinter eine eiskalt kalkulierende Persönlichkeit stecken kann, die ihre Umgebung einschließlich ihrer Kinder dazu benutzt, in den Augen anderer besonders gut dazustehen, sieht man von außen nicht, darauf verweisen Green und ihre Kolleginnen. Narzissmus wird vor allem als ein Männerproblem angesehen, seine weibliche Variante also massiv unterschätzt (siehe auch Kapitel 9).

Eitler Geck – hochnäsige Zicke

Eine Frau, die neidisch und konkurrenzhaft mit anderen Frauen oder Familienmitgliedern umgeht, scheu und ängstlich ist und immer wieder in Tränen ausbricht, alles Mögliche peinlich findet und versucht, als mächtiger erlebte Menschen um den Finger zu wickeln, wird normalerweise nicht als narzisstisch angesehen – sie kann es in der „vulnerablen" Version aber durchaus sein. Besonders dann, wenn sie ihre Tränenausbrüche gezielt einsetzt, ihren Unschuldsblick für Situationen reserviert, in denen sie sich nicht verantwortlich fühlen will. Wenn sie sich klammert an Menschen / Männer, die sie gerade anbetet, während sie andere, auch ihre Kinder, missachtet und fallenlässt, sobald sie diese nicht „brauchen kann". Sie sehen, es kommt auf das Motiv und die Ausprägung an: Werden die eigenen Stärken und Schwächen gezielt eingesetzt, um andere zu etwas zu bringen (das ist die Variante „Anspruchsdenken / Ausbeutungstendenz"), dann hat man ein wesentliches narzisstisches Moment vor sich.

Dass eitle und angeberische Männer, die vielleicht auch noch von oben herab, übergriffig und verächtlich auftreten, narzisstisch sind, sieht man auf den ersten Blick. Der Volksmund nennt sie je nach Version „eitler Geck", „Aufschneider", „arroganter Typ", „Ausbeuter", „Ekelpaket", „Täter" etc. Die weibliche Version wird in Extremformen umgangssprachlich eher als „hochnäsige Zicke" mit „Kleinmädchenverhalten" beschrieben, als „eiskalter Engel", „hartherzig ausliefernde Mutter", als „Hexe", „Furie", „Hausdrachen" etc.

Die Version „grandioser Narzissmus" ist bei beiden Geschlechtern ähnlich, nur in der Ausprägung im Verhalten gibt es Unterschiede. Bei Männern gibt es diese

Form nicht nur häufiger, sie ist auch expressiver, zeigt sich in Egozentrismus, in der Überzeugung, etwas Besseres zu sein als andere, sowie in Anspruchsdenken, Ausbeutungstendenzen und in dem dringenden Bedürfnis, bewundert zu werden. Verträglich, genügsam und angepasst sind die „Grandiosen" eher nicht, dafür aber oft positiv gestimmt (sie finden sich ja toll) und sie geben an, sich weder einsam noch traurig, depressiv oder ängstlich zu fühlen (Sedikides et al. 2004).

Auch der vulnerable Narzissmus ist bei beiden Geschlechtern zu finden, häufiger jedoch bei Frauen. Er zeigt sich vermeidend, unsicher, überempfindlich, verletzlich, selbstwertschwach, aber latent ärgerlich und feindselig. Die Betroffenen sind eher negativ gestimmt und schämen sich, sind häufig niedergeschlagen, ängstlich, wütend oder neidisch (Miller et al. 2011, Pincus et al. 2009, Zajenkowski & Szymaniak, 2021).

Diagnostik – mit gewissen Unschärfen

Für die Diagnostik verweise ich auch die Paar-PsychotherapeutInnen unter Ihnen auf die Ausprägungen der „Big Five" (siehe auch Kapitel 9) bei beiden Kontrahenten, die Sie gegebenenfalls mit wahrnehmen sollten. Gemessen werden die Big Five mit Instrumenten wie dem NEO Persönlichkeitsinventar (NEO-PI-R) und dem IPIP Abridged Big Five-Dimensional Circumplex (AB5C).[12]

Die Big Five sind die Dimensionen, die jetzt auch in der ICD-11 immer mit beachtet werden sollten: Neurotizismus, Extraversion, soziale Verträglichkeit (agreeableness), Offenheit und Gewissenhaftigkeit. Alle haben unterschiedliche Facetten, manche können zu Faktoren höherer Ordnung zusammengefasst werden. Ein stabiler Mensch wird in Verbindung gebracht mit niedrig ausgeprägtem Neurotizismus, hoher Gewissenhaftigkeit und hoher sozialer Verträglichkeit.

Nun hat sich ein Problem herausgestellt: Die Big Five enthalten durchweg mindestens zwei nicht immer eindeutige Faktoren, bei denen z. B. Menschen mit narzisstischen Persönlichkeitszügen unterschiedlich „scoren" können.

Bei **Neurotizismus** zum Beispiel (s. DeYoung et al. 2007) gibt es zwei anscheinend trennscharfe Faktoren: ***Unbeständigkeit*** und ***Rückzugstendenz***. Vulnerable Narzissten scheinen beide Faktoren aufzuweisen, grandiose nur den Faktor Unbeständigkeit.

12 Deutschsprachig sind sie im Internet erhältlich, etwa unter: ↗ https://psality.com/de/startseite/?title=Big%205%20Test&gad_source=1&gclid=Cj0KCQiAz8GuBhCxARIsAOpzk8wXUvlqxSc5N4RfWKpIqIm8vrFGTI9eijpN0tm6Qvv_TV7E4SBfTHYaAqcNEALw_wcB oder unter: ↗ https://bigfive-test.com/de.

Auch bei **Extraversion** wurden zwei solcher Faktoren identifiziert: ***Durchsetzungsvermögen*** und ***Enthusiasmus***. Mit ersterem ist der grandiose Narzissmus in hohem Maß verbunden, weil Dominanz (= andere beherrschen) hier besonders wichtig ist. Bei Enthusiasmus hingegen spielen auch Wärme und Zugewandtheit eine Rolle, und grandiose Narzissten haben hier weniger zu bieten. Vulnerable Narzissten jedoch können beides schlecht: sich selbstbewusst nach außen durchsetzen und sich begeistern; dazu ist ihr Blick auf die Welt zu fatalistisch und hilflos.

Zur **Sozialverträglichkeit** gehört, sich ***mitfühlend*** um andere zu kümmern, sich in andere einzufühlen und sich freundlich und unterstützend zu verhalten. Ein zweiter Faktor ist ***Höflichkeit***. Beim Faktor Mitgefühl versagen grandiose Narzissten völlig (um nicht zu sagen grandios!), angeberisch und überheblich, wie sie sind. Höflichkeit ist noch weniger ihr Ding, denn sie stellen sich ständig selbst ins Licht und schieben ihre PartnerIn oder andere gern in den Schatten. Vulnerable Narzissten sind ebenfalls sehr wenig in der Lage, sich in ihr Gegenüber einzufühlen, können aber ihre Gefühle ab und zu besser im Zaum halten und freundlich zu anderen sein, um Konfrontationen zu vermeiden (Lannin et al. 2014).

Die vierte Big-Five-Dimension ist **Offenheit**, mit den Faktoren ***Offenheit für Erfahrungen*** und ***intellektuelle Aufgeschlossenheit***. Der Faktor ***Intellekt*** bezieht sich auf das Vermögen, sich mit abstrakter Information auseinanderzusetzen; er korreliert mit dem IQ und mit dem Arbeitsgedächtnis. ***Offenheit*** hingegen bedeutet, sich mit sinnlich erfahrbaren Informationen zu beschäftigen, einen Sinn für Ästhetik zu haben und fantasievoll zu sein. Grandioser Narzissmus ist stärker mit Intellekt im Sinne einer raschen Auffassungsgabe assoziiert, weniger mit Offenheit. Zumindest halten die Betreffenden sich für cleverer als die meisten Menschen (Dufner et al. 2012, Zajenkowski & Czarna 2015), es ist aber nicht ihre Sache, mit sinnlich Erfahrbarem offen umzugehen. Vulnerable Narzissten, die ja meist hohe Neurotizismuswerte aufweisen und ihre Fähigkeiten eher unterschätzen, können sowohl hohe wie niedrige Werte in beiden Faktoren aufweisen.

Die beiden Faktoren, die mit **Gewissenhaftigkeit** einhergehen, sind ***Ehrgeiz und Selbstdisziplin*** auf der einen, ***Ordentlichkeit*** bis hin zum ***Perfektionismus*** auf der anderen Seite. Hier gibt es bei grandiosen und vulnerablen Narzissten keine eindeutige Zuordnung, beide können sowohl hohe wie niedrige oder neutrale Einstufungen in dieser Dimension und bei diesen Faktoren aufweisen.

In ihrer empirischen Studie konnten Zajenkowski und Szymaniak (2021) zeigen, dass es wichtig sein kann, die Big Five in ihren jeweils zwei diversen Faktoren zu betrachten. Die grandiosen Narzissten sind besonders selbstsicher, vulnerable Narzissten weisen psychisch insgesamt mehr Faktoren auf der Neurotizismus-Skala auf. Sie scheinen insgesamt also „kränker" zu sein: Sie sind irritierbarer, ängstlicher, depressiver und defensiver. Auf leise Kritik reagieren sie, als wäre sie eine Vernichtungsdrohung, und sie können sich dann entweder sehr schnell zurückziehen oder aggressiv den Partner oder die Partnerin angreifen. Wer hohe Ausprägungen im Bereich grandioser Narzissmus hat, ist eher extravertiert, offen, stabil und wenig neurotisch (Jauk et al. 2017). Vulnerable haben dagegen nicht nur höhere Neurotizismus-Werte, sie sind auch eher introvertiert.

Man kann nur vermuten, dass die Ergebnisse, die meist an jungen Menschen erhoben werden, auch für Ältere und länger zusammenlebende Paare gelten. Es gibt jedoch Hinweise aus einer neueren Langzeitstudie zu Persönlichkeitsstörungen: Der New Yorker Psychologe Mark F. Lenzenweger (2023) hat Daten über Persönlichkeitsstörungen daraufhin angeschaut, wie die Themen Nähe, Temperament und pathologischer Narzissmus dort zusammenhängen. Demnach zeigt sich früh an **Wutausbrüchen**, wer möglicherweise eine narzisstische Störung entwickeln wird, wobei biologische Faktoren (Temperament) und Umweltbedingungen (z. B. elterliche Fürsorge) entscheidende Bahnungen für eine Disposition zum Narzissmus ergeben. Interessanterweise blieb ein wesentlicher Faktor für das längerfristige Aufrechterhalten narzisstischer Pathologie das Ausmaß von Ärger und Wut *(anger)*.

Wenn man sich als junger Mensch in einen anderen verliebt, sollte man vielleicht beachten: Wie geneigt ist die andere Person, rasch und nachhaltig in Wut zu geraten? Dann wohl besser: Finger weg! Und zwar ganz besonders, wenn man selbst ein mitfühlender, empathischer Mensch und selbst nicht narzisstisch ist. Die Empirie in vielen Settings aus der Ehe- und Familienberatung sowie der Paartherapie zeigt, dass das eine ungünstige Konstellation ist. Und ebenso ungünstig ist es, wenn grandioser Narzisst und vulnerable Narzisstin sich zusammentun. Das Ergebnis ist nicht selten ein traumatisches, nämlich eine verbal, körperlich und / oder sexuell gewaltvolle Beziehung. Häufig wiederholen die Partner das, was sie als Kinder erlebt haben. Deshalb werden wir uns im nächsten Kapitel den Traumahintergrund in vielen Elternhäusern später narzisstischer Menschen anschauen.

11. Narzissmus als traumabedingte Entwicklungsstörung

Wenn Sie die historischen, psychoanalytischen, Sozialforschungs- und die persönlichen Beispiele und Darlegungen in diesem Buch nachvollzogen haben, dann ahnen sie: Hinter der „narzisstischen Epidemie" – die auch eine Epidemie von Büchern und Social-Media-Gruppen à la „Wie befreie ich mich von einem Narzissten" erzeugt hat – steckt viel mehr als nur eine Art Mode.

Gerade wer am Puls der Zeit sein will, nimmt wahr, wie viele Ratsuchende und Ratgebende, echte Narzissmusopfer oder vorgeblich neutrale BeobachterInnen sich aufgemacht haben, anderen zu erzählen, wie schlecht es ihnen gegangen ist, und was daraus zu lernen wäre. Wobei interessanterweise der Klassiker überwiegt: auf der Opferseite eine Frau und – sehr viel weniger im Fokus – ihre Kinder, und auf der Täterseite der Narzisst, zumeist ein Mann (Borowiak 2023, Bright 2022, Müller, S. 2021, Müller, T. 2022, Schilling & Beck 2019, Weidlich 2021).

In diesem Buch habe ich mich bemüht, verschiedenste Befunde heranzuziehen, selbst für manche Frauen sicher unangenehme. Denn auch Frauen können sehr wohl schwer narzisstisch gestört sowie – wenn gekränkt oder auch nur aus Geldgier oder anderen egozentrischen Gründen – ausbeuterisch und gewalttätig sein. Auch sie können den grandiosen Narzissmus haben: überheblich, kalt, zynisch, missbräuchlich. Zudem haben Frauen als diejenigen, die meist innerhalb und außerhalb von Partnerschaften die Kinder erziehen, zahlreiche unterschiedliche Methoden entwickelt, sich an narzisstische PartnerInnen zu adaptieren: Sie können eine „Undercover-Narzisstin" sein (vulnerabler Narzissmus kommt ja sehr bescheiden und eher ängstlich-depressiv-abhängig daher – bei ungebrochenem, aber passiv-aggressiv vorgebrachtem fordernden Anspruchsverhalten). Sie können eine „Echoistin" sein (wie die Nymphe Echo leise leidend und vor Sehnsucht vergehend) oder auch eine „Empathin": mitfühlend und „co-narzisstisch" vom egomanen Partner alle Unbill fernhaltend … Natürlich geht das auch umgekehrt, dass Männer solche Positionen einnehmen.

Aber (noch?) scheinen Männer eher die grandiose, also offen fordernde und das ausgebeutete Opfer herabsetzende Form des Narzissmus zu bevorzugen. Bei Frauen erwarten wir ihn aber nach wie vor eher nicht. Denn Frauen (Geschlechterrollen!) werden meist dazu erzogen, „nett" zu sein und sich nicht in den Vordergrund zu spielen. Ihre Aggressionen sollen sie eher indirekt – früher nannte man das „damenhaft" oder „vornehm" – äußern. Etwa durch zarte Andeutungen: „Könnte es sein, dass du mir etwas zu sagen hast?" Oder indem sie ihr Gegenüber nicht direkt beschuldigen, sondern ihm Schuldgefühle machen, in der Art: „Geh nur und amüsier' dich, und lass mich ruhig hier allein" – „Dass du mich verletzt hast, macht ja nichts, Hauptsache dir geht es gut ..." Die Tendenz, den anderen zu kontrollieren und zu steuern, selbst immer im Mittelpunkt zu stehen – und sei es mittels einer chronischen Erkrankung –, die Forderung, emotional versorgt zu werden sowie das Gefühl, besondere Behandlung verdient zu haben – das alles kommt sicher bei beiden Geschlechtern vor. Bei dem einen mehr offen, bei der anderen mehr verdeckt.

Ererbt oder erlernt?

Doch woher kommt das? Bei dieser Frage scheiden sich die Geister. Es wird wohl genetische Effekte geben; das zeigen u. a. Zwillingsstudien (s. Campbell et al. 2009, Coolidge et al. 2004, Kendler et al. 2008, Luo & Cai 2018, Torgersen et al. 2000). Vermutlich ist es wie bei anderen psychischen Auffälligkeiten: Man kann eine Tendenz dazu erben, aber ob sich etwas ausprägt, hängt doch meist von der Lebenserfahrung ab. Dabei spielen transgenerationale Effekte eine große Rolle, denn wie heißt es in deutschen Sprichworten: „Was Hänschen nicht lernt, lernt Hans nimmermehr." Oder umgekehrt: „Der Apfel fällt nicht weit vom Stamm."

Die Lebenserfahrung eines Kindes beginnt im Mutterleib. Zahlreiche Studien, besonders aus den letzten beiden Jahrzehnten, konnten zeigen, dass eine generelle Verwundbarkeit für Stress und Stresserkrankungen von Eltern, insbesondere von einer traumatisierten Mutter, auf ihr Kind übergehen kann (s. Berens et al. 2017, Bowers & Yehuda 2015, Entringer et al. 2015, Isgut et al. 2017, Moog et al. 2016, Nemeroff 2016, Rakers et al. 2020, Varadarajan et al. 2022, Yehuda 2022). Transgenerationaler Stress kann also genetisch, epigenetisch und in unmittelbarer Weitergabe von Stressfaktoren auf die beiden Systeme des Kindes weitergereicht werden, die dessen Fähigkeiten, mit Stress umzugehen, beeinflussen: die Hypothalamus-Hypophysen-Nebennieren-Achse (HPA-Achse) (s. Guillians & Edwards 2010) und die Mikrobiom-Darm-Hirn-Achse (MDH-Achse) (Hantsoo et al. 2020).

Das bedeutet: Ein Kind kann schon Probleme haben, mit Stress in Beziehungen umzugehen, bevor es überhaupt in der Lage ist, außerhalb des Mutterleibs eigene Beziehungserfahrungen zu machen. Das kann zu emotionaler Instabilität führen, die – wie wir in vorherigen Kapiteln gesehen haben – zu allen Formen narzisstischer Störungen beitragen.

ACE-Faktoren

Ist das Kind auf der Welt, kommen als Nächstes aversive Kindheitserfahrungen (Adverse Childhood Experiences), die sogenannten ACE-Faktoren, ins Spiel. Diese behindern die Möglichkeiten des Kindes, sich sicher und geborgen zu fühlen, eine ausreichende Selbstsicherheit aufzubauen und ein stabiles Selbstwertgefühl zu entwickeln. Mit anderen Worten: Wir haben hier Faktoren, die dazu führen können, dass ein Kind eine narzisstische oder eine andere Persönlichkeitsstörung entwickelt.

Ein Beispiel: Die deutschen Forscher Vera Clemens, Jörg Fegert und Marc Allroggen (2022) nahmen sich den grandiosen Narzissmus vor. Bei einer großen Stichprobe von 2531 Deutschen über 14 Jahren überprüften sie, wer diese Form des Narzissmus aufwies und welche Zusammenhänge es mit aversiven Kindheitserfahrungen der ProbandInnen gab. – Diese Zusammenhänge sind sehr deutlich.

Zum einen geht es um die Erfahrungen von Missbrauch und Misshandlung – körperlich, emotional und sexuell – sowie von Vernachlässigung. Es geht aber auch um Bedingungen im Elternhaus, die für die Kinder belastend gewesen sein können, wie Gewalt zwischen den primären Bindungspersonen; Missbrauch psychisch wirksamer Substanzen in der Familie (Alkohol, Drogen, Medikamente …); psychische Erkrankung oder Suizidversuche eines Elternteils oder eines anderen Familienmitglieds.

Wie Persönlichkeitsstörungen entstehen

Solch schlechte, weil verwirrende, erschreckende oder schmerzhafte Beziehungserfahrungen können dazu führen, dass das Kind ein überhöhtes Selbstgefühl entwickelt, das man Narzissmus nennt. Ständig muss es jemanden (zumindest in seiner Fantasie) retten. Vielleicht gehört es auch gar nicht in diese Familie, sondern ist in Wirklichkeit das Kind reicher, guter Leute. Nur aus Versehen wurde es adoptiert und ist jetzt hier gelandet. In der Realität traut es sich zwar nichts zu, und ist (in seinen Träumen) doch davon überzeugt, genial zu sein.

Für die zugespitzte Form, nämlich die narzisstische Persönlichkeitsstörung, wird bereits seit längerer Zeit über Verbindungen zwischen NPS und körperlicher bzw. sexueller Gewalterfahrung sowie Vernachlässigung und emotionalem Missbrauch berichtet (Cohen et al. 2014, Gibb et al. 2001, Johnson et al. 2001).

Waxman et al. (2014) untersuchten unterschiedliche Persönlichkeitsstörungen und die ihnen vorausgegangenen Misshandlungsformen. Eins ihrer Fazite lautete:

„Borderline- und schizotypische Persönlichkeitsstörungen wurden am stärksten durch sexuellen Missbrauch vorhergesagt, antisoziale Persönlichkeitsstörung durch körperliche Misshandlung, vermeidende und schizoide Persönlichkeit durch emotionale Vernachlässigung. Spezifische Schwachstellen unterscheiden sich je nach Geschlecht; misshandelte Jungen reagieren möglicherweise mit Aufmerksamkeitssucht, Mädchen mehr mit sozialem Rückzug" (Übersetzung mh).

Nicht nur Vernachlässigung und missbräuchliches Verhalten der Elternfiguren können eine Persönlichkeitsstörung hervorrufen, sondern auch die Tatsache, dass Kinder es mitbekommen, wenn ihre Eltern Drogen nehmen, sich gegenseitig schlecht behandeln und/oder es im Haushalt drunter und drüber geht, weil mindestens ein Elternteil psychisch krank ist. So konnten Tracie Afifi und ihre Kollegen (2011) aus einer repräsentativen epidemiologischen Studie über Substanzmissbrauch in den USA Daten zum Zusammenhang zwischen aversiven Kindheitserfahrungen und Persönlichkeitsstörungen herausdestillieren. Eines ihrer Ergebnisse: „Aversive Kindheitserfahrungen hatten in der Allgemeinbevölkerung zahlreiche Persönlichkeitsstörungen zur Folge, darunter vor allem schizotype, antisoziale, borderline und narzisstische Persönlichkeitsstörung" (S. 814).

Vor allem in einigen Studien, die das Pathological Narcissism Inventory (PNI) von Pincus et al. (2009) anwandten, gab es Hinweise für den Zusammenhang zwischen körperlicher Misshandlungserfahrung als Kind und der Entwicklung von vulnerablem Narzissmus (Keene & Epps 2016, van Schie et al. 2020). Eine weitere Studie fand bei in der Kindheit körperlich misshandelten Collegestudenten sowohl den vulnerablen als auch den grandiosen Narzissmus (Duval et al. 2018). Auch Karin Ensink und ihre Kollegen (2018) fanden bei jungen Leuten beide Formen. Sie betonten: „Die Verbindung zwischen eigener Misshandlungserfahrung und den psychosozialen Schwierigkeiten von Jugendlichen und jungen Erwachsenen kann teilweise dadurch erklärt werden, dass diese Misshandlungen negative Auswirkungen haben, indem die Betroffenen einen Narzissmus entwickeln."

Clemens et al. (2022) wiederum zerpflückten das Konzept des grandiosen Narzissmus, der – so Back et al. (2013) in ihrem „Narcissistic Admiration and Rivalry Concept (NARC)" – aus zweierlei besteht: aus dem „agentischen" (aktiv Bewunderung einfordernden) und dem antagonistischen (rivalisierenden/neidischen) Teil. Demnach ist das zentrale Ziel narzisstischer Menschen, ein sich großartig fühlendes Selbst aufrechtzuerhalten. Denken und verhalten sie sich so, dass sie ständig dominant sein wollen und permanente Nabelschau betreiben, sind sie agentisch; denken und verhalten sie sich aggressiv, manipulativ und werten andere ab, sind sie antagonistisch (Back 2018).

Wer alles daran setzt, bewundert zu werden, ist im Freundeskreis eher beliebt als jemand, der sich rivalisierend, aggressiv und manipulierend verhält und deshalb nicht so sehr gut ankommt (Leckelt et al. 2015). Letzteres führt, wahrscheinlich aufgrund der vielen negativen zwischenmenschlichen Erfahrungen, eher zu Depressionen und Angststörungen (Mota et al. 2019). „Angeber und Neidhammel" in einem zu sein macht einsam. Gerade bei Letzteren könnten ACE-Faktoren eine besondere Rolle spielen. Das genau testeten Clemens et al. (2022) in einer repräsentativen deutschen Studie und fanden Folgendes: Je mehr Belastungsfaktoren es aus der Kindheit gibt, desto höher die Werte für Rivalität bei beiden Geschlechtern. Was den Faktor „Bewunderung" anging, gab es hingegen keine solche Verbindung. Das bedeutet:

Wenn Kinder viele Belastungen in der Kindheit erleben, entwickeln sie dosisabhängig mit einer gewissen Wahrscheinlichkeit eine narzisstische Störung, und zwar entweder eine neidisch-rivalisierende (Untergruppe des grandiosen Narzissmus) oder eine vulnerable Narzissmusproblematik.

Das passt zu der großen niederländischen Längsschnittstudie von Brummelman et al. (2015), in der vor allem eines entscheidend dafür war, ob Kinder eine narzisstische Störung entwickelten oder nicht: Ob sie das tiefe Gefühl verinnerlicht hatten, „Wärme" und Liebe von ihren Eltern bekommen zu haben. Übrigens unabhängig davon, ob die Eltern ihr Kind eher verhätschelt hatten oder nicht (sie wurden auch befragt).

Das bedeutet: Wenn ein Kind sich geliebt und zutiefst angenommen fühlt, entwickelt es ein gesundes Selbstwertgefühl. Empfindet es keine Liebe und kein Angenommensein – und vermutlich nimmt es das richtig wahr, denn dann wird oder wurde es auch schlecht behandelt –, dann ist die Entwicklung narzisstischer Persönlichkeitszüge vorprogrammiert. Die australische Studie von Huxley & Bizumic (2017) kam zu ähnlichen Ergebnissen. Eltern, die ihre Kinder schlecht behandeln und Kinder, die viele Belastungsfaktoren (im Sinne der o. g. ACE-Faktoren) in der Kindheit durchmachen, fördern damit bei sich selbst und der nachfolgenden Generation die Entwicklung tiefgreifender Störungen. Und da die Kinder kein gutes Selbstwertgefühl entwickeln können, werden viele ein überzogenes Größenselbst mit Anspruchsdenken und Neid auf andere entwickeln – was sie wiederum zu problematischen Eltern machen wird.

Mit anderen Worten: Viele Eltern narzisstischer Kinder haben selbst schwere Kindheitsbelastungen erlebt und geben diese direkt und indirekt weiter, indem sie ihre Kinder in desolaten Verhältnissen aufwachsen lassen und ihnen wenig Liebe schenken. Narzissmus ist also weitestgehend ein Ergebnis transgenerationaler Bindungstraumatisierung.

Mit einer Ausnahme: Der positive, sich selbst grandios findende Narzisst ohne Neid auf andere, den schon seine Eltern mit hoher Wahrscheinlichkeit als Superperformer in den Himmel gehoben haben, ist häufig sozial erfolgreich und beliebt (Härtel et al. 2023). Seine Achillesferse ist jedoch, genau: sein Narzissmus. Wenn das Leben es einmal gar nicht gut mit ihm meint, kann er stürzen. Besser ist also, wir bringen unseren Kindern ein liebevolles, förderndes, aber auch forderndes Verhalten entgegen, das eine realistische Selbsteinschätzung und ein auch durch Rückschläge und Fehler nicht zu ruinierendes Selbstwertgefühl ermöglicht.

Traumatischer Stress

Entscheidend für das Ausmaß an Belastung ist, wie hoch der Stress ist, den ein Kind erlebt. Wenn es sich verlassen und ungeliebt fühlt, ist das ein sehr hoher Stress. Wenn es sich über lange Zeit hinweg immer wieder verlassen und ungeliebt fühlt, zerbricht etwas in dem Kind. Und zwar körperlich ebenso wie seelisch, wie wir heute wissen.

Traumatischer bzw. toxischer Stress ist verbunden mit unaushaltbarer seelischer und/oder körperlicher Belastung. Dieser Stress kann plötzlich oder über längere Zeit auf den Organismus einwirken. Er zwingt das Gehirn zu einer Notreaktion, die der französische Psychiater Pierre Janet bereits zu Beginn des 20. Jahrhunderts „Dissoziation" nannte. Er beschrieb es als ein automatisiertes Auseinanderschieben im Gehirn „von Ideen und Funktionen, aus denen sich Persönlichkeit zusammensetzt" (1902). In der Zeit nach dem Schock oder in dem Zeitraum, in dem das Gehirn diese Notreaktion ausführen muss, wird entschieden, ob und inwieweit die Verarbeitung dieses „auseinandergeschobenen" Wahrnehmungs- und Erinnerungsmaterials gelingt. Gute, hilfreiche Beziehungen sind hier der beste schützende Faktor vor langfristig krankmachenden Problemen (s. Huber 2020).

Doch was ist, wenn traumatischer Stress auf ein Kind einwirkt, und diejenigen, die ihm helfen sollten – also seine Eltern, die primären Bindungspersonen – das nicht können? Weil sie selbst zu sehr belastet sind oder dem Kind gar etwas antun, indem sie es vernachlässigen, verwahrlosen lassen und/oder es körperlich oder sexuell misshandeln? Auf Generationen hinaus sind sie Folgen teilweise dramatisch. Wie man heute nachweisen kann, reicht das bis hin zu chronischen Entzündungsprozessen (Boeck et al. 2016, Coelhoe et al. 2014, Hori & Kim 2019, Hollander & Kaunitz 2020, Passos et al. 2015), in die DNA (Bergholz et al. 2017, Morath et al. 2014), in die T-Zellen (Sommershof et al. 2009), in den Cortisolhaushalt (Strüber et al. 2014, Yehuda et al. 2015), ja bis in die Kraftwerke der Zelle, die Mitochondrien, hinein (Hitzler et al. 2019).

In der Fachliteratur wird der Begriff „Traumalast" als Anzahl unterschiedlicher traumatischer Ereignistypen über die Lebenszeit definiert (Kolassa et al. 2010, Schneider et al. 2020); bei Misshandlungen spricht man entsprechend von „Misshandlungslast".

Eine höhere Traumalast bedeutet auch eine höhere Wahrscheinlichkeit psychischer Erkrankungen wie PTBS, Depressionen, Angststörungen etc. Dabei gibt es ein exponentielles Dosis-Wirkungs-Verhältnis (Varadarajan et al. 2022). Das bedeutet: Je mehr schlimme Ereignisse auf ein Kind einprasseln, desto exponentiell schlimmer wirken diese sich auf seine Seele und sein körperliches Befinden aus. Und das nicht nur in seiner eigenen Biografie. Sondern, wie wir sehen, durch die biologische Einbettung auch transgenerational. Traumatischer Stress im Kindesalter kann insgesamt früh die Reifung und Funktionsweise des Immun-, Nerven- und Stress-Systems beeinflussen, das Mikrobiom des Darms verändern (Cong et al. 2016, Hantsoo et al. 2020) und damit die Gesundheit langfristig schädigen. Und diese mangelnde Stressresistenz kann vererbt werden (Danese & McEwen 2012).

Missbrauch, Misshandlung und Vernachlässigung (MMV): Das „Trio infernal"

Das „Trio infernal" MMV ist als Stresshintergrund für die körperliche und seelische (Fehl-)Entwicklung besonders verheerend. Häufig haben MMV bis ins Erwachsenenalter hinein chronische und langfristige Folgen und vermindern die Resilienz, also die Fähigkeit, mit zukünftigen Stressoren (z. B. auch mit psychotherapeutischer Traumaexposition!) fertig zu werden (Behnke et al. 2020), das verlangt auch in der Psychotherapie besondere Aufmerksamkeit.

Immer wieder hat sich gezeigt: Aversive Kindheitserfahrungen wirken sich negativ auf die körperliche Gesundheit aus, etwa in Form von Herz-Kreislauf-, Stoffwechsel- und Autoimmunerkrankungen sowie Krebs (Felitti et al. 1998, Nemeroff 2016). Auch lässt sich eine vorzeitige eigene Mortalität feststellen sowie ein Sterberisiko des Fötus in Form von Früh- und Fehlgeburten (Chen et al. 2016, Felitti et al. 1988, Moog et al. 2016).

Wichtig ist ein schwächender Effekt schlimmer Kindheitserfahrungen. Er zeigt sich vor allem bei der Mutter und wirkt sich zudem lebenslang auf die Immunsituation und die langfristige Fähigkeit ihres Kindes aus, mit Stress umzugehen. Generationsübergreifend fand z. B. Yehuda (2015) niedrigere Cortisolspiegel bei Kindern, deren Mütter eine PTBS hatten. MMV-betroffene Mütter produzierten mehr CRC (corticotropine releasing hormone) in ihrer Plazenta und beeinflussten dadurch die Stressphysiologie des Fötus (Moog et al. 2016).

Epigenetische Veränderungen von für die Stressreaktion wichtigen Genen wie NR3C1, CRHR1 oder FKBP5 können bei von Kindesmissbrauch Betroffenen zwar möglich sein, zeigen aber in verschiedenen Studien eine generationsübergreifende Transmission (s. die Arbeiten von Rachel Yehuda mit Holocaustüberlebenden, z. B. Yehuda 2022). Auch das „Beziehungshormon" Oxytocin kann in seiner Signalgebung bei Säuglingen, deren Mütter sexuelle Gewalterfahrung gemacht hatten, verändert sein (Ramo-Fernández et al. 2021).

In mehreren Studien wurde ein Zusammenhang zwischen erhöhten Entzündungsmarkern („low grade" oder „silent inflammation") und Kindesmisshandlung sowie PTBS gefunden, etwa Interleukin-6, Tumornekrosefaktor, C-reaktives Protein (CRP) (Coelho et al. 2014, Danese et al. 2007, Passos et al. 2015, Speer et al. 2018). PTBS und frühe Misshandlung wurden ebenfalls mit einer erhöhten spontanen Ausschüttung entzündungsfördernder Zytokine (Boeck et al. 2016), einer Verringerung verschiedener T-Zellen-Typen (Sommershof et al. 2009) sowie einer Veränderung der entzündungshemmenden Endocannabinoid-(EC-)Zellen in Verbindung gebracht.

Auch die „Zellkraftwerke" Mitrochondrien werden stressbedingt verändert, und es gibt Hinweise darauf, dass diese Veränderung mit größerem Lebensstress, PTBS und Depression assoziiert ist und durch die Plazenta indirekt die Physiologie des Fötus beeinflussen kann (Brunst et al. 2021).

Aversive Kindheitserfahrungen können bei werdenden Müttern das Mikrobiom verändern und zu einer veränderten Stressreaktion führen (Hantsoo et al. 2020). Die Mikrobiom-Darm-Hirn-Achse (MDH-Achse) moduliert die Stressreaktion. Störungen in diesem Bereich werden mit stressbedingten Krankheiten wie Reizdarm, PTBS, Depression und Angststörungen in Verbindung gebracht (Cowan 2019).

Eine weitere Stressfolge sind Veränderungen der Darmschleimhaut, die man „löchriger Bauch" (engl. *leaky gut*) nennt; diese führen zu Durchlässigkeit der Darmwände. Damit können krankheitserregende Bakterien und bakterielle Toxine in den großen Blutkreislauf gelangen und Entzündungsprozesse auslösen (Hollander & Kaunitz 2020).

Bei Säuglingen kann es zu einer Veränderung ihres Darm-Mikrobioms bekommen – nicht nur aufgrund genetischer Mängel, sondern – neben der Stressbelastung der Mutter – auch durch Faktoren wie die Medikation unter der Geburt, das stationäre Umfeld, die Art der Entbindung, die Art der Fütterung, die Umgebung, das Geschlecht etc. (Cong et al. 2016, Moore & Townsend 2019).

Folgen extremer Stressereignisse und die Rolle von Cortisol

Extrem stressreiche Erlebnisse wie Folter, Verfolgung, Genozid etc. können transgenerational regelrechte Verheerungen anrichten. Ausgiebig untersucht sind z. B. die Traumafolgestörungen bei Holocaust-Überlebenden und ihren Nachkommen in der zweiten und dritten Generation. Eine der Neurowissenschaftlerinnen, die solche Folgen bis in die Mikrobiologie und die generationale Übertragung erlittener Schäden untersucht haben, ist die amerikanisch-israelische Psychiaterin und Forscherin Rachel Yehuda. Als sie am 9. September 2001 mit ihrem Team in den USA war, wusste sie, dass sie es mit einer weiteren Jahrhundertkatastrophe zu tun hatte: die traumatischen Auswirkungen des Terroranschlags auf das World Trade Center auf die Überlebenden und deren Kinder. Daher beeilte sie sich, direkt nach dem Einsturz der Twin Towers Schwangere zu finden, um ihnen durch die folgende schwere Zeit zu helfen. Sie und ihr Team fanden insgesamt 187 Frauen. In der Zeitschrift *Scientific American* (2022) berichtet sie (Übersetzung MH):

„Mein Traumaforschungsteam schulte rasch Gesundheitsfachkräfte, um die Frauen zu diagnostizieren und bei Bedarf zu behandeln. Während ihrer Schwangerschaft und auch später noch schauten wir nach ihnen. Als die Babys geboren wurden, waren sie kleiner als gewöhnlich – das erste Anzeichen dafür, dass der Schock des Anschlags auf das World Trade Center die Gebärmutter erreicht hatte. Neun Monate später untersuchten wir 38 Frauen und ihre Säuglinge, die zu einem Wellness-Besuch gekommen waren. Psychologische Untersuchungen ergaben, dass viele der Mütter eine PTBS entwickelt hatten. Und bei denjenigen mit PTBS war der Spiegel des Stresshormons Cortisol ungewöhnlich niedrig; ein Merkmal, das Forscher mit PTBS in Verbindung bringen. Überraschender- und beunruhigenderweise zeigte auch der Speichel der neun Monate alten Babys der Frauen mit PTBS einen niedrigen Cortisolspiegel. Am ausgeprägtesten war der Effekt bei Babys, deren Mütter an diesem schicksalhaften Tag im dritten Trimester waren."

Rachel Yehudas Erfahrungen entsprachen dem, was sie bei Holocaust-Überlebenden gesehen hatte: „(Auch) die erwachsenen Kinder der Holocaust-Überlebenden hatten häufiger als andere Stimmungsschwankungen und Angststörungen sowie PTBS. Darüber hinaus hatten viele Holocaust-Nachkommen auch niedrige Cortisolspiegel – etwas, das wir bei ihren Eltern mit PTBS beobachtet hatten."

Was ist so schlimm daran, wenn eine Mutter – und vielleicht auch ihr Kind – einen niedrigen Cortisolspiegel hat? Nun, eine solche Mutter kann Schwierigkeiten haben, sich an ihre alltäglichen Aufgaben zu erinnern, z. B. Mahlzeiten zuzubereiten oder die Kinder anzuziehen. Ein niedriger Cortisolspiegel kann zu Müdigkeit und Erschöpfung führen, was die Fähigkeit einer Mutter beeinträchtigt, ihre Kinder überhaupt wahrzunehmen und ihre Bedürfnisse zu „lesen" und adäquat zu beantworten. Manche Mütter kompensieren diese selbst bemerkte Einschränkung mit Medikamenten, Alkohol, Drogen, Essstörungen oder Selbstverletzungen, um sich aus Trancezuständen zu „wecken".

Mütter mit niedrigem Cortisolspiegel können auch für das Kind unerwartete Reaktionen auf Stresssituationen zeigen, etwa abrupte Wut- oder Tränenausbrüche. Für Kinder kann das erschreckend sein. Auch wenn die Cortisolveränderung durch Dauerstress sich bei der Mutter erst im Lauf der Kindesentwicklung einstellt – die Mutter also vorher in der Regel ruhig und besonnen reagierte –, beziehen die Kinder die Veränderung oft auf sich („Ich bin nicht richtig").

Ein niedriges Maß an Cortisol kann auch dazu führen, dass Mütter innerlich „leer und abwesend" sind, wodurch die Kinder sich vernachlässigt fühlen. Dies kann zu Unsicherheit, Angstzuständen und anderen emotionalen Problemen führen – etwa zur Entwicklung eines vulnerablen Narzissmus.

Manchmal haben Mütter mit niedrigem Cortisolspiegel auch eine schlechte Körperwahrnehmung, die sich auf das Körperbild ihrer Kinder auswirken und bei ihnen zu einem geringen Selbstwertgefühl und einem schlechten Selbstbild führen kann. Und sie kann bei der Mutter und / oder bei dem Kind eine narzisstische Störung auslösen, wobei das Vorbild der Mutter für das Kind oft entscheidend sein wird. Ist sie grandios narzisstisch – laut, angeberisch, herrisch –, wird sich das Kind daran orientieren. Ebenso an der umgekehrten Variante, wenn die Mutter eine vulnerable Form des Narzissmus entwickelt – depressiv, bedürftig, ansprüchlich.

Am schlimmsten wird es, wenn das Kind „niemals gelernt hat, was wirkliche Liebe ist", so die Autorinnen einer britischen Studie, die untersuchten, wie Kinder narzisstischer Eltern in ihren eigenen Partnerschaften zu kämpfen hatten (Lyons et al. 2023). Mehr dazu im nächsten Kapitel.

12. Narzisstische Mutter, narzisstischer Vater: Der Kummer von Kindern narzisstischer Eltern

„Schön biste nicht, Kind, aber klug." Die 14-jährige Tochter hat zwar gehört, dass sie klug ist. Doch sie wird sich nie schön finden. Besonders deshalb nicht, weil die Mutter diejenige sein will, die schön ist, und die Mutter mit ihr in Konkurrenz geht.

Mit narzisstischen Eltern aufzuwachsen ist für Kinder immer mit viel Kummer verbunden. Nicht gesehen zu werden, wie man ist, sondern nur die Projektionsfläche der Eltern zu sein, die sich in einer narzisstischen Partnerschaft oft streiten oder spannungsgeladen anschweigen, ist grausam und raubt vielen das Selbstwertgefühl oder lässt es gar nicht erst entstehen.

Bei diesem Dauerstress werden die Spiegelneurone der Kinder aktiviert. Und da seelischer wie körperlicher Schmerz in denselben Hirnregionen verarbeitet wird (s. Richter 2022), haben die Kinder mit körperlichen Schmerzen zu tun, aber u. a. auch mit Panik, Wut, Ekel, Scham, Ohnmacht, Hilflosigkeit und Hassattacken. Und all das wird von den Bindungspersonen, die mit sich selbst beschäftigt sind, nicht aufgefangen. So erhält das Kind keinen Schutz und erlebt sich als in der Not verlassen und ungeliebt (s. Brisch 2012).

Unverarbeitete eigene Belastungserfahrungen aufseiten der Bindungspersonen – Mutter und / oder Vater und auch andere, etwa die Großeltern – führen dazu, dass sie in stressvollen Situationen ihr Trauma mit entsprechenden Affektdurchbrüchen wiederholen: gegenüber dem Partner, der Partnerin und gegenüber dem Kind. Sie geraten in sogenannte dissoziative States: Flucht, Kampf, Erstarrung, Erschlaffung (s. Ford 2021). Diese bizarren Verhaltensweisen widersprechen den Grundbedürfnissen des Kindes und können eine traumabedingte Entwicklungsstörung auslösen, die wir als Diagnose unbedingt beachten sollten (s. Ford 2023).

Das Kind muss unter existenzieller Bedrohung „Verteidigungsreaktionen" zeigen und dabei alle anderen Reaktionen (Spiel, alltägliches Funktionieren …) ausblenden. Und das tut es, indem es dissoziiert. Archaische, auch bei Tieren vorkommende Verteidigungsreaktionen – Fluchtreflexe, (ums Leben) Kämpfen, Erstarren und Totstellen sowie der Bindungsschrei, totale Unterwerfung, Rückzug etc. – sind neurobiologische „Aktionssysteme", die dem Überleben dienen (s. van der Hart et al. 2008).

Die besondere Problematik eines Bindungstraumas

Bei einem Bindungstrauma haben wir folgendes Grundproblem: Zwei biologische Systeme – Bindungs- und Verteidigungssystem – werden gegenüber den Bindungspersonen gleichzeitig aktiviert. Bis zum Alter von etwa 14 Jahren ist das Bindungssystem dominant, was bedeutet: Ein Kind muss sich auch an ein Elternteil binden, das sich ganz furchtbar benimmt; es kann sein Bindungssystem nicht „außer Kraft setzen". Näheres dazu habe ich in meinem Buch *Trauma und die Folgen* (2020) ausgeführt.

Am schlimmsten ist es, wenn eine Mutter in einer Art negativer Projektion im Kind all das hasst, was ihrer Meinung nach die Ursache für ihr unglückliches Leben ist: „Du bist schuld, dass aus mir nicht das geworden ist, was ich hätte sein können!" Dazu ein Beispiel:

Die Mutter trinkt, viel zu viel. Mit 18 hat sie ein Kind bekommen, und sie hasst es. Sie bekommt über die Jahre von verschiedenen Männern noch weitere Kinder, zu denen sie meist leidlich gute Beziehungen hat. Aber dieses erstgeborene Mädchen, das nicht abgetrieben werden konnte und das, so glaubt sie, ihr Leben verpfuscht hat, hasst sie so sehr, dass sie ihm alles erdenklich Schlimme antut: Dieses Kind darf nicht mit den anderen essen, muss sich aber um die Geschwister kümmern. Es wird aus dem nichtigsten Anlass geschlagen, weggesperrt, verhöhnt und beschimpft. Es wird an zahlende Kundschaft zur sexuellen Benutzung verkauft, damit die Mutter sich noch mehr Alkohol kaufen und noch mehr mit Männern herummachen kann.

Tatsächlich und mehr, als man allgemein denkt, gibt es Mütter, die ihre Kinder nicht lieben, sondern hassen. Oder die zwischen liebevollen Gefühlen, schlechtem Gewissen und totaler Ablehnung hin- und herschwanken. Dabei hassen sie im Kind einen Teil von sich selbst, mit dem sie sich nicht auseinandersetzen wollen. Was das mit einem Kind macht, habe ich in vielen Psychotherapien mit den dann inzwischen Jugendlichen oder erwachsenen Frauen, die ein solches Kind waren, erleben können. Ihr miserables Selbstwertgefühl, ihre Selbstbeschuldigungen, ihre Versuche, die Mutter trotz allem mit sehnsuchtsvollen, zu Herzen gehenden Liebesbezeugungen doch noch umzustimmen … Schließlich ihr Zusammenbruch in der Erkenntnis: Sie wird mich niemals lieben, niemals. Egal was ich tue.

Grausam sind auch maligne Väter, die ihre Kinder misshandeln und / oder sie zur Befriedigung ihrer sexuellen Bedürfnisse zwingen.

Mein Vater hat mir gesagt, er kann sich nicht beherrschen, wenn er mich sieht. „Du bist so ein hübsches Kind", hat er gesagt. Und mich auf seinen Schoß gezogen. Hinterher hat er angefangen, mich erst süße Schlampe und nachher nur noch Schlampe zu nennen.

Die Klientin, die mir dies erzählte war eine bildschöne Frau, doch sie hatte sich die Oberschenkel und ihre Genitalien mit Messern verstümmelt – die Körperstellen, an denen „er" sie beschmutzt hatte und an denen sie sich „eklig" fühlte.

Weniger offensichtlich zerstörerisch sind die Eltern, die ihre Kinder zu vergöttern scheinen und ihnen das Gefühl geben: „Du bist wie ich, aber du wirst es noch viel weiter bringen. Du bist zu etwas ganz Besonderem geboren, mein Sohn!" Der Sohn wird dann lebenslang versuchen, es den Eltern recht zu machen.

In einer Architektenfamilie, die ich kenne, war einer der Söhne „nur" Handwerker geworden. Er war fest davon überzeugt, ein „Loser", eine „Lusche" zu sein. Zwar versicherten ihm die Eltern später, er sei für sie, so wie er ist, in Ordnung. Dennoch spürte er den Auftrag, dass er eigentlich ein erfolgreicher Architekt hätte werden müssen. Das hatte er derart verinnerlicht, dass er in einer schweren Depression versank und sich schließlich suizidierte.

Woran erkennt man narzisstische Väter und Mütter?

Narzisstischer Vater – verzweifelt um dessen Anerkennung ringender Sohn: Die Dualität gerade dieser Tragik füllt ganze Romane und etliche Sachbücher. Hier eine kleine Auswahl dessen, was allein in den letzten beiden Jahrzehnten dazu erschienen ist: Baron 2021, Chalandon 2017, 2022; Ford 2023, Frank 2014, Franklin 2023, Hein 2017, Hesse 2023, Kafka 2008, Klass 2015, Knausgard 2015, Neven-Dumont 2011, Rufkoffsky 2022, Schulz et al. 2004, Springsteen 2018, Vogt & Sirridge 2018. Sehr oft geht es um abwesende Väter, die gleichzeitig dem Sohn übermächtig und unerreichbar erscheinen. In manchen Büchern geht es auch um Väter als gewalttätige oder z. B. nationalsozialistische Täter, und so sehr sich die Söhne an ihnen abarbeiteten, so schwer haben sie es, sich ein eigenes starkes Leben als Mann aufzubauen.

Narzisstische Väter versuchen das Leben ihrer Söhne zu kontrollieren, Macht über sie auszuüben, sie zu „brechen", wenn sie Widerstand zeigen, sie zu manipulieren und bei Widerspruch hart zu bestrafen bzw. zu enterben. Sie ignorieren die Eigenarten und Erfolge ihrer Söhne und lassen sie entweder links liegen oder traktieren sie mit ihren eigenen Wünschen und Projektionen. Die AutorInnen der Website ↗ http://www.starke-gedanken.de haben zehn Anzeichen zusammengetragen, an denen man einen narzisstischen Vater erkennt:[13]

1. Er zeigt Eifersucht und Besitzgier.
2. Es mangelt ihm an Empathie.
3. Er lebt durch sein Kind.
4. Er fühlt sich grandios und überlegen.
5. Er gibt an und heftet sich Erfolge des Kindes an die eigene Brust.
6. Das Kind muss immer klein und bedeutungslos bleiben, lebenslang.
7. Er manipuliert durch Beschämen, negative Vergleiche und Schuldzuweisungen.
8. Er selbst ist starr und überempfindlich.
9. Das Kind ist dazu da, ihn zu versorgen, auch im Alter.
10. Er selbst vernachlässigt die Kinder, wenn er sie nicht gerade braucht.

Das meiste davon dürfte auch für narzisstische Mütter zutreffen. So manche Tochter einer solchen Mutter würde den Buchtitel des Romans *Es sind die Töchter, die gefressen werden* (Forster 1997) aus vollem Herzen bejahen. Wenn die Mutter vor einer Entscheidung steht, sollen sie sie unterstützen. Sie sollen – gleichgültig, was sie selbst gerade vorhatten – auf Zuruf herbeieilen, und sie sollen sie im Alter pflegen. Dass dieses „Seelengift" (Lasatone 2020) es den Töchtern abverlangt, lange und mühsam um ein selbstbestimmtes Leben zu kämpfen, sehen die meisten narzisstischen Mütter überhaupt nicht.

Über diese Mütter und ihre Töchter hat die selbst betroffene US-Autorin Caroline Foster (2020) ein Ratgeberbuch verfasst mit dem Untertitel „Wie man mit narzisstischen Elternteilen umgeht und sich von der KPTBS erholt". Allein die Annahme, eine komplexe PTBS sei die Folge des Aufwachsens mit einer narzisstischen Mutter, macht ersichtlich, wie langfristig beschädigend narzisstischer Missbrauch durch Eltern sein kann.

Foster unterscheidet die „verschlingende" Narzisstin – die ihr Kind sozusagen nicht abnabeln kann, es lebenslang an sich kettet und mit ihren Erwartungen überschüttet – von der vernachlässigend-ignoranten Narzisstin, die ihr Kind überhaupt nicht wahrnimmt, es nie tröstet und es völlig vereinsamt zurücklässt. Interessant und durchaus überraschend praktisch fand ich Fosters Ratschläge für die heranwachsen-

---

13 ↗ https://starke-gedanken.de/narzisstischer-vater/

den und erwachsenen Kinder dieser Narzisstinnen. Bereits vor dem Auszug aus dem Elternhaus sollten laut Foster folgende Dinge in Angriff genommen werden:

1. Such dir einen Job.
2. Ersetze alles, was du von den Eltern bekommen hast, durch etwas Eigenes (gekränkte NarzisstInnen werden bei Unabhängigkeitsbestrebungen ihrer Kinder wahrscheinlich all ihre „Gaben" zurückfordern).
3. Sorge dafür, dass deine Bonität gut ist.
4. Richte ein Sparkonto ein.
5. Geh in Gedanken durch, wie dein Auszug von zu Hause ablaufen wird.

Um das emotionale Durchhängen während der Abnabelungsphase zu überstehen, hat Foster die folgenden guten Ideen gesammelt, aus eigener Erfahrung stammend, aber auch aus vielen Zuschriften, die sie erhalten hat. Sie gelten für alle Kinder narzisstischer Eltern, auch für diejenigen, die später vielleicht narzisstische PartnerInnen haben, von denen sie sich lösen müssen. Ich ergänze Fosters Anregungen mit meinen Bemerkungen:

1. Rette dich selbst. Das ist durchaus wortwörtlich und körperlich gemeint.
2. Setze Grenzen und verlasse gefährliche Situationen.
3. Rede beruhigend auf das Kind in dir ein bzw. auf die kindlichen Anteile in dir.
4. Erinnere dich daran, dass du dich schützen kannst.
5. Kehre immer wieder bewusst in deinen Körper zurück.
6. Widerstehe deinem inneren Kritiker (oder mache ihn zu deinem Ratgeber).
7. Erlaube dir, zu trauern.
8. Pflege sichere Beziehungen und hol dir Unterstützung.
9. Lerne.
10. Finde heraus, worum es in deinen Flashbacks geht und arbeite daran.
11. Hab Geduld mit dir.

Das kann ich aus meiner Erfahrung mit KlientInnen aus diesem Hintergrund nur bestätigen. Weitere Entwicklungen finden dann in der Psychotherapie statt – sofern es den Betroffenen gelingt, einen Therapieplatz bei einer / einem guten PsychotherapeutIn zu ergattern (s. Kapitel 13).

13. Narzisstische Strategien – und wie man ihnen entkommt

Einige Ratgebende in Social Media, aber auch BuchautorInnnen, haben sich von Betroffenen zu Expertinnen entwickelt. So auch die Psychologin Turid Müller, die sich vor allem mit dem vulnerablen Narzissmus in Partnerschaften beschäftigt. Ihr kluges, schön geschriebenes Buch hat den Titel *Verdeckter Narzissmus in Beziehungen. Die subtile Form toxischen Verhaltens erkennen und sich von emotionalem Missbrauch befreien* (2022).

Ich habe in diesem Band herausgearbeitet, dass der sich grandios findende Angeber eher nicht für die destruktivste Variante des Narzissmus steht, sondern der ängstlich-schüchtern auftretende, aber hoch neurotische, sogenannte vulnerable Narzisst. Deshalb gebe ich gern einige von Müllers sorgsam zusammengetragenen, auch mit Literatur belegten Strategien wieder sowie Reaktionen der Opfer des in solchen Beziehungen vorfindbaren narzisstischen Missbrauchs.

Die Opfer – Kinder oder PartnerInnen eines solchen malignen Narzissten – gehen möglicherweise durch aufeinanderfolgende Stadien wie:

Hoffnung: „Alles wird gut!"

Verwirrung: „Was ist nur mit ihm / mir los?"

Resignation: „Ich weiß wirklich nicht mehr, was ich noch tun kann, damit er / sie wirklich / endlich zufrieden ist" (Erschöpfung und Selbstaufgabe).

Hypersensibilität: „Was kann ich tun, um ihn / sie nicht aufzuregen?"

Isolation: Abgeschnitten von Menschen sein, die einen unterstützen könnten.

Verzweiflung: „Ich kann machen, was ich will, es hilft alles nichts. So kann / will ich nicht mehr leben." Das könnte in den Suizid führen – oder die Trennung auslösen.

Sich vorzustellen, wie Kinder narzisstischer Eltern sich fühlen mögen (s. Kapitel 12), fällt nicht schwer. Erstaunlicherweise erleben aber auch viele weniger emotional missbrauchte Menschen solche Stadien – nämlich dann, wenn sie sich als Erwachsene/r mit einem Menschen einlassen, der schwer narzisstisch gestört ist. Nach einer Weile ist das Selbstbewusstsein im Keller und die Hilflosigkeit groß.

Gaslighting

Wie schafft es ein narzisstischer Mensch, dessen Selbstwertgefühl doch miserabel und dessen Bedürftigkeit hoch ist, eine andere Person so zu knechten, dass sie zunächst grausame Erfahrungen mit ihm durchmacht und sich am Ende buchstäblich befreien muss, um weiterleben zu können? Eine der gängigsten Strategien nennt sich neudeutsch „Gaslighting“. Das Opfer wird manipuliert, desorientiert und verunsichert, bis es selbst nicht mehr weiß, was es glauben kann. Aber damit geht es nicht gleich los, denn schließlich muss das Opfer erst eingewickelt werden, bevor es mit bizarrer Kommunikation verwirrt wird.

Schritt eins ist meist ein „Love Bombing“ durch den häufig charmanten, mit einer Mischung aus Bescheidenheit und Attraktivität daherkommenden Narzissten: Ein Bombardement mit Komplimenten, Einladungen, Geschenken .... „Nie habe ich mich so wohlgefühlt ...“ – „Du bedeutest mir alles, ohne dich ist alles langweilig ...“ – „Wann kann ich dich wiedersehen?!“ Liebeswerben an sich ist nicht gefährlich. Auffällig bei narzisstischen Menschen ist allerdings, dass die Werbung intensiv und drängend daherkommt, man regelrecht überschüttet wird. Bis die Falle zuschnappt.

Eine schwer depressive Frau Mitte 50 erzählte mir in der Therapie: „Ich hätte das nie gedacht, nie, dass er so gemein ist. Er hat mich vor der Ehe hingebungsvoll umworben, mir jeden Wunsch von den Augen abgelesen, mir lauter kleine Geschenke gemacht und wollte mich unbedingt sofort heiraten. Ich war so verwirrt und verliebt, dass ich nach wenigen Wochen eingewilligt habe. Als wir vom Standesamt kamen, drehte er sich in der Wohnungstür zu mir um, schloss hinter mir ab und sagte: ‚So, jetzt gehörst du mir. Und du wirst jetzt machen, was ich sage.‘ Er sah dabei ganz anders aus als vorher, wie ausgewechselt. Und von da an, vom ersten Tag an, war meine Ehe die einzige Hölle.“

Diese Frau war über Jahre sexueller Gewalt und Demütigung von ihrem Vater ausgesetzt gewesen. Sie hielt die Ehe aus, bis ihr Sohn aus dem Haus war, dann gab es eine schmutzige Scheidung, aus der sie, die mit ihrem Mann ein gutgehendes Unternehmen aufgebaut hatte, mittellos herauskam. Als ich sie kennenlernte, schlug sie sich als Putzfrau durch. Ihr Sohn, ebenfalls ein Narzisst, wünschte sich eines Tages eine teure Lederjacke von ihr zum Geburtstag, obwohl er wusste, wie wenig sie mit ihrem Putzjob verdiente. Zum Glück war sie da schon in der Therapie so selbstbewusst geworden, dass sie sich mit ihm über diesen unverhältnismäßigen Wunsch auseinandersetzen und ihm zum ersten Mal etwas abschlagen konnte ...

Kann sich der narzisstische Mensch sicher sein, seinen „Fang“, der ihn emotional ernähren soll, im Netz zu haben, setzt er – Schritt zwei – alles daran, sein Opfer zu isolieren, zu sabotieren, ihm Schuldgefühle einzuimpfen und ihm weiszumachen: „An allem, das schiefläuft, bist nur du Schuld!“

Und um das zu erreichen, setzt er Gaslighting ein. Er leugnet und streitet ab: „Das ist doch gar nicht so gewesen" – „Das bildest du dir nur ein" – „Das habe ich nie gesagt". Er nutzt Generalisierungen: „*Immer* kommst du zu spät" – „*Nie* hast du wirklich Zeit für mich" – „*Jedes Mal,* wenn es mir gerade gut geht, kommst du mit xy um die Ecke …"

Der US-Wirtschaftspsychologe Emory Green hat sich sein Leben lang mit dunklen Psychologietricks beschäftigt. In seinem Buch *Vorsicht vor Gaslighting* (2020) beschreibt er, wie diese subtile Form des emotionalen Missbrauchs ein Opfer auf Dauer völlig verwirren und lähmen kann. Dazu gehören:

- offensichtliche Lügen (ein sehr wichtiger Indikator für Gaslighting!)
- Kontern (Dem Opfer, das etwas selbst erlebt hat, wird eingeredet, in Wirklichkeit habe sich das ganz anders abgespielt.)
- Trivialisieren (von Themen und Wünschen, die für das Opfer wichtig sind)
- Diskreditieren (schlecht über das Opfer reden)
- Steinwand-Taktik (nicht mehr mit dem Opfer reden; sich weigern, ihm zuzuhören)
- Reframing-Taktik (Gedanken und Erfahrungen des Opfers verdrehen)
- falsche Anteilnahme (besonders im Frühstadium der Beziehung: alles Kontrollierende geschehe nur zum Besten des Opfers …).

Hier möchte ich eine Nebenbemerkung machen: Nicht nur im privaten, sondern auch im politischen und medialen Raum ist Gaslighting eine der Hauptstrategien. Der Propagandaforscher Jonas Tögel (2023) hat das in seinem Buch *Kognitive Kriegsführung* eindrucksvoll beschrieben.

Narzisstisches Opfersyndrom

Wer als Kind, Untergebene/r oder PartnerIn eines narzisstischen Menschen nicht sehr stabil ist und bleibt, handelt sich im Extremfall etwas ein, das man „narzisstisches Opfersyndrom" nennt und das einer PTBS gleicht. Zwar ist ein narzisstisches Opfersyndrom keine Diagnose, aber in der Literatur (z. B. im Blog ↗ http://www.starke-gedanken.de) wird es häufiger beschrieben als eine Kombination folgender Symptome:

- Angstzustände
- Depressionen
- Schwierigkeiten zu vertrauen
- Zwanghafter Perfektionismus
- Essstörungen

- Selbstberuhigungszwänge
- Co-Abhängigkeit
- Zweifel an den eigenen Fähigkeiten
- Übermäßige Wachheit / Schreckhaftigkeit
- Beschwichtigungsverhalten
- Gefühle von Einsamkeit und Isolation

Es ist unschwer zu erkennen, dass all dies geeignet ist, das – wenn überhaupt vorhandene – Selbstwertgefühl eines narzisstischen Opfers grundlegend zu untergraben.

Wer nicht mit einer Posttraumatischen Belastungsstörung in die Beziehung mit einem narzisstischen Menschen hineingeht, bekommt sie möglicherweise im weiteren Verlauf. Und es sind, wie in vorhergehenden Kapiteln beschrieben, oft die ohnehin schon selbstunsicheren Menschen, die eine Partnerschaft mit einem Narzissten eingehen. Die anderen sind meist liebevoll-empathische Menschen, die (anfangs noch) über Selbstwertgefühl verfügen und glauben, mehr geben zu können als nehmen zu müssen – und einem Narzissten kommen sie natürlich gerade recht …

Vor Rehaugen wird gewarnt

Menschen mit narzisstischen Persönlichkeitszügen, vor allen Dingen begabte, können andere faszinieren. Als umschwärmte und erfolgreiche Publikumslieblinge werden sie insbesondere von Frauen angehimmelt, die sie gern (lebenslang) unterstützen wollen. Viele „Promis“ sind narzisstisch und „produzieren“ sich gern: Schauspieler, Sänger, Spitzensportler, YouTuber und andere Influencer (s. Kapitel 7), und auch Politiker … Von weitem wirken sie interessant oder sogar attraktiv. Und wenn es einem gelingt, ausreichend selbstständig zu bleiben, kann man durchaus mit ihnen befreundet sein, ohne sich selbst zu verlieren.

Diese etwas mildere Form des narzisstischen Phänomens nimmt man häufiger mal wahr: sowohl im näheren Bekannten- oder Familienkreis als auch im weiteren Umfeld, etwa bei KollegInnen oder bei einer entfernten Tante etc. Was diesen Menschen gemeinsam ist: Sie werden versuchen, ihre eigenen Verdienste herauszustreichen und Sie umwerben mit dem Ziel, Sie dazu zu bringen, ihre jeweiligen Bedürfnisse zu befriedigen. Und sie werden Sie dabei mit Rehaugen ausbeuten.

Es gibt einen Roman über eine narzisstische Frau von Vicky Baum, bezeichnenderweise mit dem Titel *Vor Rehen wird gewarnt* (1951 / 2020). Im Klappentext wird erläutert: „Denn so rehäugig Ann auch durchs Leben geht, so rücksichtslos nimmt sie sich, was sie will. Sie verführt den Mann ihrer Schwester, treibt nicht nur San

Francisco, sondern auch Wien zur Verzweiflung, sorgt dafür, dass sie stets das Beste bekommt und dass man ihr noch dankbar ist, wenn man ihr das letzte Hemd schenken darf." Dazu habe ich ein persönliches Beispiel.

„Vor Rehlein wird gewarnt" war ein beliebter Spruch in meiner Familie. Wir hatten die Romanverfilmung „Vor Rehen wird gewarnt" mit Maria Schell in der Hauptrolle gesehen und bezogen das „Reh" auf unsere zartgliedrige Tante „Mitzi". Diese verstand es, alle mit mädchenhaft-treuherzigem Blick um den Finger zu wickeln – was ihr im Alter eher auf die Füße fiel, denn fast alle Freunde und Verwandten zogen sich von ihr zurück. Bis auf uns, die wir ihr tapfer beistanden, vor allem, als sie gebrechlich wurde.

Als Tante Mitzi, stets mit dicken goldenen Panzerketten, Armbändern und Ringen behängt, Witwe wurde, holten wir sie jeden Heiligabend zu uns – weil wir erkannten, was sie uns auch vermittelte: Sie würde sonst einsam in ihrem großen Haus sitzen. Nun thronte sie auf einem Kissenberg auf dem Sofa in unserer 80-Quadratmeter-Stadtwohnung. Uns ließ sie erkennen, dass wir für sie nach wie vor „arme Verwandtschaft" waren – und plauderte ununterbrochen von ihrem Geld und ihren Erbstücken, die sie zu verteilen habe, sowie über ihre Erinnerungen an Reisen und große Feste. Unsere Speisen und kleine, liebevoll ausgesuchte Geschenke nahm sie mit der gnädigen Geste einer „Gräfin Mariza" entgegen. Für uns hatte sie regelmäßig eine Schachtel mit Billigpralinen dabei. Auch als sie später im Pflegeheim war, bin ich am Heiligabend immer erst zu ihr gefahren und dann nach Hause. Das gehörte sich so, wir hatten ja beschlossen, unser „Rehlein" nicht im Stich zu lassen.

Was soll ich sagen, meine Familie und ich hatten geahnt, was kommen würde: Als sie starb, vererbte sie all ihren Schmuck, ihre Bilder und ihr Geld einem entfernten Großneffen, der sie nie besucht hatte. Zum Glück hatten wir schon vorher keine Erwartungen und konnten darüber lachen. Aber es war ein trauriges Lachen, denn wir fühlten uns natürlich noch im Nachhinein von ihr entwertet. „Tja", sagten wir, „vor Rehlein wird gewarnt …"

Je näher uns jemand ist, je mehr er oder sie uns ans Herz geht, desto schwieriger wird es, nicht wirklich getroffen zu sein von dieser Mischung aus Egozentrik und ausbeuterischem Verhalten.

Man kann fasziniert sein von schrillen und gleichzeitig bedürftigen Menschen. Man sollte sich aber wirklich nur näher mit ihnen einlassen, wenn man absolut innerlich unabhängig ist und überhaupt nichts erwartet und / oder mit einer Einstellung christlicher Nächstenliebe an die Sache herangeht. Andernfalls könnte es gefährlich werden, denn die Damen und Herren Narzissten können einem im übertragenen Sinne das Blut aus den Adern saugen.

Wenn Komplextrauma eine Rolle spielt

Wehe, wenn man einen Narzissten kränkt. Ob Schwiegermutter oder die eigene Mutter, der Nachbar oder die Tante, die Oma, der Vater oder der eigene Sohn und am schlimmsten vielleicht: der / die (Ex-)PartnerIn – NarzisstInnen wollen ständig Aufmerksamkeit, kreisen permanent um sich selbst und schaffen es immer wieder, sich über andere zu erheben. Fühlen sie sich aber gekränkt, werden sie ihr Gegenüber herunterputzen und attackieren, ihm Schuldgefühle bereiten oder ihn beschämen, bis dieser eine Mischung aus Trauer und Wut, Hilflosigkeit und Verzweiflung empfindet. Und wenn dieser Zustand lange andauert: bis die andere Person komplex traumatisiert ist (wenn sie es nicht ohnehin schon war).

In einem Beitrag in der Zeitschrift *Psychology Today* (2024) heißt es zusammenfassend: „Komplextrauma kann durch das Erleben wiederholter oder mehrfacher traumatischer Ereignisse entstehen, aus denen es keine Möglichkeit gibt, zu entkommen. Das Empfinden von Aussichtslosigkeit ist ein Merkmal der Erfahrung. Wie andere Arten von Traumata kann es das Gefühl der Sicherheit in der Welt untergraben und zu chronischer Schreckhaftigkeit und ständiger (und erschöpfender!) Überwachung der Umgebung auf mögliche Bedrohungen führen“ (Übersetzung mh).

Die Psychologie-Kolumnistin Andrea Brandt beschrieb in einem Artikel (2021), welche sieben Anzeichen dafür sprechen, dass ein Mensch mit Komplextrauma in seiner Partnerschaft unglücklich ist bzw. werden könnte:

1. Man ist immer in Angst, der / die PartnerIn könnte einen verlassen.
2. Man ist ständig bedürftig und klammert.
3. Man ist überempfindlich und ständig auf der Hut.
4. Man hatte bislang keine Langzeitbeziehung.
5. Man ist nervös und immer ein wenig auf der Flucht.
6. Man hat es schwer, dem / der PartnerIn zu vertrauen.
7. Man lässt sich auf Sex ein, auch wenn man das nicht will.

Kommt dann noch als Grundhaltung dazu, eigentlich vom anderen versorgt werden zu wollen (angedeutet in Punkt 2), könnte es sich um eine/n vulnerabler/n NarzisstIn handeln. In jedem Fall aber um das ideale Opfer für einen pathologischen Narzissten, der alles Raffinement, einschließlich Gaslighting, einsetzt, um den / die PartnerIn auszubeuten. Der schlimmste Fall ist, wenn sich zwei komplex traumatisierte Menschen mit narzisstischen Zügen ineinander verlieben, sich verkrallen und verheddern.

Wie empathisch ist jemand? Das ist die entscheidende Frage, denn sehr empathische Menschen sind in einer narzisstischen Partnerschaft regelrecht verloren. Das narzisstische Gegenüber wird dieses Einfühlungsvermögen ständig einfordern und in typischer Täter-Opfer-Umkehr behaupten: „Du bist so egozentrisch. Denk doch auch einmal an mich!“ Wenn die EmpathIn oder die EchoistIn (s. Kapitel 5) dem tatsächlich nachkommt, kann der Narzisst wieder Honig daraus saugen ….

Aussteigen – aber wie?

Wer aus einem solchen schmerzhaften Hamsterrad aussteigen will, muss sich sicher sein: Habe ich es tatsächlich mit einem (z. B. vulnerablen) Narzissten zu tun? Oder ist das Selbstwertgefühl meines Partners schlicht stärker als mein eigenes? Weiß er einfach besser, was er will? – In diesem Fall könnte eine Paartherapie oder auch eine eigene Psychotherapie beziehungsrettend sein.

Die amerikanische Psychologin Debbie Mirza – selbst Betroffene – hat in einem Interview zu ihrem Buch (Mirza 2017) beschrieben, welche klaren Zeichen es gibt für eine missbräuchliche Beziehung mit einer narzisstischen Person, die sie einen „verdeckten“ (also vulnerablen) Narzissten nennt. Hier meine Zusammenfassung:

1. Asymmetrische Beziehung: Die Aufmerksamkeit geht immer nur in (s)eine Richtung.
2. Er / sie will dich nicht wirklich kennenlernen, interessiert sich nur für sich.
3. Er / sie will nicht, dass du glücklich bist. Sobald es schön für dich ist, wird etwas getan, das dich wieder klein, hilflos, traurig und unglücklich macht.
4. Kritik kommt häufig, Lob selten.
5. Er / sie beschützt dich nicht, wenn du von anderen angegriffen wirst. Du bist ihm / ihr gleichgültig.
6. Angstmache: Du bekommst das Gefühl vermittelt, die Welt sei ein unsicherer Ort.
7. Du wirst an deinem Geburtstag oder an Feiertagen besonders attackiert, bis du weinen musst. Und dann wirst du dafür beschuldigt, „zu empfindlich“ zu sein.
8. Unpassende Geschenke. Er / sie kennt dich eben nicht …
9. Wehe du bist krank – dann kannst du sehen, wer dich pflegt.
10. Eine schweigende, spannungsgeladene Wut ist oft im Raum.
11. Wichtiges vergisst er / sie immer wieder absichtlich. Termine, erbetene Einkäufe …
12. Gaslighting: Dir wird das Wort im Mund herumgedreht. Es wird so getan, als wäre etwas nicht gesagt / getan worden, was tatsächlich gesagt / getan wurde. Schließlich stellst du deine Wahrnehmung der Realität infrage.
13. Gaslighting in intimen, auch sexuellen Situationen oder mittels solcher Situationen: Du bist nie richtig, nie genug …
14. Körperliche Anspannung in seiner / ihrer Gegenwart.

15. Leute werden gegeneinander ausgespielt.
16. Er / sie redet nicht nur schlecht über andere, sondern hinter deinem Rücken auch über dich.
17. Er / sie saugt dich energetisch aus.
18. Er / sie fühlt sich selbst innerlich leer.
19. Er / sie projiziert eigene Gefühle und Handlungsimpulse auf dich.

Wie endet eine solche Beziehung voller verbaler und vielleicht auch tätlicher Gewalt? Womöglich wird man von diesem narzisstischen Menschen abrupt verlassen, „weggeworfen", hinausgeschmissen oder noch bestohlen (die Wohnung wird ausgeräumt …). Wenn man selbst geht, muss man gut auf sich achten, denn wie in jeder Gewaltpartnerschaft kann auch die Feindseligkeit des Narzissten eskalieren.

Wie aber kommt man von so jemandem weg? Man sollte möglichst nicht darauf warten, „weggeworfen" zu werden, sondern geplant selbst gehen. Denn eine Partnerschaft mit einem pathologischen Narzissten ist auf Dauer nicht auszuhalten und geht meist schief. Der Ausstieg aus einer destruktiven Bindung ist also notwendig (s. Huber 2018) – und kann dauern. Monate, nicht selten Jahre.

Debbie Mirza (2017) rät all jenen, die einem verdeckten oder vulnerablen Narzissten auf den Leim gegangen sind und sich in der Falle fühlen, die folgenden drei Stadien zu beachten:

1. Sich über die Situation wirklich klar werden und Informationen einholen.
2. Sich in sich selbst zurückziehen und sich schützen.
3. Sich ein besseres Leben so konkret wie möglich vorstellen und es (wieder) herstellen.

Wenn man, etwa wegen der Kinder, noch in der Beziehung bleiben muss, gilt es, die Kommunikation kurz zu halten, sich nicht provozieren zu lassen, nicht zu streiten und sich wie ein „grauer Felsen" fest in sich zu verschließen. Das Internet ist voll mit Videos und Anleitungen zu dieser „Grey-Rock"-Methode, meist von Frauen, die sich von hochgradig narzisstischen Männern zurückziehen müssen. Dabei empfiehlt sich vor allem die DEEP-Technik, ein Akronym für: Don't **D**efend, don't **E**xplain, don't **E**ngage, don't **P**ersonalize! (Müller 2022, S. 205), was auf Deutsch heißt: nicht rechtfertigen, keine Erklärungen abgeben, sich nicht weiter einlassen und nichts persönlich nehmen.

Das ist oft leichter gesagt als getan, denn zum einen wissen Narzissten sehr gut, welche „Knöpfe" sie beim Gegenüber drücken müssen, um wieder das alte anschmiegsame bzw. unterwürfige Verhalten auszulösen. Zum anderen ist gerade für diejenigen das DEEP-Modell gar nicht so leicht umzusetzen, die in der – möglicherweise körperlich gefährlichen – Trennungsphase (oder auch schon davor) mit Traumafolgestörungen wie komplexer PTBS zu kämpfen haben. Neben guten FreundInnen (wenn sie noch welche haben) und Selbsthilfegruppen brauchen sie auch professionelle Unterstützung: Beratung, Begleitung und Psychotherapie. Erschwerend kommt hinzu, dass viele Trennungswillige auch Gaslighting von Familienmitgliedern, KollegInnen und im Freundes- und Bekanntenkreis erleben. Das hört sich dann etwa so an: „Er ist doch so ein netter Kerl – wie kannst du ihm das antun." Oder: „Ohne dich ist sie dann ganz allein, findest du nicht, dass du dir das noch mal überlegen solltest?" Oder gar: „Man trennt sich nicht einfach so!"

Kein Wunder, dass zu ExpertInnen gewordene Betroffene wie Debbie Mirza feststellen: „In vielerlei Hinsicht ist der Ausstieg aus einer langfristigen Beziehung mit einem verdeckten Narzissten wie der Ausstieg aus einer Sekte, und man muss die Illusionen und Überzeugungen, mit denen man programmiert wurde, wirklich deprogrammieren" (Frank 2019).

Wer die Fähigkeit hat, plötzlich umzuschalten, ist hier im Vorteil. Hoch dissoziative Menschen sind daher manchmal schneller in der Lage, sich aus einer solch destruktiven Beziehung zurückzuziehen, als „Neurotiker wie du und ich", da sie manchmal einen Wechsel der Persönlichkeitsanteile zustande bringen, wo andere noch zögern und mit sich hadern.

Eine Frau mit einer dissoziativen Identitätsstörung, die als Kind von ihren Eltern an Männer „verkauft" wurde, erzählte mir schmunzelnd über ihr Persönlichkeitssystem und ihren abrupten Ausstieg aus destruktiven Partnerschaftsversuchen: „Wenn jemand von uns die Schnauze voll hat und denkt, dieser Typ benimmt sich wie ein Freier, dann ist der wütend. Aber natürlich haben wir immer welche, die alles tun, was man in einer solchen Situation tut, wenn man sich in einem Haus wiederfindet, in dem ein Mann ist: ‚Alles klar, der hat uns gekauft, dem müssen wir gehorchen.' Andere innen schimpfen: ‚Siehste, was bist du auch so blöd, dich auf so einen einzulassen und zu denken, dass dich irgendjemand wirklich mag.' Und dann – zack – sind wir da weg. Manchmal versteht man das erst hinterher: Da hat es einer anderen innen gereicht, die hat bei Nacht und Nebel ihre Sachen gepackt, und weg war sie – und weg waren wir! Heute finde ich das gut, früher hab ich mich immer gefragt: Nanu, was ist bloß passiert?!"

Strategien für den Ausstieg

Schwierig wird es immer dann, wenn sich innere Kindanteile an den Narzissten oder die Narzisstin gebunden haben. Überhaupt ist es schwer, wenn das Herz in der Beziehung mit dabei war und es sehr verletzt ist. Schwierig auch, wenn äußere Kinder da sind und man einen Weg finden muss, mit jemandem zu kooperieren, der alles dafür tun wird, einem aus Rache sämtliche Steine in den Weg zu legen. Oder mit Selbstmord droht. Oder selbst einfach verschwindet, wie in Paul Simons Song (s. u.), ohne sich noch einmal umzudrehen, ohne Unterhalt zu zahlen, ohne sich je wieder um die gemeinsamen Kinder zu kümmern.

50 Wege, jemanden zu verlassen

Vielleicht kennen Sie den Song *50 Ways to Leave Your Lover* von Paul Simon.[14] Männern, die aus einer toxischen Beziehung herauswollen, bietet er im Refrain verschiedene Möglichkeiten an: Jack z. B. soll sich durch die Hintertür davonschleichen, Gus soll nicht lange diskutieren, sondern in den Bus springen; Lee soll einfach den Schlüssel in den Briefkasten werfen, um frei zu sein, usw.

Plötzlich mittellos dazustehen, womöglich mit Kindern, die zu versorgen sind, und – nachdem man sich jahrelang auf das narzisstische Gegenüber eingelassen hat – einfach nicht mehr wissen, was man denken, tun oder sagen soll: Das gehört zu den fundamentalen Krisen, die insbesondere Frauen in Trennungssituationen erleben. Dass hier der Ratgebermarkt mit Büchern von Frauen für Frauen geradezu überquillt, ist kein Wunder.

Oft werden jedoch die Kinder vergessen, die nicht selten zwischen einem narzisstischem und einem nichtnarzisstischen oder zwischen zwei narzisstischen Elternteilen hin- und hergerissen werden. Familienrichter und Jugendamtsmitarbeiter können ein Lied davon singen, wenn sie mit egozentrischen Eltern zu tun haben, von denen mindestens einer sagt: „Das Kind gehört mir!"

Und es kann sein, dass die narzisstische Person verinnerlicht und zu einem Täterintrojekt wird, einem „Feind im Innern" (Huber 2013). Das ist besonders dann quälend, wenn die innere Stimme des narzisstischen Partners so klingt wie die innere Stimme der zerstörerischen Elternfigur früher. Häufig muss man dann auf die Suche gehen nach dem, was sich als „eigentlich für mich stimmig" anfühlt und lernen, auch innerlich zurückzuweisen, was „nicht meins" ist.

---

14 ↗ https://www.songtexte.com/songtext/paul-simon/50-ways-to-leave-your-lover-7bda7e68.html

Zusammenfassend lässt sich sagen: Wer sich aus einer Beziehung mit einem narzisstischen Menschen befreien will, sollte Folgendes beherzigen:

1. Das Wichtigste im Umgang mit einer narzisstischen Persönlichkeit ist das Setzen von klaren **Grenzen**. Da die narzisstischen Menschen sich meist verbal gut ausdrücken und permanent versuchen, dem Beziehungsopfer das Wort im Mund herumzudrehen, ihm Schuldgefühle zu machen oder gar gewalttätig zu werden, gehört zum Grenzsetzen auch, …
2. … den **Raum zu verlassen** (bislang immer eine Strategie des Narzissten). Einfach früher gehen als er / sie und deutlich machen: „Ich höre dir nicht weiter zu." Das gilt auch im übertragenen Sinne: sich innerlich wappnen und alle Schlupflöcher verschließen, durch die der / die NarzisstIn sich wieder ins Herz schleichen könnte …
3. **Die Wohnung oder den Arbeitsplatz zu wechseln** ist häufig ebenfalls ein wichtiger Schritt. Als ArbeitgeberIn einer narzisstischen Person kündigen, als ArbeitnehmerIn – wenn keine Unterstützung da ist – den Job wechseln. Und privat dem Narzissten die Tür weisen oder selbst ausziehen (fällt vielen Opfern lange schwer, „wegen der Kinder").
4. **Selbstfürsorge** ist ein weiterer wichtiger Baustein auf dem Weg „heraus": Statt die unersättliche Bestätigungsgier des narzisstischen Menschen weiter zu füttern, gilt es, wieder eigene Vorlieben und Hobbys zu pflegen, sich mit anderen Menschen zu treffen etc.
5. **Unterstützung durch Therapie, Beratung oder Coaching** ist wichtig, wenn man als Opfer selbst „wie gefangen" ist. Und wenn sich eine (komplexe) PTBS gebildet hat, die man nicht mehr allein auflösen kann. Oft ist man dann nämlich nicht in der Lage, sich innerlich gut selbst zu helfen; man gefährdet sogar eher die eigene Sicherheit und Selbstfürsorge.
6. **Trennung** ist sehr oft das einzig wirksame Mittel gegen einen pathologischen Narzissten. Mit einem mild gestimmten Menschen kann man auskommen, mit einem brutalen nicht. Spätestens wenn Gewalt im Spiel ist, sollte man nur einen Weg suchen: raus! Gut vorbereitet am besten: eigenes Konto, möglichst eigenes Einkommen, Kopien der Kontoauszüge des Partners; AnwältIn oder andere Rechts- und Sozialberatung schon aufgesucht und an der Seite; Freundinnen und Bekannte informiert, die „Spalier stehen" und mithelfen – das ist die konkrete Vorbereitung. Und dann nichts wie weg. Oder den Narzissten hinauswerfen und das Schloss der Haus- oder Wohnungstür austauschen lassen. Danach alle zu einem selbst führenden Zugänge und Kontaktwege versperren, bis auf die, welche man eventuell rechtlich benötigt, etwa um Sorgerechtsfragen für die Kinder zu klären. Meist verliert man einen Teil des gemeinsamen Bekanntenkreises, aber die guten Leute bleiben. Und man gewinnt neue hinzu, wenn man sich selbstständig macht, denn das imponiert vielen Menschen. Dies hier schon einmal als Ermutigung …

14. Psychotherapie mit narzisstischen Menschen und deren Opfern

Narzisstische Persönlichkeiten gehören zu den am schwersten behandelbaren KlientInnen in der Psychotherapie. Bei der grandiosen Variante kennzeichnen übergroßes Selbstbewusstsein, Selbstverliebtheit, mangelndes Einfühlungsvermögen und Schwierigkeiten, Kritik anzunehmen, das Störungsbild. Infolgedessen wird es auch in der Therapie zu Reinszenierungen kommen, die umso erbitterter ablaufen werden, da narzisstische Menschen gelernt haben, ihr mangelndes Selbstwertgefühl hinter Arroganz zu verbergen. Im Zweifelsfall gehen sie mit dem Therapeuten in Konkurrenz („Sie sehen das völlig falsch, im Buch von … steht, wie man es in meinem Fall machen soll") und triangulieren („Ich habe schon mit Ihrem Supervisor gesprochen, der ist auch entsetzt über Sie und hat mir geraten, mich an die Ärztekammer zu wenden").

Vulnerable Narzissten hingegen kommen eher „anschmiegsam" daher. Sie sind scheu, ängstlich, depressiv und unendlich bedürftig. Dass sie mit der TherapeutIn in den Clinch gehen werden, um die Kontrolle über die Therapiesituation zu gewinnen und zu behalten, ist anfangs nicht spürbar.

Aber ich will nicht vorgreifen. Zunächst wird es um die informelle und formelle Diagnostik gehen. Schaut man sich bei der Testzentrale (↗ http://www.testzentrale.de) nach deutschen Tests für Narzissmus um, so wird man enttäuscht feststellen: Da werden lediglich zwei angeboten. Bei einem geht es um Persönlichkeit(sstörungen) am Arbeitsplatz und bei dem anderen um die dunkle Triade im Job. Unter der dunklen Triade versteht man eine Mischung aus Narzissmus, Psychopathie und Machiavellismus. Hier wird also gleich ganz dick aufgetragen, denn diese Kombination ist tatsächlich der Overkill und gilt als praktisch unbehandelbar. Deshalb soll sie hier kurz Erwähnung finden.

Narzissmus, Machiavellismus und Psychopathie

Diese drei verwandten, einander möglicherweise überlappenden psychologischen Merkmale (Paulhus & Williams 2002) haben allesamt erhebliche soziale Auswirkungen: Manipulation, Ausbeutung, antisoziales Verhalten und soziale Kälte (Jonason & Webster 2010). Alle drei sind gekennzeichnet durch einen eklatanten Mangel an

Empathiefähigkeit (Jonason et al. 2013). Allen dreien als „Zielperson“ ausgesetzt zu sein, kann lebensgefährlich werden (bis zu Suizid oder Mord).

Bei **Narzissmus** liegt die Betonung auf einem überhöhten Selbstbild, einem starken Bedürfnis nach Bewunderung und mangelndem Mitgefühl (Raskin & Hall 1979). Andere Menschen werden als Mittel zur Erreichung selbstbezogener Ziele betrachtet und daher manipuliert und ausgebeutet (Campbell et al. 2009). Das wurde in diesem Buch schon ausgiebig besprochen, auch, dass es mehrere Formen gibt: den grandiosen oder offenen und den vulnerablen oder verdeckten.

Machiavellismus ist gekennzeichnet durch ein gering ausgeprägtes moralisches Empfinden und das Streben, persönliche Vorteile zu erreichen – nach oben buckeln, nach unten treten … (s. Jones & Paulhus 2009).

Psychopathen bereuen grundsätzlich nichts, sind kalt und unberechenbar und setzen impulsiv und rücksichtslos ihre Interessen durch. Sie sind oft einsame Wölfe, es sei denn, es gelingt ihnen, ein Opfer zu finden, das sie sich hart und grausam als PartnerIn oder Kind „halten“ (Hare 1991). Die meisten brutalen Mehrfachgewalttäter und vor allem alle sexuellen Sadisten fallen in diese Kategorie.

Achtung: Menschen, die traumatische Erfahrungen mit Narzissten, Machiavellisten und/oder Psychopathen gemacht haben, also deren Opfer waren, haben täterimitierende Zustände und Anteile dazu im Innern (s. Huber 2013)!

Daher ein Hinweis an alle KollegInnen, die mit hoch narzisstischen Menschen arbeiten: Achten Sie auf Ihre eigenen Reaktionen. Sie werden sonst abwechselnd die Flucht ergreifen, die Person hinauswerfen oder sich mit ihr in einen Streit verwickeln wollen – das wäre die normale Gegenübertragungsreaktion. Und korrekt diagnostizieren zu können ist auch eine Sache klinischer Erfahrung.

Eine komplex traumatisierte Klientin ist mir dazu im Gedächtnis, die ich vor Jahrzehnten in manchen Sitzungen kaum ausgehalten habe, bis ich merkte: Immer, wenn sie verzweifelt war, begann sie auf geradezu schneidende Weise arrogant zu sein. Das half mir in der weiteren Arbeit, ihre Attacken zu überstehen, wie ihre phasenweise komplette Verweigerung, überhaupt mit mir zu kommunizieren. Sie saß dann da, die Arme übereinandergeschlagen, starrte in die Ferne oder schaute mich mit kalter Verachtung an, sagte ab und zu Sätze wie „Sie haben ja keine Ahnung“. Oder sie schnaubte „Nein!“ auf eine meiner vorsichtigen Vermutungen oder erklärte mit einer wegwerfenden Handbewegung „Ich verstehe nicht, wieso ich Ihnen so viel Geld in den Rachen werfe, wenn Sie nicht einmal …“. Sie tat dann alles, um mich unsicher und lächerlich zu machen, und ich kam mir nach einer Weile hilflos, wütend und verzweifelt vor.

Spiegelte ich ihr das, verstärkte das noch ihr verächtliches Verhalten „Ach, jetzt kommen Sie mir so! Wie lächerlich!“

Bis es mir dämmerte: Es war IHRE wütende Hilflosigkeit und Verzweiflung, die sie in mir reinszenierte. Diese Frau hatte unterschiedliche Selbstzustände und eine dissoziative Identität, wie die Diagnostik ergab. Nach und nach erfuhr ich: Es war ein bestimmter Anteil, der immer „nach vorne kam“, wenn im Innern gar nichts mehr ging. Das hatte mit mir persönlich oder meinen therapeutischen Bemühungen überhaupt nichts zu tun. Anderen Anteilen tat es hinterher immer sehr leid, aber sie kamen in solchen Situationen einfach nicht durch. Gleichzeitig musste diese Persönlichkeit mir diesen Zustand zeigen, damit ich durch eigenes Erleben verstand, wie es in ihr zuging.

Welche Therapien sind erfolgreich und welche Diagnostik braucht es?

Therapeutische Ansätze

Tiefenpsychologische Therapien, in denen die oft frühkindliche Entstehung der Symptomatik im Vordergrund steht (Kernberg 2018), haben sich als erfolgreich in der Behandlung von Menschen mit narzisstischen Zügen erwiesen. Eine Studie von Diamond et al. (2014) untersuchte die Wirksamkeit psychoanalytischer Therapie bei 47 PatientInnen mit NPS. In den Bereichen Selbstreflexion, Empathie und in der zwischenmenschlichen Problematik konnten signifikante Verbesserungen erzielt werden.

Erfolgreich ist auch Kognitive Verhaltenstherapie (Ronningstam 2016), bei der dysfunktionale Denkmuster identifiziert und verändert sowie Interaktionstrainings durchgeführt werden.

Ein Vergleich von tiefenpsychologischen und verhaltenstherapeutischen Therapien durch Svartberg et al. (2004) ergab, dass beide Formen gleich wirksam sein können, sofern die PatientInnen ausreichend motiviert sind. Die meisten Therapierichtlinien empfehlen bei Persönlichkeitsstörungen ein **multimodales Vorgehen**, also eine Mischung aus verhaltenstherapeutischen, tiefenpsychologischen und körperorientierten Methoden. Nur müsste man zuvor geklärt haben, dass es sich tatsächlich um eine so gravierende Störung handelt. Das ist bei vielen Hilfesuchenden gar nicht so einfach.

Diagnostik

Welches Symptom behandeln? Das ist oft die Frage bei Menschen, die zahlreiche „Baustellen“ mitbringen. Ich empfehle hier die Untersuchung daraufhin, welche Diagnose die zentrale ist; man nennt das **Meta-Diagnose**.

Es ist ja häufig der Fall, dass wir es in der Therapie mit Menschen zu tun haben, die eine Bindungstraumatisierung und vielleicht sogar eine komplexe PTBS haben. Und vielleicht fällt uns ebenfalls die narzisstische Problematik auf. Dann ist die kPTBS oder z. B. eine komplexe dissoziative Störungsdiagnose (partielle oder vollständige Dissoziative Identitätsstörung nach ICD-11), eine Borderline-Störung oder eine psychosenahe Entwicklung möglicherweise die Meta-Diagnose. Daher gilt es, gründlich zu diagnostizieren und die Ressourcen und Resilienzen der Persönlichkeit ebenso zu scannen wie die Untiefen.

Dazu wiederum braucht es eine gute Arbeitsbeziehung, die herzustellen bei bindungsgeschädigten Menschen eine ganze Weile dauern kann. So kann erst im Lauf des therapeutischen Prozesses und im Zuge der Beziehungsgestaltung korrekter in die Tiefe diagnostiziert werden, nach dem Motto:

„Welche Selbstzustände haben Sie, wenn auch manchmal mit Mühe, im Griff, und welche ‚unterlaufen‘ Ihnen, ohne dass Sie das derzeit bewusst steuern könnten?“

Bei sehr scheuen und gesprächsvermeidenden Klienten begnügte man sich, um erste Eindrücke zu gewinnen, erst einmal mit den Berichten der Vorbehandler, den ersten therapeutischen Verträgen und Vereinbarungen zum Selbstschutz der PatientIn und den Schweigepflichtsentbindungen. Und mit einer – bei kPTBS und komplexen dissoziativen Störungen oft lückenhaften – Anamnese. Tests und Fragebogen wurden nach und nach eingeführt, etwa das Essener Trauma-Inventar (2014), das auch in unterschiedlichen Sprachen vorliegt, das IBS-KJ (2006) für Kinder und Jugendliche sowie die im Netz vorfindbaren SKPTBS (ein Screening-Instrumtent) und IKPTBS (ein diagnostisches Interview).

Für beide Narzissmusversionen – für die grandiose wie die vulnerable – findet sich in Craig Malkins Buch *Der Narzissten-Test* (2017a) auf S. 75 ff. ein brauchbarer Test. Malkin verweist zurecht darauf hin, dass wir alle mehr oder weniger narzisstisch sind – der Grund, weshalb die ICD-11 die Diagnose nicht weiter verwendet –, aber es graduelle Unterschiede geben kann – von vollkommen selbstlos bis zum gefährlichen Größenwahn. Meines Erachtens sollte das nach wie vor mit diagnostiziert werden, denn es könnte sowohl für die Prognose der Therapie bedeutsam sein als auch einen Hinweis darauf geben, weshalb bei der KlientIn etwa Beziehungen ständig schief gehen.

Meredith Miller, selbst Überlebende, die inzwischen eine große Gemeinde von Followern zum Thema Befreiung aus narzisstischen Partnerschaften coacht (s. ihr Buch *The Journey,* 2017), hat sich sehr gegen die Streichung der Diagnose Narzissmus aus der ICD-11 ausgesprochen. Sie hält sie für eine auch gesellschaftlich wichtige Diagnose. Das geht mir genauso, wie ich in diesem Buch verschiedentlich ausgeführt habe.

Wie wir als PsychotherapeutInnen Verhaltensänderungen unterstützen können

Im Verlauf der Behandlung geht es meist um konkrete Verhaltensänderungen, insbesondere bei Betroffenen, die noch mit narzisstischen Menschen verwickelt sind. In diesem Zusammenhang gefallen Meredith Millers praxisnahe, klare Hinweise an die Betroffenen, die wir als PsychotherapeutInnen nur unterstützen können. Auf ihrem Blog[15] schreibt sie beispielsweise darüber, wie man Grenzen gegenüber übergriffigen Menschen setzen kann. Ich fasse ihre Ratschläge in meinen Worten zusammen:

1. Sag nein. Wenn du höflich sein willst: Nein danke. Nein ist ein vollständiger Satz und benötigt keine Wiederholungen.
2. Wenn du Grenzen setzt, rechtfertige dich nicht. Übergriffige Menschen werden Erklärungen verlangen, deine Gründe für falsch, nutzlos und schädlich halten, dich in Widersprüche verwickeln wollen. Lass dich nicht täuschen und von deinem Vorhaben abbringen. Wenn der andere dich herumkriegen will, kehre zurück zu 1.
3. Reagiere nicht auf Druck. Sag einfach, dass du schon alles gesagt hast. Wenn du deine Argumente nennen oder wiederholen sollst – kehre zurück zu 1.
4. Die einzige Erklärung, die du geben kannst, ist die an dich selbst: Du hast das RECHT und die Selbstverantwortung, Grenzen zu setzen. Das ist weder egoistisch, noch muss sich dein Gegenüber deswegen irgendwie anders fühlen. Wenn wieder Erläuterungen verlangt werden – kehre zurück zu 1.
5. Wenn jetzt Anschuldigungen kommen, du habest einen so schlechten Charakter – du seist ja mies drauf, narzisstisch, TäterIn, hättest kein Mitgefühl etc. – ignoriere es. Wenn du Selbstzweifel hast, frag eine loyale Freundin, ansonsten bleib bei deiner Grenzsetzung. Und kehre zurück zu 1.

Was aus solchen Worten deutlich wird, ist die Notwendigkeit auch für PsychotherapeutInnen, Coaches und BeraterInnen, darauf zu achten, ob die Hilfesuchenden, die aus einer „toxischen Beziehung" herauskommen wollen, bereits Grenzverletzungen in ihrem Leben erfahren haben, vielleicht auch schon öfter. In dem (durchaus

15 ↗ https://www.innerintegration.com/blog/5-tips-for-setting-boundaries-with-toxic-people

häufigen) Fall ist es wichtig, eine gründliche Traumadiagnostik und einen Scan auf Bindungsstörung zu machen. Bei letzterem empfehle ich das Adult Attachment Interview, das man kostenlos herunterladen kann.[16]

Für die diagnostische Einordnung von Traumafolgestörungen hat der Schweizer Kollege Jan Gysi ein schönes Lehrbuch mit zahlreichen Hinweisen verfasst (2024, 3. Aufl.), das ich sehr empfehlen kann.

Wie gehen wir in der Therapie vor?

Meine Erfahrung ist, dass Menschen, die schon als Kinder narzisstischen Missbrauch erlebt haben, stets auch narzisstische Täterintrojekte in sich tragen. Diese können – wie mein obiges Beispiel zeigt – jederzeit hervorkommen und uns den Eindruck vermitteln, als sei die ganze Persönlichkeit durch und durch narzisstisch, also als habe sie eine grundlegende Störung, die man „Persönlichkeitsstörung" nennt. (Im DSM-5 ist die narzisstische Persönlichkeitsstörung noch beschrieben, s. Kapitel 4.) Dies zu prüfen – also das Ausmaß, in dem Narzissmus auch in die Alltagspersönlichkeit eingedrungen und nicht nur ein gelegentlicher Selbstzustand ist –, das halte ich in jeder Psychotherapie für wichtig.

Und je nachdem, wie sehr das Opfer bereits selbst narzisstische Züge in sich trägt, behandeln wir es auch entsprechend vorsichtig. In der Arbeit mit komplex traumatisierten Menschen erfahrene TherapeutInnen haben es da leichter, denn sie wissen, dass die Devise ist: Nicht konfrontieren! Sonst wird man angegriffen, entwertet oder der/die KlientIn ergreift anderweitig die Flucht. Wenn die narzisstische Thematik noch nicht genügend bearbeitet ist, kann das auch noch nach Jahren passieren.

Vulnerabel narzisstische KlientInnnen kommen meist mit dem bevorstehenden Ende der therapeutischen Beziehung und der damit verbundenen Trauer nicht gut zurecht – aufgrund ihres oft sehr zerbrechlichen Selbstwertgefühls. Wenn sie also spüren oder wissen, dass die Therapie bald zu Ende geht, werden sie noch einen Streit vom Zaun brechen oder auf andere Weise kontrollieren und selbst bestimmen wollen, dass es IHRE Entscheidung ist, den gemeinsamen Arbeitsprozess zu beenden, nicht die der TherapeutIn (oder der Krankenkasse).

Nur wenn die Neurotizismuswerte einer solchen KlientIn sich unter der Behandlung verbessert haben, hat sie eventuell auch die Möglichkeit, dankbar zu sein (siehe

16 ↗ https://www.psychotherapie-linnemann.de/wp-content/uploads/2016/07/fragenbogen_zum_aai_adult_attachment_interview_brisch_dt801009__2_.pdf

Fazit), sodass ein gutes Ende einer Therapie auch mit einer stärkeren narzisstischen Persönlichkeit möglich wird.

Der Verlauf der Therapie mit einem narzisstischen Menschen hängt also von folgenden Faktoren ab:

a. Wie früh hat die narzisstische Entwicklung begonnen?
b. Wie stark ist die Motivation des / der Betreffenden, die eigenen Beziehungsmuster zu durchleuchten und das Nützliche (sich für einen besonderen Menschen halten; andere dazu gewinnen können, etwas für einen selbst zu tun; etc.) vom Schädlichen, Beziehungszerstörenden und Deprimierenden zu trennen und sich selbst mit „echtem" Inhalt zu füllen – und zu begnügen?
c. Wie viel „Komorbidität" gibt es? Also welche weiteren akuten oder langfristigen Probleme im Außen (Schulden, Armut, kranke Angehörige, Bedrohungen für Leib und Leben, Mobbing und andere Probleme am Arbeitsplatz, Trennung und Scheidung, Unterhalts- und Sorgerechtsstreit etc.) und im Innen (körperliche Erkrankungen, seelische und geistige Beeinträchtigungen, weitere psychische Störungen …) gibt es?
d. Wie lange hat man für die Psychotherapie Zeit und wie viel Zeit hat man, an diesen Themen zu arbeiten, während der narzisstische Mensch sich möglicherweise unterwegs weiter mit anderen Menschen verheddert?
e. Gelingt es den KlientInnen, die Überheblichkeit loszulassen und stattdessen bescheiden, offen und dankbar das leben zu können, was „echt" ist?

Dabei wird eine Rolle spielen, wie impulsiv bzw. dissoziativ die narzisstische Problematik ausagiert wird, wie viel Krankheitsgewinn (Stichworte „Standing", „Identität" oder „Image") eventuell aufgegeben werden muss, und ob das narzisstische Agieren aus dem unbewussten in bewusstes und dann überprüftes und verändertes Verhalten übergehen kann.

Unterwegs wird der narzisstische Mensch viel Leid spüren über die innere Leere und all die loszulassenden Kompensationsmechanismen, die von Beziehungsausbeutung bis hin zum Suchtverhalten reichen. Wird sich nackt und bloß, beschämt und elend fühlen – und sich die falschen Kleider rasch wieder überstreifen wollen.

Kritisch ist das Thema „narzisstische Scham": In dem Augenblick, in dem die Maske des falschen Selbst fallengelassen wird, kann der Mensch das Gefühl haben, ins Bodenlose zu stürzen. Es wird furchtbar weh tun. Und man wird sich unendlich schämen. Vorsichtig dazu zu ermutigen, es kurz auszuhalten, sich so „nackt und bloß" zu fühlen, gehört zu den sorgsamen therapeutischen Interventionen. Der erfahrene Psychiater und Analytiker Hand-Joachim Maaz sagt dazu:

„Nur der Schmerz ist das Tor zu einem freieren Leben. Deshalb hat die Gefühlsarbeit – die Möglichkeit, frühe Gefühle zum Ausdruck zu bringen, etwa Wut über verletzende Behandlung, Schmerz über den Liebesmangel und Trauer über verhinderte und damit verlorene Lebensmöglichkeiten – einen zentralen Stellenwert in der Behandlung der narzisstischen Störung“ (2012, S. 177).

Bei dieser heiklen Arbeit wird es ein Hin und Her geben und ein Vor- und Zurückgehen – und die TherapeutIn wird als „Punching-Ball“ und Projektionsfläche viel aushalten müssen. Doch ich bin davon überzeugt: Bindungsorientierte tiefenpsychologische ebenso wie übend-verhaltenstherapeutische Arbeit mit Menschen, die narzisstische Persönlichkeitszüge entwickelt haben, lohnt sich, wenn die KlientIn wirklich bereit ist, sich einzulassen. Manche tun es erst, wenn sie so gut wie alle Beziehungen verloren haben und ahnen, dass es etwas mit ihnen selbst zu tun hat.

„Wozu?!“ – Das Ziel der Therapie

In der Therapie wird ein Thema wird im Vordergrund stehen: „Wozu?!“ Die Menschen, mit denen ich gearbeitet habe, sehnten sich nach Zugehörigkeit zu anderen. Sie glaubten, andere beeindrucken zu müssen. Sie selbst seien als kleines Licht ständig in Gefahr zu verlöschen. Nur das ständige Anfachen des inneren Lichts durch andere und deren konkrete Hilfe könne sie retten.

Und so stellte ich fest: Narzissten leiden nicht unter zu viel, sondern unter zu wenig echtem Selbstwertgefühl. Natürlich gibt es die Angeber, die sich nicht auf eine genaue Durchsicht ihrer inneren Welt einlassen wollen – die werden nicht lange in Therapie bleiben. Doch mit der heute weitaus größeren Gruppe, mit den vulnerablen unter ihnen, kann und sollte man arbeiten, wenn sie dazu bereit sind. Und dann könnte man mit ihnen zum Beispiel über Marianne Williamsons (1996) beeindruckendes Zitat sprechen (das gelegentlich fälschlicherweise Nelson Mandela zugeschrieben wird, weil es zu ihm gepasst hätte):

> „Unsere größte Angst ist nicht, dass wir unzulänglich sind. Unsere größte Angst ist, dass wir über alle Maßen mächtig sind. Es ist unser Licht, nicht unsere Dunkelheit, das uns am meisten Angst macht. Wir fragen uns: Wer bin ich schon, mich als brillant, großartig, talentiert und fabelhaft zu empfinden? – Wieso eigentlich nicht? … Wenn du dich klein machst, ist das nichts, was der Welt nützt oder Menschen in deiner Nähe davon abhält, sich unsicher zu fühlen. Wir alle sollten leuchten, genau wie Kinder.“

Sich zur realen eigenen Größe aufrichten, das könnte das Ziel sein. Dort wieder ansetzen, wo die Beschädigung geschah. Das Eigene realistisch sehen, es nicht so klein und verzweifelt und voller Angst zu lassen, wie es sich als Kind damals anfühlte – weil entweder die Eltern überzogenen Fantasien oder das Kind permanent entwertet hatten. Das könnte ein Weg sein, das innere Loch zu füllen. Innerlich zu der Person zu wachsen, mit allen Selbstzuständen und allen Stärken und Schwächen, die in einem stecken.

So vorzugehen kann am Ende ergeben, dass nicht die Schuhe zu groß waren, in die man sich stellte. Sondern dass die eigenen Füße und die möglichen positiven Fußabdrücke viel größer sind, als man dachte. Und das nenne ich das narzisstische Paradox: Man soll nicht kleiner werden, wenn man narzisstisch ist. Sondern die eigenen Fußstapfen, die man als Kind zu einem irrealen falschen Schuhabdruck vergrößert hat, gilt es zu verwandeln. Es gilt, zu der Größe heranzuwachsen, die möglich ist, wenn erwachsen gewordene Füße in passenden Schuhen Abdrücke hinterlassen. Zur eigenen Größe heranwachsen, statt sich mit Erdachtem aufzublasen und / oder die Hilfe für die großen Schritte mit Siebenmeilenstiefeln vom anderen Menschen zu erwarten. – Das könnte ein psychotherapeutisches Angebot sein, dass sowohl grandiosen wie vulnerablen Narzissten passt. Dabei wird der alte Kinderschmerz, der die Füße in den zu großen Schuhen hat verkrüppeln lassen, wieder auftauchen, und das ist gut so, denn das innere verzweifelte Kindergefühl in sich wirklich zu versorgen, statt ihm ein Größenselbst vorzuspielen, das wird Heilung bringen.

Vom Bindungstrauma zu genesen ist eine Reise, nicht ein Ziel. Man wird sich das Gewordensein anschauen, oft über Generationen hinweg. Wird die eigenen Automatismen, die sich längst in neuronalen inneren Schaltkreisen niedergelassen haben, umtrainieren müssen. Wird zurückschauen, die Gegenwart in den Blick nehmen, und den Wunsch nach Zugehörigkeit in der Zukunft überprüfen. Wird schauen, mit wem Gemeinschaft lebbar ist und was es dazu wirklich braucht. Vielleicht wird man unterwegs so etwas wie inneren Frieden finden – und den auch nach außen lebbar machen. Das könnte nicht nur den einzelnen Menschen helfen, sondern uns in unserer oberflächlich schrillen heutigen Hektik helfen, die Prioritäten zu setzen, die notwendig sind, unsere kleine Innenwelt und unsere Außenwelt zu behüten und ihnen sowie den nächsten Generationen eine liebevolle Zukunft zu schenken.

Fazit

Meine These in diesem Buch lautet: Die Verbreitung narzisstischer Persönlichkeitszüge ist ein transgenerationales Phänomen. Es gibt nicht einen Narzissmus, sondern mehrere Narzissmen, und diese werden überwiegend durch Bindungstrauma verursacht. Narzissmus in seinen unterschiedlichen Spielarten ist seinerseits potenziell traumatisierend in Partnerschaften und für die nächste Generation. Er verursacht destruktive Bindungsstrukturen und macht ganze Gesellschaften krank.

Zahlreiche Veröffentlichungen und Sozialstudien zeigen: In den letzten Jahrzehnten hat sich der Schwerpunkt narzisstischer Persönlichkeitszüge tendenziell verlagert – vom grandiosen Narzissmus lauter Angeberei auf den vulnerablen Narzissmus verängstigter Anspruchshaltung. Da der vulnerable Narzissmus im Vergleich zum grandiosen eine stärkere Psychopathologie darstellt (Miller et al. 2011, Zajenkowski & Szymaniak 2021), kann man folgendes vermuten: Es wurden in den letzten Generationen Bindungsstörungen produziert, die

- Kinder zu depressiv-verzweifelten Hilfesuchenden machen,
- schwerere psychische Beschädigungen lebenslang produzieren,
- bei sehr vielen nicht aufgehoben und bearbeitet werden, und dadurch
- schwerere, nämlich vulnerable Narzissmen hervorbringen.

Beide, die grandiose wie die vulnerable Form des Narzissmus mit all ihren Nebenerscheinungen, sind tendenziell geschlechtsspezifisch ausgeprägt. Sie wirken sich zerstörerisch auf Partnerschaften und das Sozialleben aus und „vererben" sich genetisch, epigenetisch und durch entsprechende Beziehungserfahrungen im Lauf des Lebens weiter; dabei nimmt die Zahl der Betroffenen stetig zu und das Phänomen verbreitet sich im Zuge der Globalisierung in alle Welt (inzwischen z.B. auch im asiatischen Raum) und vergiftet die soziale Atmosphäre. Denn beiden Formen des Narzissmus basieren auf Selbstunsicherheit bei gleichzeitiger Anspruchshaltung, von anderen versorgt zu werden. So ergibt sich für weite Teile der Bevölkerung eine Art Pseudo-Erwachsensein: Bei aller Selbstunsicherheit will man sich „irgendwie besser zu fühlen" als andere und erwartet gleichzeitig von anderen und „dem Staat", „der Welt" etc. Rettung und Unterstützung.

Die narzisstische Epidemie und wem sie nützt

In ihrem politischen Buch *Die Qualen des Narzissmus. Über freiwillige Unterwerfung* (2022) schreibt die Wiener Philosophin Isolde Charim über die narzisstische Gegenwartsgesellschaft: „Immer ist das Rettende nur erreichbar, indem man sich existenziell preisgibt. Existenziell bedeutet: Man wirft sich in seiner ganz konkreten Existenz, ganz einzeln … ohne Schutz … der Anerkennung zum Fraß vor." So kippt die Selbstsetzung in der modernen Narzissmus-Epidemie „in ein völliges Ausgeliefert-Sein … So mag die Selbstsetzung in all ihren Versionen eine Ermächtigung sein, die Befreiung vom Zwang … – zugleich aber mündet sie in einer völligen Selbstentäußerung … Eine Selbstsetzung, die der Anerkennung bedarf. Und eine Anerkennung, die nur ein Echo ist" (S. 210 f.). Womit wir wieder beim Urmythos angekommen wären und zu der Erkenntnis: Narziss und Echo sind zwei Seiten ein und derselben menschlichen Tragödie.

Die „narzisstische Epidemie", wie sie die amerikanische Psychologieprofessorin Jean Twenge und ihr Kollege W. Keith Campbell genannt haben (2010), ist Bestandteil einer Unmündigkeit und Unreife innerhalb von Gesellschaften, die man auch als transgenerational wirkende, traumabedingte Bindungsstörung beschreiben kann.

Möglicherweise wird diese verbreitete narzisstische Störung politisch und medial gefördert und ausgenutzt von jenen, denen solche Unreife ganz recht ist. Bei Kindern und Jugendlichen wird Selbstwert-Unsicherheit in Familien wie in Gemeinschaft am erfolgreichsten durch existenzielle Angstmache und Einschüchterung gefördert sowie durch eine immer weitere Einengung von Ausdrucks- und Protestmöglichkeiten. Eine Art schwarzer Pädagogik also, wie man eine grausam-autoritäre Erziehung seit den 1970er-Jahren nennt. Ihr Ziel war und ist es, eine einerseits vereinzelbare und andererseits besser kollektivierbare „Masse Mensch" zu erzeugen. Oder mit dem Narzissmus-Mythos beschrieben: Der Narzisst verachtet seine vielen Echos; seine Selbstbespiegelung wird für ihn zu einem verzweifelten Kampf um Identität, Bindung und Zugehörigkeit – und er kann dabei auf zerstörerische Weise alle unglücklich machen, auch sich selbst.

Schwarze Pädagogik

Der Soziologe Norbert Elias (1997) wies bereits 1939 in seinem Grundlagenwerk *Über den Prozess der Zivilisation* auf die Wechselwirkung hin: „Die ‚Umstände', die sich ändern, sind nichts, was gleichsam von ‚außen' an den Menschen herankommt; die ‚Umstände', die sich ändern, sind die Beziehungen zwischen den Menschen selbst."

In Deutschland handelt es sich um Menschen, die selbst – im Westen bis in die Studentenrevolte der späten 1960er- und 1970er-Jahre hinein, in der DDR bis 1989 – unter Erziehungsprinzipien litten, die den freien Willen zerstören und ihn durch den Willen zur Unterwerfung gegenüber dem Staat ersetzen wollten. Individuelle Erfahrungen des „Gebrochenseins" bei Kindern wurden durch seelische, körperliche, sexuelle Gewalt und Vernachlässigung in der Familie weitergegeben, und da, wo die Familien noch intakt und unterstützend waren, verrichteten staatliche Institutionen der (früh-)kindlichen Erziehung ihr grausames Werk.

Nun sollte man denken, die antiautoritäre Revolte der 68er und danach habe mit der autoritären, den Willen des Kindes brechen wollenden und es zum lenkbaren Untertanen erziehenden schwarzen Pädagogik aufgeräumt. In einem Beitrag im *Jahrbuch der Pädagogik* (2008) wies Armin Bernhard jedoch nach, dass dieses Aufräumen misslungen ist. Der Begriff „schwarze Pädagogik" stammt übrigens von der Soziologin Katharina Rutschky (1977), die u. a. aufgrund vieler Quellentexte die Ansicht vertrat, dass im Erziehungsmodell der schwarzen Pädagogik die unbewussten Konflikte der familiären und staatlichen Erzieher „eine Projektion aggressiver, sexueller und regressiver Wünsche" verwirklicht werden, „die im Umgang mit dem Kind wieder aktualisiert werden" (S. LXII). Und Bernhard (2008) kommentiert: „In der Erziehung wiederholt der Erzieher die Situation der durch die Anforderungen des Zivilisationsprozesses erzeugten Angst, nun allerdings aus einer günstigeren Ausgangslage heraus: Er kann jetzt selbst die Position des strafenden Über-Ich einnehmen in der illusionären Annahme, die eigenen Ängste durch ihre Weitergabe an die nachwachsende Generation bewältigen zu können" (S. 72). In seiner Gesamtbewertung der 68er und der Folgen kommt Bernhard zu dem Schluss:

„Die Auseinandersetzung mit der Schwarzen Pädagogik … blieb auch im Zusammenhang mit der antiautoritären Revolte ein Strohfeuer. Teile der Kritik wurden vom kapitalistischen System absorbiert und für eine wirtschaftlich funktionale Liberalisierung der Erziehung genutzt. Gleichwohl blieb das Problem des Autoritären bestehen, das sich in veränderten, subtileren und damit unangreifbareren Formen in der Gesellschaft Platz verschaffte. Was mit dem Begriff der Schwarzen Pädagogik im Alltagsbewusstsein assoziiert wurde, lebt in transformierter, subtilerer Form weiter, ohne dass diese als das identifiziert wurde, was sie ist: die massive Verleugnung und Unterdrückung kindlicher Entwicklungsbedürfnisse – auch nach 1968."

Mitten in der Coronakrise (2020 bis 2022) meldete sich Pädagogikprofessor Bernhard (2021) mit einem kritischen Statement: Die Krise habe erneut gezeigt, dass „sich am neoliberalen Modus der Umverteilung von unten nach oben nichts geändert" habe, „im Gegenteil: Während Internetkonzerne, Online-Logistikfirmen und Pharmaindustrie während der(Corona-)Krise mächtige Profite erwirtschaften, verschärfen sich soziale Ungleichheiten, soziale Verwerfungen und Armut, wird die „strukturelle Kindeswohlgefährdung“ ausgeweitet“ (S. 2).

Die nie wirklich überwundene Form von Pseudoliberalität der Spät-68er wurde in ein neues Libertinage-Modell überführt, das an dem Willen, die Regierten möglichst einheitlich in Form einer kritiklosen Gefolgschaft zu strukturieren, nicht nur nichts änderte, sondern ihn noch befördert. Ein politisches „Erziehungsmodell“ mit Angeboten von Libertinage einerseits (man kann sich z. B. das Geschlecht aussuchen, soll Drogen freier konsumieren können und die Grenzen sind offen für jeden) und einer strikten Meinungsüberwachung (s. Digital Services Act) und Kontrolle andererseits. Demonstranten, die für Grundgesetz und Rechtsstaatlichkeit, gegen zu hohe Steuerlast oder Bürokratie auf die Straße gehen (etwa die Bauernproteste im Frühjahr 2024) werden als Rechtsradikale oder gar „Nazis“ diffamiert, während die kritisierten Regierungen sich im Besitz der einzig richtigen Politik wähnen und die Menschen auffordern, mit ihnen demonstrierend „gegen rechts“ auf die Straße zu gehen. Statt die Spaltung zu überwinden, wird sie vertieft. Die angebliche Unvereinbarkeit („rechts!“) von Meinungen führt dazu, dass nur noch die herrschende Meinung als die richtige angesehen wird. Damit sind wir in der narzisstischen Gesellschaft verfangen.

Ein politisches Nanny-Verhalten, das der Bevölkerung auch die schwersten und unbeliebtesten gesundheitspolitischen wie ökonomischen Anordnungen erteilt, soll die erzeugte und medial geförderte Unmündigkeit zahlreicher Bürger trotz deren Ablehnung vieler Maßnahmen doch so bündeln, dass die gern auf Zuruf der Regierenden für diese und „gegen die anderen“ demonstrieren. Und es funktioniert, solange diese Bürger ihre Deformationen nicht erkennen und sich nicht von ihrem eigenen pubertären, vulnerablen Narzissmus – sowie von dem grandiosen ihrer politischen „Erziehungsberechtigten“ – befreien. Und selbst erwachsen werden.

Wie kann Veränderung gelingen?

Veränderung ist also einerseits eine Sache individueller Persönlichkeitsentwicklung. Andererseits ist sie in größerem Rahmen nur zu erwarten, wenn es immer mehr Menschen gelingt zu erkennen,

- dass sie weniger Existenzangst haben müssten, weil die Welt morgen eben nicht untergeht und sie nicht dauernd vom Tode bedroht sind, wie ihnen ggf. von ihren Bindungspersonen sowie politisch ständig eingeredet wird;
- dass sie nicht dauernd verunsichert sein müssen (schon als Kinder), ob sie sexuelle Wünsche hätten oder ihr Geschlecht wechseln sollten;

- dass sie Rechte haben, ihre Meinung offen zu sagen – und das Recht, sich gegen immer weiter einengende Maßnahmen zu wehren;
- dass sie unterwegs (wieder oder zum ersten Mal) lernen könnten, andere Meinungen zu respektieren und sich auf zivilisierte Weise damit auseinanderzusetzen;
- dass sie zwar immer etwas Besonderes sind, aber nicht erwarten können, dafür dauernd von anderen ökonomisch und anderweitig versorgend „gepampert" zu werden;
- dass sie neben individuellen, unveräußerlichen Rechten auch Verpflichtungen haben, etwa sich zu erproben, Fehler zu machen, Lebenserfahrungen zu sammeln, sich weiter zu entfalten und das Bestmögliche aus sich herauszuholen – für sich und ihre Liebsten und für die Gemeinschaft;
- dass Mitgefühl und neidloses Anerkennen der Besonderheiten anderer durchaus vereinbar ist mit eigenem Selbstwertgefühl und der Lust auf den Wettbewerb der besten Ideen;
- dass Liebe wichtiger ist als Hass und Frieden wichtiger ist als Krieg, und dass beides viel wichtiger ist als abstrakte Ideologien und aufhetzende Propaganda (besonders bedeutsam in Zeiten, in denen man angeblich „wieder kriegstüchtig" werden soll);
- dass Unterwerfung unter eine höhere Macht auf Dauer nur unglücklich macht;
- dass man auf die eigene Intuition vertrauen darf, und wenn alle in eine Richtung laufen, dass man ein Recht darauf hat, in eine andere zu gehen;
- dass individuelle Leistung und Widerspruchsgeist auf der einen, liebevolles Verständnis und Gemeinsinn auf der anderen Seite bei Klein und Groß gefördert werden sollten;
- dass Demokratie und das Leben individuell und in Gemeinschaft zwar anstrengend sind, auch nicht frei von Fehlern, aber die beste Form, die der Mensch bislang gefunden hat.

Denn das genau ist entscheidend, damit auch die nächste Generation sowohl (wieder) in familiär gesunden Strukturen wie in einer starken Gemeinschaft freier Bürger (nichts anderes bedeutet der Begriff Republik) leben und Zukunft gestalten kann. Das ist der beste Schutz vor der Unterwerfung unter malignem Narzissmus anderer, sowohl im Privat- wie im Berufs- und im sozialen wie politischen Leben. Statt existenzieller Not, angstgetriebenem Aktionismus oder gelähmtem Verzweifeltsein könnte auch etwas Weiteres dazu beitragen, ins Wohlgefühl eines eigenständigen Selbstbewusstseins zu kommen: Die Fähigkeit, Dankbarkeit zu empfinden (Portocarrero et al. 2020). Diese Fähigkeit habe ich in vielen Menschen wachsen sehen, die vorher selbstbezogen gelebt haben und von anderen ihr Heil erwarteten. Kann man dankbar sein in einer so unsicheren und beängstigenden Welt? Der amerikanische

Psychologe Jordan Peterson hat viele kluge Gedanken in seinen Büchern und Vorträgen dazu zusammengetragen. Hier ein Zitat:

„Ich glaube nicht, dass man angemessen dankbar für das Gute, das man hat, und für das Böse, von dem man verschont blieb, sein kann, solange man nicht zutiefst, ja sogar beängstigend die ganze Bürde der Existenz empfunden hat. Man kann das, was man hat, nicht wirklich wertschätzen, solange man keinen Sinn dafür hat, nicht nur wie schrecklich die Lage sein könnte, sondern auch dafür, wie schrecklich sie höchstwahrscheinlich wird in Anbetracht dessen, wie leicht sie sich entsprechend ändern kann“ (2021, S. 365).

Da Dankbarkeit als einer der größten Wirkfaktoren dafür angesehen wird, ob jemand sich seelisch gesund fühlt, wäre allein das Einüben von herzlicher Zugewandtheit und aufrichtig empfundener Dankbarkeit bereits eine gute Voraussetzung dafür, sich auch in unsicheren Zeiten wohlzufühlen. Wer dagegen – wie es beim Narzissmus leider der Fall ist – dauernd das Gefühl hat, dass man erst einmal etwas zu „kriegen“ hat, bevor man etwas geben kann, der hindert sich an der Entwicklung eines Wesenszugs, der genau dazu geeignet wäre, aus der Misere herauszuführen. Erst etwas geben, ohne zu erwarten. Erst dankbar sein, ohne zu fordern. „Frage nicht, was dein Land für dich tun soll, sondern was du für dein Land tun kannst“, so formulierte es einst US-Präsident John F. Kennedy. Wenn wir Kindern, Jugendlichen und unseren Teammitgliedern, unseren Behörden und unseren Politikern wieder solche Fähigkeiten nahebringen – und sie selbst beherzigen –, machen wir die Welt zu einem besseren Ort. Wer dankbar sein kann für das, was trotz vieler Probleme aus der Vergangenheit heute an Lebendigkeit, Freude und Energie lebbar ist, hat auch die Kraft zur Veränderung – dort, wo sie nötig gebraucht wird.

Literatur

ACKERMAN, R. A et al. (2017): Experts' views regarding the conceptualization of narcissism. *Journal of Personality Disorders,* 31 (3), S. 346–361.

AFIFI, T. O et al. (2011): Childhood adversity and personality disorders: results from a nationally representative population-based study. *Psychiatric Research,* 45 (6), S. 814–822, doi: 10.1016/j.jpsychires.2010.11.008.

ALTHER, L. (1991): *Schlechter als morgen, besser als gestern.* Reinbeck: Rowohlt.

AKHTAR, S. (1989): Narcissistic personality disorder: Descriptive features and differential diagnosis. *Psychiatric Clinics,* 12 (3), S. 505-529.

ALGESHEIMER, R., DHOLAKIA, U. M & HERRMANN, A. (2005). The social influence of brand community: Evidence from European car clubs. *Journal of marketing,* 69 (3), S. 19–34.

AMERICAN PSYCHIATRIC ASSOCIATION (ab 1980): Diagnostic and statistical manual of mental disorders III, IV-IV-R und 5. Washington, DC.

AMERICAN PSYCHIATRIC ASSOCIATION (APA) (2013): DSM-5. Washington, DC.

ANDERSON, K. G et al. (2001): Pathology versus statistical infrequency: Potential sources of gender bias in personality disorder criteria. *The Journal of Nervous and Mental Disease,* 189 (10), S. 661–668.

APPEL, H., CRUSIUS, J. & GERLACH, A. L (2015). Social comparison, envy, and depression on Facebook: A study looking at the effects of high comparison standards on depressed individuals. *Journal of Social and Clinical Psychology,* 34 (4), S. 277–289.

ASPER, K. (1987): *Verlassenheit und Selbstentfremdung.* München: dtv.

BACK, M. D (2018): *The narcissistic admiration and rivalry concept.* In: A. D Hermann, A. B Brunell & J. D Foster (Hrsg.): Handbook of trait narcissism: Keyadvances, researchmethods, and controversies (S. 57–67). NY: Springer. ↗ https://doi.org/10.1007/978-3-319-92171-6_6.

BACK, M. D, KUFNER, A. CP., DUFNER, M., GERLACH, T. M, RAUTHMANN, J. F & DENISSEN, J. J A. (2013): Narcissistic admiration and rivalry: Disentangling the bright and dark sides of narcissism. *Journal of Personality and Social Psychology,* 105 (6), S. 1013–1037. ↗ https://doi.org/10.1037/a0034431.

BALINT, M. (1960): Primärer Narzissmus und primäre Liebe. *Jahrbuch der Psychoanalyse,* Band 1, S. 3–34.

BARON, C. (2021): Ein Mann seiner Klasse. Berlin: Ullstein.

BATTAN, C. (2019): The rise of the "getting real" post on Instagram. ↗ https://www.newyorker.com/culture/culture-desk/the-rise-of-the-getting-real-post-on-instagram.

BAUM, V. (2020): Vor Rehen wird gewarnt. Zürich: Arche.

BAUMEISTER, R. F & LEARY, M. R (1995): The need to belong: Desire for interpersonal attachments as a fundamental human motivation. *Psychological Bulletin,* 117, S. 497–529.

BEHNKE A. et al. (2020): Childhood maltreatment compromises resilience against occupational trauma exposure. *Child Abuse & Neglect,* 99, S. 1042–1048.

BELDAD, A., DE JONG, M. & STEEHOUDER, M. (2010). How shall I trust the faceless and the intangible? A literature review on the antecedents of online trust. *Computers in Human Behavior,* 26 (5), S. 857–869.

BENJAMIN, J. (2020): *Die Fesseln der Liebe,* Frankfurt/M: Vittorio Klostermann (Original 1993).

Berens, A. E et al. (2017): Biological embedding of childhood adversity: From physiological mechanisms to clinical implications. *BMC Medicine*, 15 (1), S. 135.

Bergholz, L. M et al. (2017): DNA damage in lymphocytes of patients suffering from complex traumatization. *DNA Repair*, 52, S. 103–109.

Bernhard, A. (2008): Die Permanenz der Schwarzen Pädagogik und das Prinzip des Antiautoritären in der Erziehung *Jahrbuch für Pädagogik* (1), S. 71–90.

Bernhard, A. (2021): Vergessene Dimensionen der (linken) Bildungspolitik in der Corona-Gesellschaftskrise. *bildungspolitik.blog.rosalux.*, 4. März, ↗ https://bildungspolitik.blog.rosalux.de/2021/03/04/vergessene-dimensionen-der-linken-bildungspolitik-in-der-corona-gesellschaftskrise/.

Binet, A. (1867 / 2011): *Le fétichisme dans l'amour.* Paris: Payot (Nachdruck 2011).

Blinkhorn, V. et al. (2019): Criminal minds: Narcissism predicts offending behavior in a Non-Forensic sample. *Deviant Behavior*, 40 (3), S. 353–360.

Boeck, C. et al. (2016): Inflammation in adult women with a history of child maltreatment: The involvement of mitochondrial alterations and ocidative stress. *Mitrochondrion*, 30, S. 197–207.

Bolz, N. (2023): *Der alte weiße Mann.* München: Langen-Müller.

Borowiak, Y. (2023): *Muss Liebe wehtun? Warum du bleibst, obwohl du leidest. Das Geheimnis toxischer Beziehungen und Narzissmus.* Aichach: Fabelhaft.

Bowers, M. E & Yehuda, R. (2015): Intergenerational transmission of stress in humans. *Neuropsychopharmacology*, 41, S. 232–244.

Brandt, A. (2021): 7 signs complex trauma is impairing your relationship. *Psychology Today,* 1. Sept., ↗ https://www.psychologytoday.com/intl/blog/mindful-anger/202109/7-signs-complex-trauma-is-impairing-your-relationship.

Bright, M. L (2022): *Narzissmus in Beziehungen.* Independent Publishing.

Brisch, K. H (2012): *Bindung und Trauma: Risiken und Schutzfaktoren für die Entwicklung von Kindern.* Stuttgart: Klett-Cotta.

Brown, L. (2019): *Healing from hidden abuse.* Garden City, NY: Morgan James.

Brown, R. P; Budzek, K. & Tamborski, M. (2009): On the meaning and measure of narcissism. *Personality and Social Psychology Bulletin*, 35 (7), S. 951–964. ↗ https://doi.org/10.1177/0146167209335461.

Brummelman, E. et al. (2015): Origins of narcissism in children. *Proceedings of the National Academy of Sciences*, 112 (12), S. 3659–3662.

Brummelman, E.; Nikolić, M.; Nevicka, B. & Bögels, S. M (2022): Early physiological indicators of narcissism and self-esteem in children. *Psychophysiology*, 59, e14082. ↗ https://doi.org/10.1111/psyp.14082.

Buffardi, L. E & Campbell, W. K (2008): Narcissism and social networking web sites. *Personality and Social Psychology Bulletin*, 34 (10), S. 1303–1314. ↗ https://doi.org/10.1177/0146167208320061.

Bushman, B. J & Baumeister, R. F (1998): Threatened egotism, narcissism, self-esteem, and direct and displaced aggression: Does self-love or self-hate lead to violence? *Journal of Personality and Social Psychology*, 75, S. 219–229.

Brunst, K. J et al. (2021): Maternal lifetime stress and prenatal psychological functioning and decreased placental mitochondrial DANN copy number in the PRISM Study. *American Journal of Epidemiology*, 186 (11), S. 1227–1236.

Cai, H.; Kwan, V.S Y. & Sedikides, C. (2012): A sociocultural approach to narcissism: The case of modern China. *European Journal of Personality*, 26 (5), S. 529–535. ↗ https://doi.org/10.1002/Per.852.

Cai, H.; Shi, Y.; Fang, X. & Luo, Y.L L. (2015): Narcissism predicts impulsive buying: Phenotypic and genetic evidence. *Frontiers in Psychology*, 6, S. 881. ↗ https://doi.org/10.3389/fpsyg.2015.00881.

Caligor et al. (2015): Narcissistic personality disorder diagnostic and clinical challenges. *American Journal of Psychiatry,* 172 (5), S. 415–422.

Campbell, C. & Farrell, J. R (2020): More than meets the eye: The functional components underlying influencer marketing. *Business Horizons*, 63 (4), S. 469–479.

Campbell, J.; Schermer, J. A; Villani, V. C; Nguyen, B.; Vickers, L. & Vernon, P. A (2009): A behavioral genetic study of the dark triad of personality and moral development. *Twin Research and Human Genetics,* 12 (2), S. 132–136.

Campbell, W. K et al. (2000): Narcissism and comparative self-enhancement strategies. *Journal of Research in Personality,* 34, S. 329–347.

Campbell, W. K et al. (2002): Does self-love lead to love for others? *Journal of Personality and Social Psychology,* 83 (2), S. 340–354.

Campbell, W. K et al. (2011): *Narcissism, interpersonal self-regulation, and romantic relationships.* In: W. K Campbell & J. D Miller (Hrsg): The Handbook of Narcissism and Narcissistic Personality Disorder, S. 420–435. Hoboken: John Wiley & Sons.

Carly Simon lüftet Geheimnis ihres Hits „You're so vain". *Weser Kurier,* 19. 11. 2015, ↗ https://www.weser-kurier.de/kultur/musik/carly-simon-lueftet-geheimnis-ihres-hits-you-re-so-vain-doc7e4gmhbgi4m1iktcf3r0?reloc_action=artikel&reloc_label=/kultur/musik/carly-simon-lueftet-geheimnis-ihres-hits-you-re-so-vain-doc7e4gmhbgi4m1iktcf3r0-amp.html.

Cater, T. E; Zeigler-Hill, V. & Vonk, J. (2011): Narcissism and recollections of early life experiences. *Personality and Individual Differences*, 51, S. 935–939.

Chae, J. (2018): Explaining females' envy toward social media influencers. *Media Psychology*, 21 (2), S. 246–262. ↗ https://doi.org/10.1080/15213269.2017.1328312.

Chae, J. (2021): YouTube makeup tutorials reinforce postfeminist beliefs through social comparison. *Media Psychology*, 24 (2), S. 167–189.

Chalandon, S. (2017): *Mein fremder Vater.* München: dtv.

Chalandon, S. (2022): *Verräterkind.* München: dtv.

Charim, I. (2022): D*ie Qualen des Narzissmus. Über freiwillige Unterwerfung.* Wien: Zsolnay.

Chen, E. et al. (2016): Association of reports of childhood abuse and all-cause mortality rates in women. *JAMA Psychiatry*, 73 (9), S. 920–927.

Christie, R. & Geis, F. L (1970): *Studies in Machiavellianism.* New York: Academic Press.

Cicero online (2024): „Das linke Mindset macht Menschen traurig und passiv." Interview mit Florian Becker, 7. Februar. ↗ https://www.cicero.de/kultur/politik-der-depression-opfer-narrativ.

Clark, A. (2023): *Toxische Beziehungen & Narzissmus.* Amazon Printing.

Cleckley, H. (1955): The mask of sanity: An attempt to clarify some issues about the so-called psychopathic personality. Oxford: Mosby. ↗ https://doi.org/10.1037/11395-000.

Clemens, V.; Fegert, J. M & Allroggen, M. (2022): Adverse childhood experiences and grandiose narcissism – Findings from a population-representative sample. *Child Abuse & Neglect,* 127. ↗ https://doi.org/10.1016/j.chiabu.2022.105545.

Coelho, R. et al. (2014): Childhood maltreatment and inflammatory markers: A systematic review. *Acta Psychiatrica Scandinavica,*129 (3), S. 180–192.

Cohen, L. J et al. (2014): Are there differential relationships between different types of childhood maltreatment and different types of adult personality pathology? *Psychiatry Research*, 215 (1), S. 192–201.

Coleridge, E. H (1822): The Letters of Samuel Taylor Coleridge Vol. 1, zusammengestellt 2023. Norderstedt: Hanse.

Cong, X. et al. (2016): Gut microbiome developmental patterns in early life of preterm infants: Impacts of feeding and gender. *Plus One*, 25. April. DOI:10.1371/journal.pone.0152751.

Coolidge, F. L et al. (2004): Are personality disorders psychological manifestations of executive function deficits? Bivariate heritability evidence from a twin study. *Behavior Genetics*, 34, S. 75–84.

Corry, N. et al. (2008): The factor structure of the narcissistic personality inventory. *Journal of Personality Assessment*, 90 (6), S. 593–600.

Cowan, C. SM. et al. (2019): Early-life stress, microbiota, and brain development. *Developmental Cognitiv Neuroscience*, 39, ↗ https://doi.org/10.1016/j.dcn.2019.100627.

Cramer, P. (2011): Narcissism through the ages: What happens when narcissists grow older? *Journal of Research in Personality*, 45, S. 479–492. ↗ https://doi.org/10.1016/j.jrp.2011.06.003.

Cramer, P. (2015): Adolescent parenting, identification, and maladaptive narcissism. *Psychoanalytic Psychology*, 81 (2), S. 322–331.

Csef, H. (2015): Leben wir in einer narzisstischen Gesellschaft? *IZPP*, 2, S. 1–9.

Csef, H. (2016): Pathologischer Narzissmus und Destruktivität. Gewaltexzesse in der Gegenwart. *Nervenheilkunde*, 35, S. 858–863.

Danese, A. & McEwen, B. S (2012): Adverse childhood experiences, allostasis, allostatic load, and age-related disease. *Physiology & Behavior*, 106 (1), S. 29–39.

Danese, A. et al. (2007): Childhood maltreatment predicts adult inflammation in a life-course study. *Proceedings of the National Academy of Sciences*, 104 (4), S. 1319–1324.

David, J. (1990): Leben aus zweiter Hand, Frankfurt/M.: Fischer.

Degges-White, S. (2023): How do I manage narcissistic parents as they age? *Psychology today online*, 20. September. ↗ https://www.psychologytoday.com/intl/blog/lifetime-connections/202309/how-do-i-manage-narcissistic-parents-as-they-age.

Del Rosario, P. M & White, R. M (2005): The Narcissistic Personality Inventory: Test-retest stability and internal consistency. *Personality and Individual Differences*, 39, S. 1075–1081.

Deng, F.; Ding, L. & Liao, C. C (2021): An overview of narcissistic personality disorder. *Advances in Social Science, Education and Humanities Research*, 615, S. 1605–1610.

Deutsch, H. (1934): Über einen Typus der Pseudoaffektivität („Als ob"). *Internationale Zeitschrift für Psychoanalyse* 20, S. 323–335.

Deutsch, H. (2000): Psychologie der Frau. Magdeburg: Klotz (Originalausgabe: 1944/45).

DeYoung, C. et al. (2007): Between facets and domains: 10 aspects of the Big Five. *Journal of Personality and Social Psychology*, 93, S. 880–896.

DeYoung, C. et al. (2012): From madness to genius: The openness/intellect trait domain as a paradoxical simplex. *Journal of Research in Personality*, 46, S. 63–78.

Diamond, D. et al. (2014): The validity of psychodynamic treatments for narcissistic personality disorder. *American Journal of Psychiatry*, 171 (1), S. 747–748.

Diller, V. (2015): Social media: A narcissist's virtual playground. *The Huffington Post*, ↗ http://www.huffingtonpost.com/vivian-diller-phd/social-media-a-narcissist_b_6916010.html.

Dimaggio, G. (2012): Narcissistic personality disorder: Rethinking what we know. *Psychiatric Times*, 29 (7), S. 17–25.

Djafarova, E. & Trofimenko, O. (2019): 'Instafamous' –credibility and self-presentation of micro-celebrities on social media. *Information, Communication & Society*, 22 (10), S. 1432–1446.

Doering, S. et al. (2021): *Narzissmus: Grundlagen – Störungsbilder – Therapie.* Stuttgart: Schattauer.

Dorian, A. (2022): Manipulationstechniken. Amazon printing.

Downey, C. & Crummy, A. (2022): The impact of childhood trauma on children's wellbeing and adult behavior. *European Journal of Trauma & Dissociation*, 6, (1). ↗ https://doi.org/10.1016/j.ejtd.2021.100237.

Dufner, M. et al. (2012): Positive intelligence illusions: On the relation between intellectual self-enhancement and psychological adjustment. *Journal of Personality,* 80, S. 537–571.

Duval, A.; Lanning, B. A & Patterson, M. S (2018): A systematic review of dating violence risk factors among undergraduate college students. *Trauma, Violence, and Abuse.* DOI: 10.1177/152483801878220.

Edelstein, R. S et al. (2010): Narcissism predicts heightened cortisol reactivity to a psychosocial stressor in men. *Journal of Research in Personality,* 44 (5), S. 565–572.

Edelstein, R. S; Newton, N. J & Stewart, A. J (2012): Narcissism in midlife: Longitudinal changes in and correlates of women's narcissistic personality traits. *Journal of Personality*, 80, S. 1179–1204. ↗ https://doi.org/10.1111/j.1467-6494.2011.00755.

Elias, N. (1997): Über den Prozess der Zivilisation 2: Wandlungen der Gesellschaft. Entwurf zu einer Theorie der Zivilisation. Frankfurt/M.: Suhrkamp.

Ellis, H. (1898): Auto-Eroticism: A Psychological Study. *Alienist and Neurologist*, 19, S. 260–299.

Ellison, W. D et al. (2013): The impact of pathological narcissism on psychotherapy utilization, initial symptom severity, and early-treatment symptom change: A naturalistic investigation. *Journal of Personality Assessment,* 95 (3), S. 291–300.

Ensink, K. et al. (2018): Pathological narcissism in adolescents: Relationships with childhood maltreatment and internalizing and externalizing difficulties. *Adolescent Psychiatry*, 08 (4). DOI:10.2174/2210676608666180119165731.

Entringer, S. et al. (2015): Prenatal stress, development, health and disease risk: A psychobiological perspective. *Psychoneuroendocrinology*, 62, S. 366–375.

Euler, S. et al. (2018): Grandiose and vulnerable narcissism in borderline personality disorder. *Psychopathology*, 51 (2), S. 110–121.

Falkai, P. & Wittchen, H.-U. (Hrsg.) (2018): Diagnostisches und statistisches Manual psychischer Störungen. DSM-5. Göttingen: Hogrefe.

Felitti, V. J et al. (1998): Relationship of childhood abuse and household dysfunction to many of the leading causes of death in adults: The Adverse Childhood Experiences (ACE) Study. *American Journal of Preventive Medicine,* 14 (4), S. 245–258.

Ferrajão, P. C & Elklit, A. (2020): The contributions of different types of trauma and world assumptions to predicting psychological distress. *Traumatology*, 26 (1), S. 137–146. ↗ https://doi.org/10.1037/trm0000208.

Festinger, L. (1954): A theory of social comparison processes. *Human Relations*, 7 (2), S. 117–140.

Ferenczi, S. (1913): Entwicklungsstufen des Realitätssinnes. *Imago*, 2, S. 124–139.

Ferenczi, S. (2019): *Versuch einer Genitaltheorie.* Inktank (Original 1924).

Fjelstad, J. (2013): *Stap caretaking the borderline or narcissist: How to end the drama and get on with life.* Lanham: Rowman & Littlefield.

Ford, J. D (2021): Transforming critical moments into turning points (S. 217–245). Washington, DC: American Psychological Association.
Ford, J. D (2023): Why we need a developmentally appropriate trauma diagnosis for children: a 10-year update on developmental trauma disorder. *Journ Child Adol Trauma* 16, S. 403–418. ↗ https://doi.org/10.1007/s40653-021-00415-4.
Ford, R. (2023): *Valentinstag.* Berlin: Hanser.
Forster, M. (1997): *Es sind die Töchter, die gefressen werden.* Berlin: Ullstein.
Foster, C. (2020): *Narzisstische Mütter. Wie man mit narzisstischen Elternteilen umgeht und sich von der KPTBS erholt.* Independently published.
Foster, J. D et al. (2003): Individual differences in narcissism: Inflated self-views across the lifespan and around the world. *Journal of Research in Personality*, 37 (6), S. 469–486.
Fourest, C. (2020): *Generation Beleidigt.* Berlin: Tiamat.
Frank, C. & Weiss, H. (2017): *Projektive Identifizierung.* Stuttgart: Klett-Cotta.
Frank, M. (2019): 25 signs of a covert passive-aggressive narcissist. Interview mit Debbie Mirza. ↗ https://lifelessons.co/personal-development/covertpassiveaggressivenarcissist/
Frank, N. (2014): *Der Vater: Eine Abrechnung.* Eigenverlag Brigitte Frank, unsel. Erben.
Franklin, R. (2023): *Hemingways Kind.* Zürich: Kein & Aber.
Freud, S. (1914). Zur Einführung des Narzißmus. *Internationale Zeitschrift für ärztliche Psychoanalyse*, 4 (4), S. 314–324.
Freud, S. (2020): *Zur Einführung des Narzissmus.* Inktank (Originalausgabe 2014).
Frodermann, C. et al. (2020): Wie Corona den Arbeitsalltag verändert hat. *IAB Kurzbericht*, 13, S. 1–11.
Fromm, E. (1993): *Die Furcht vor der Freiheit* (Original 1941). München: dtv.
Gabbard, G. O (2018): *Psychodynamic psychiatry in clinical practice.* Washington, D. C: American Psychiatric Publishing.
Gaenssle, S. & Budzinski, O. (2021): Stars in social media: new light through old windows? *Journal of Media Business Studies*, 18 (2), S. 79–105, DOI: 10.1080/16522354.2020.1738694.
Gebauer, J. E; Sedikides, C.; Verplanken, B. & Maio, G. R (2012): Communal narcissism. *Journal of Personality and Social Psychology*, 103 (5), S. 854–878. ↗ https://doi.org/10.1037/A0029629.
Gibb, B. E; Alloy, L. B; Abramson, L. Y et al. (2001): History of childhood maltreatment, negative cognitive styles, and episodes of depression in adulthood. *Cognitive Therapy and Research* 25, S. 425–446. ↗ https://doi.org/10.1023/A:1005586519986.
Gimbrone, C. et al. (2022): The politics of depression: Diverging trends in internalizing symptoms among US adolescents by political beliefs. *SSM Mental Health.* DOI: 10.1016/j.ssmmh.2021.100043.
Girgis, A. (2006): Violence from self-love: narcissism and aggression in the face of ego threat. Psychology Honors Thesis. ↗ https://digitalcommons.trinity.edu/cgi/viewcontent.cgi?article=1002&context=psych_honors.
Goddemeier, C. (2017): Isidor Sadger: Erinnerungen an Sigmund Freud. *Ärzteblatt*, PP 16, September, S. 450.
Gore, W. L & Widiget, T. A (2016): Fluctuation between grandiose and vulnerable narcissism. *Personality Disorders*, 7 (4), S. 363–371.
Gormley, B. & Lopez, F. G (2010): Correlates of psychological abuse perpetration in college dating relationships. *Journal of College Counseling*, 13 (1), S. 4–16.

GREEN, A.; MACLEAN, R. & CHARLES, K. (2019): Perceptions of female narcissism in intimate partner violence: A thematic analysis. *Qualitative Methods in Psychology Bulletin,* 28, S. 13–27.

GREEN, A. et al. (2019): Voicing the victims of narcissistic partners: A qualitative analysis of responses to narcissistic injury and self-esteem regulation. *Sage Open*, 9 (2).

GREEN, A., et al. (2020): Unmasking gender differences in narcissism within intimate partner violence. *Personality and Individual Differences,* 167, 110247.

GREEN, A.; MACLEAN, R. & CHARLES, K. (2022): Female narcissism: Assessment, aetiology, and behavioural manifestations. *Psychological Reports,* 125 (6), S. 2833–2864.

GREEN, E. (2020): *Vorsicht vor Gaslighting. Der gefährlichste Gehirnwäschetrick der Narzissten und anderer Manipulatoren.* Amazon Printing.

GREENBERG, E. (2021): *Borderline und Narzissmus. Wie Menschen nach Liebe und Bewunderung streben.* München: Kösel.

GRIJALVA, E. et al. (2015): Gender differences in narcissism: A meta-analytic review. *Psychological Bulletin,* 141 (2), S. 261–310.

GUILLIAMS, T. G & EDWARDS, L. (2010): Chronic stress and the HPA axis: Clinical assessment and therapeutic consideration. *The Standard*, 9 (2), S. 1–12.

GUNDERSON, J. G & RONNINGSTAM, E. (2001): Differentiating narcissistic and antisocial personality disorders. *Journal of Personality Disorders,* 15 (2), S. 103–109.

GYSI, J. (2024): *Diagnostik von Traumafolgestörungen.* Multiaxiales Trauma-Dissoziationsmodell nach ICD-11. Bern: Hogrefe, 3. Aufl.

HÄRTEL, T. M et al. (2023): Pathways From Narcissism to Leadership Emergence in Social Groups. *European Journal of Personality*, 37 (1), S. 72–94.

HAGEMEYER, P. (2022): *Die perfiden Spiele der Narzissten.* Hamburg: Eden Books.

HALPERN, D.; VALENZUELA, S., & KATZ, J. E (2016): "Selfie-ists" or "Narci-selfiers"? A cross-lagged panel analysis of selfie taking and narcissism. *Personality and Individual Differences,* 97, S. 98–101. ↗ https://doi.org/10.1016/j.paid.2016.03.019.

HANSEN, S. J et al. (2019): Mental health professionals' perceived clinical 225 utility of the ICD-10 va. ICD-11 classification of personality disorders. *Personality and Mental Health,* 13 (2), S. 84–95.

HANTSOO, L. et al. (2020): Childhood adversity impact on gut microbiota and inflammatory response to stress during pregnancy. *Brain, Behavior and Immunity*, 75, S. 240–250.

HARE, R. D (1991): *The Hare Psychopathy Checklist-Revised (PCL-R).* New York: Multi-Health Systems.

VAN DER HART, O. et al. (2008): *Das verfolgte Selbst.* Paderborn: Junfermann.

HARTMANN, H. (2021): *Ego Psychology and the Problem of Adaptation.* Hassell Street Press.

HAUSER, N. C; HERPERTZ, S. C & HABERMEYER, E. (2021): Das überarbeitete Konzept der Persönlichkeitsstörungen nach ICD-11: Neuerungen und mögliche Konsequenzen für die forensisch-psychiatrische Tätigkeit. *Forens Psychiatr Psychol Kriminol,* 15, S. 30–38.

HEIN, C. (2017): *Glückskind mit Vater.* Frankfurt/M.: Suhrkamp.

HENDRICKS, A. C & BRIGHT, L. F (2023): Influencer trends shift: The psychological predictors of influencer engagement on Instagram. *The Journal of Social Media in Society,*12 (1), S. 155–180.

HESSE, H. (2023): *„Mein lieber Brüdi!“* Berlin: Suhrkamp.

HILL, A.; HABERMEYER, E. & BRIKEN, P. (2023): *Süchtiges und zwanghaftes Sexualverhalten.* Stuttgart: Kohlhammer.

Hill, P. L. & Roberts. B. W (2011): *Examining ‚developmental me': A review of narcissism as a life span construct.* In: W. K Campbbell & J. D Miller (Hrsg.): The handbook of narcissism and narcissistic personality disorder: Theoretical approaches, empirical findings, and treatments, Hoboken: Wiley, S. 191–201.

Hitzler, M. et al. (2019): Biomolekulare Vulnerabilitätsfaktoren psychischer Erkrankungen: Einfluss von chronischem und traumatischem Stress auf Immunsystem, freie Radikale und Mitochondrien. *Psychotherapeut*, 64 (4), S. 329–348.

Hogue, J. V & Mills, J. S (2019): The effects of active social media engagement with peers on body image in young women. *Body Image*, 28, S. 1–5. ↗ https://doi.org/10.1016/j.bodyim.2018.11.002.

Hollander, D. & Kaunitz, J.D, (2020): The "leaky gut": Tight junctions but loose associations? *Dig Dis Sci* 65, S. 1277–1287. ↗ https://doi.org/10.1007/s10620-019-05777-2.

Holtzman, N. S & Strube, M. J (2012): *The intertwined evolution of narcissism and short-term mating: An emerging hypothesis.* In: W. K Campbell & J. D Miller, a.a.O., S. 210–220.

Holtzman, N. S & Donnellan, M. B (2015): *The Roots of Narcissus: Old and New Models of the Evolution of Narcissism.* In: V. Zeigler-Hill et al. (Hrsg.): Evolutionary perspectives on social psychology. NA: Springer, S. 479–489.

Hori, H. & Kim, Y. (2019): Inflammation and post-traumatic stress disorder. *Psychiatry and Clinical Neurosciences,* 73 (4), S. 143–153.

Horney, K. (1975): *Neurose und menschliches Wachstum* (englische Originalausgabe: 1950). München: Kindler.

Hortin, R. S & Sedikides, C. (2009): Narcissistic responding to ego threat: When the status of the evaluator matters. *Journal of Personality,* 77, S. 1493–1525.

Horton, R. S et al. (2006): Parenting narcissus: What are the links between parenting and narcissism? *Journal of Personality*, 74 (2), S. 345–376.

Huber, M. (2013): *Der Feind im Innern. Psychotherapie mit Täterintrojekten.* Paderborn: Junfermann.

Huber, M. (2018): *Der innere Ausstieg. Transgenerationale Gewalt überwinden,* Norderstedt: BoD.

Huber, M. (2020): *Trauma und die Folgen.* Paderborn: Junfermann, überar. Neuaufl.

Huber, M. (2023): *Wie es ist, muss es nicht bleiben.* Paderborn: Junferman.

Huber, M. & Bussfeld, B. (1985): *Blick nach vorn im Zorn. Die Zukunft der Frauenarbeit.* Weinheim: Beltz

Huber, M. et al. (Hrsg.) (2019): *Aus vielen Ichs ein Selbst? Trauma, Dissoziation und Identität.* Paderborn: Junfermann.

Huxley, E. & *Bizumic, B. (2017):* Parental invalidation and the development of narcissism. *The* Journal of *Psychology*, 151 (2), S. 130–147. DOI: 10.1080/00223980.2016.1248807.

Isgut, M. et al. (2017): The impact of psychological distress during pregnancy on the developing fetus: Biological mechanisms and the potential benefits of mindfulness interventions. *Journal of Perinatal Medicine*, 45 (9), S. 999–1011.

Janet, P (1902): *Les Médications Psychologiques* (Nachdruck). Paris: Arcan.

Jauk, K. et al. (2017): The relationship between grandiose and vulnerable (hypersensitive) narcissism. *Frontiers in Psychology*, 8, Article 1600. ↗ https://doi.org/10.3389/fpsyg.2017.01600.

Jin, S. V & Muqaddam, A. (2018): "Narcissism 2.0! Would narcissists follow fellow narcissists on Instagram?" the mediating effects of narcissists personality similarity and envy, and the moderating effects of popularity. *Computers in Human Behavior*, 81, S. 31–41. ↗ https://doi.org/10.1016/j.chb.2017.11.042.

Johnson, J. G et al. (2001): Childhood verbal abuse and risk for personality disorders during adolescence and early adulthood. *Comprehensive Psychiatry,* 42 (1), S. 16–23.

Jonason, P. K et al. (2010): Living a fast life. *Human Nature,* 21, S. 428–442.

Jonason, P. K & Webster, G. D (2010): The dirty dozen: A concise measure of the dark triad. *Psychological Assessment,* 22 (2), S. 420–432.

Jonason, P. K & Davis, M. D (2018): A gender role view of the dark triad traits. *Personality and Individual Differences,* 125, S. 102–105.

Jones, D. N & Paulhus, D. L (2009): *Machiavellianism.* In: M. R Leary & R. H Hoyle (Hrsg.): Individual differences in social behavior (S. 93–108). New York: Guilford Press.

Johnson, S. M (1987): *Der narzisstische Persönlichkeitsstil: Integratives Modell und therapeutische Praxis.* Köln: EHP.

Kafka, F. (2008): Brief an den Vater. Köln: Anaconda.

Karterud, S. et al. (2011): Validity aspects of the DSM IV narcissistic personality disorder construct. *Comprehensive Psychiatry,* 52 (5), S. 517–526.

Kattermann, V. (2020): Herbert Rosenfeld: Vom Konzept des destruktiven Narzissmus. *Ärzteblatt,* September, S. 423.

Keene, A. C & Epps, J. (2016): Childhood physical abuse and aggression: Shame and narcissistic vulnerability. *Child Abuse & Neglect,* 51, S. 276–283, DOI: 10.1016/j.chiabu.2015.09.012.

Keller, P. S et al. (2014): Narcissism in Romantic Relationships. A Dyadic Perspective. *Journal of Social and Clinical Psychology,* 33, S. 25–50.

Kendler, K. S; Aggen, S. H; Czajkowski, N.; Roysamb, E.; Tambs, K. & Torgersen, S. et al. (2008): The structure of genetic and environmental risk factors for DSM-IV personality disorders a multivariate twin study. *Archives of General Psychiatry,* 65 (12), S. 1438–1446. ↗ https://doi.org/10.1001/archpsyc.65.12.1438.

Kernberg, O. F (1975): Borderline conditions and pathological narcissism. New York: Jason Aronson. *Deutsch:* (2009): Borderline und pathologischer Narzissmus. Frankfurt/M.: Suhrkamp.

Kernberg, O. F (2018): *Die Behandlung schwerer Persönlichkeitsstörungen: Grundlagen und Psychotherapie.* Stuttgart: Schattauer.

Kernberg, O. F & Hartmann, H.-P. (2006): *Narzissmus. Grundlagen, Störungsbilder, Therapie.* Stuttgart: Schattauer.

Ki, C. W C. & Kim, Y. K (2019): The mechanism by which social media influencers persuade consumers: The role of consumers' desire to mimic. *Psychology & Marketing* 36 (10), S. 905–922.

Klass, D. (2015): *Siegen kann tödlich sein.* Stuttgart: Freies Geistesleben.

Klein, M. (1962): *Das Seelenleben des Kleinkindes.* Stuttgart: Klett.

Knausgard, K. O (2015): *Sterben.* München: btb.

Koenig, A. M et al. (2018): Serum profile changes in postpartum women with a history of childhood maltreatment. *Scientific Reports,* 8 (1), S. 3468.

Kohut, H. (1966): Forms and transformations of narcissism. *Journal of the American Psychoanalytic Association,* 14, S. 243–272.

Kohut, H. (1971): *The analysis of the self: A systematic approach to the psychoanalytic treatment of narcissistic personality disorders.* New York: International Universities Press.

Kohut, H. (1976): *Narzißmus. Eine Theorie der psychoanalytischen Behandlung narzißtischer Persönlichkeitsstörungen.* Frankfurt/M.: Suhrkamp.

Kolassa, L-T. et al (2010): Spontaneous remission from PTSD depends on the number of traumatic event types experienced. *Psychological Trauma: Theory, Research, Practice, and Policy,* 2 (3), S. 169–174.

KORTE, A. (2022): Es ist hip, trans zu sein. *TAZ*, 2. S. 5.

KOTHAMBIKAR, A. (2023): *Vermittlerrolle der sozialen Medien für das psychische Wohlbefinden von Jugendlichen: Ein maschinen-generierter Literaturüberblick.* Heidelberg/Berlin: Springer.

KRAUSS WHITBOURNE, S. (2023): Ho to get along with a pathological narcissist. *Psychology Today online*, 9. September. ↗ https://www.psychologytoday.com/intl/blog/fulfillment-at-any-age/202309/is-it-possible-to-get-along-with-a-pathological-narcissist.

LACHMANN, F. M (2014): Psychotherapie und Selbstpsychologie: Behandlung von pathologischem Narzissmus. *Psychotherapie*, 19 (1), S. 26–42.

LAMKIN, J. et al. (2017): Narcissism and observed communication in couples. *Personality and Individual Differences*, 105, S. 224–228.

LAMMERS, C. (2019): Narzissmus oder kein Narzissmus? Zum Nutzen oder Unnutzen des Begriffs in unserer Gesellschaft. *Psychotherapie im Dialog*, 20 (03), S. 19–25.

LASATONE, L. (2020): *Seelengift. Narzisstische Mütter und ihre Töchter.* Amazon Printing.

LASCH, C. (1979). *The culture of narcissism: American life in an age of diminishing expectations.* New York: W. W Norton.

LAVNER, J. A et al. (2016): Narcissism and newlywed marriage: Partner characteristics and marital trajectories. *Personality Disorders: Theory, Research, and Treatment*, 7 (2), S. 169–179.

LECKELT, M.; KUFNER, A. CP.; NESTLER,S. & BACK, M. D (2015): Behavioral processes underlying the decline of narcissists' popularity over time. *Journal of Personality and Social Psychology*,109 (5), S. 856–871. https://doi.org/ 10.1037/pspp0000057.

LEEB, R. T et al. (2011): A review of physical and mental health consequences of child abuse and neglect and implications for practice. *American Journal of Lifestyle Medicine*, 5 (5), S. 454–468.

LENZENWEGER, M. F (2023): Proximal processes, temperament, and pathological narcissism: An empirical exploration from the longitudinal study of personality disorders. *Psychopathology*, 56 (1–2), S. 41–51.

LESKAUSKAS, D. (2020): Generation Z – everyday (living with an) auxiliary ego. *International Forum of Psychoanalysis*, 29 (3), S. 169–174, DOI: 10.1080/0803706X.2019.1699665.

LEVY, K. M et al. (2011): *Subtypes, dimensions, levels, and mental states in narcissism and narcissistic personality disorder.* In: W.K Campbell & J. D Miller, a.a.O., S. 3–12.

LIVESLEY, W. J et al. (1993): Genetic and environmental contributions to dimensions of personality disorders. *American Journal of Psychiatry*, 150 (12), S. 1826–1831.

LIVESLEY, W. J; JANG, K. L & VERNON, P. A (1998): Phenotypic and genetic structure of traits delineating personality disorder. *Archives of General Psychiatry*, 55 (10), S. 941–948. ↗ https://doi.org/10.1001/archpsyc.55.10.941.

LOETZ, C. & MÜLLER, J. J (2018): Rätsel des Unbewussten, Folge 5: Das falsche Selbst. Wie man wird, was man ist, YouTube-Sendung ↗ https://www.youtube.com/watch?v=Fq-tkvs7n4w.

LOGAN, C. (2009): *Narcissism.* In: McMurran, M. & Howard, R. C (2009): Personality, personality disorder, and violence. New York: Wiley.

LUO, Y. LL. & CAI, H. (2018): *The etiology of narcissism: A review of behavioral genetic studies.* In: dies.: Handbook of Trait Narcissism, Key Advances. New York: Springer.

LYONS, M. et al. (2013): Patterns of parental warmth, attachment, and narcissism in young women in United Arab Emirates and the United Kingdom. *Individual Differences Research*, 11 (4), S. 149–158.

LYONS, M. et al. (2023): "Never learned to love properly": A qualitative study exploring romantic relationship experiences in adult children of narcissistic parents. *Social Sciences,* 12 (3), 159; ↗ https://doi.org/10.3390/socsci12030159.

MAAZ, H.-J. (2012): *Die narzisstische Gesellschaft.* Ein Psychogramm. München: C. HBeck.

MAAZ. H.-J. (2022): *Angstgesellschaft.* Berlin: Frank & Timme.

MALKIN, C. (2016): *Rethinking Narcissism.* New York: Harper Perennial.

MALKIN, C. (2017a): *Der Narzissten-Test.* Köln: DuMont.

MALKIN, C. (2017b): What's the single greatest danger of covert narcissism? *Psychology Today online,* 18. Dezember. ↗ https://www.psychologytoday.com/us/blog/romance-redux/201712/whats-the-single-greatest-danger-of-covert-narcissism.

MALKIN, C. (2018): 9 things everyone should understand about echoists and their complicated connection to narcissists. *Psychology Today online,* 28. September. ↗ https://www-psychologytoday-com.cdn.ampproject.org/c/s/www.psychologytoday.com/us/blog/romance-redux/201809/9-things-everyone-should-understand-about-echoists?amp.

MARSH, G. P (2018): *Broken: Navigating the ups and downs of the shattered heart.* GPM Publishing

MAY-TOLZMANN, U. (1992): *Sadgers Beitrag zu den Anfängen des Narzißmus,* In: Ernst Federn & Gerhard Wittenberger (Hrsg.): Aus dem Kreis um Sigmund Freud. Zu den Protokollen der Wiener Psychoanalytischen Vereinigung. Frankfurt/M.: Fischer, S. 96–103.

MASTERSON, J. F (1990): *Search for the real self. Unmasking the personality disorders of our age.* New York: The Free Press.

MASTERSON, J. F (1993): *The emerging self: A developmental self & object relations approach to the treatment of the closet narcissistic disorder of the self.* London: Routledge.

MCCAIN, J. L & CAMPBELL, W. K (2018): Narcissism and social media use: A meta-analytic review. *Psychology of Popular Media Culture,* 7 (3), S. 308–327.

MECHANIC, K. L & BARRY, C. T (2015): Adolescent grandiose and vulnerable narcissism: Associations with perceived parenting practices. *Journal of Child and Family Studies,* 24 (5), S. 1510–1518.

MESTEL, R. (2019): Diagnostik der narzisstischen Persönlichkeitsstörung. *PTT,* 23 (1), S. 41–53.

MIDGLEY, C.; THAI, S.; LOCKWOOD, P.; KOVACHEFF, C. & PAGE-GOULD, E. (2021): When every day is a high school reunion: Social media comparisons and self-esteem. *Journal of Personality and Social Psychology,* 121 (2), S. 285–307. ↗ https://doi.org/10.1037/pspi0000336.

MILLER, A. (1979): *Das Drama des begabten Kindes und die Suche nach dem wahren Selbst.* Frankfurt/M.: Suhrkamp.

MILLER, G. E et al. (2011): Psychological stress in childhood and susceptibility to the chronic diseases of aging: Moving toward a model of behavioral and biological mechanisms. *Psychological Bulletin,* 137 (6), S. 959–997.

MILLER, J. D et al. (2007): Narcissistic personality disorder: Relations with distress and functional impairment. *Comprehensive Psychiatry,* 48 (2), S. 170–177.

MILLER, J. D & CAMPBELL, W. K (2008): Comparing clinical and social-personality conceptualizations of narcissism. *Journal of Personality,* 76, S. 449–476.

MILLER, J. D, & MAPLES, J. (2011): *Trait personality models of narcissistic personality disorder, grandiose narcissism, and vulnerable narcissism.* In W. K Campbell & J. D Miller (Hrsg.): The handbook of narcissism and narcissistic personality disorder (S. 71–88). Hoboken, NJ: Wiley.

MILLER, J. D et al. (2012): A test of the construct validity of the Five-Factor Narcissism Inventory. *Journal of Personality Assessment,* 95 (10). DOI 1080/00223891.2012.742903.

Miller, J. D et al. (2014): A comparison of the criterion validity of popular measures of narcissism and narcissistic personality disorder via the use of expert ratings. *Psychol. Assessment* 26 (3), S. 958–969.

Miller, J. D et al. (2018): Vulnerable narcissism is (mostly) a disorder of neuroticism. *Journal of Personality*, 86 (2), S. 186–199.

Miller, M. (2017): *The journey. A roadmap for self-healing after narcissistic abuse.* Independently published by CreateSpace.

Mirza, D. (2017): *The covert passive-aggressive narcissist: Recognizing the traits and finding healing after hidden emotional and psychological abuse.* Independently published.

Mitscherlich, M. (1987): Die friedfertige Frau. Frankfurt/M.: Fischer.

Moog, N. K et al. (2016): Maternal exposure to childhood trauma is associated during pregnancy with placental-fetal stress physiology. *Biological Psychiatry*, 79 (10), S. 831–839.

Moon, J. H; Lee, E.; Lee, J.-A.; Choi, T. R & Sung, Y. (2016): The role of narcissism in self-promotion on Instagram. *Personality and Individual Differences*, 101, S. 22–25. ↗ https://doi.org/10.1016/j.paid.2016.05.042.

Moore, R. E & Townsend, S. D (2019): Temporal development of the infant gut microbiome. *Open Biology*, 9, ↗ https://doi.org/10.1098/rsob.190128.

Morath, J. et al. (2014): Effects of psychotherapy on DNA strand break accumulation originating from traumatic stress. *Psychotherapy and Psychosomatics,* 83 (5), S. 289–297.

Morf, C. & Rhodewalt, F. (2001): Unraveling the paradoxes of narcissism: A dynamic self-regulatory processing model. *Psychological Inquiry*, 12 (4), S. 177–196.

Mota, S.; Schaber, S.; Allroggen, M. et al. (2019): „Narcissistic admiration and rivalry" im psychotherapeutischen Kontext. *Psychotherapeut* 64, S. 436–447. ↗ https://doi.org/10.1007/s00278-019-00381-1.

Müller, C. (2020): Gesundheitskompetenz – vom Wissen zum Handeln. *Pharmazeutische Zeitung,* 1. (3). ↗ https://www.pharmazeutische-zeitung.de/vom-wissen-zum-handeln-115812/.

Moulard, J. G; Garrity, C. P & Rice, D. H (2015): What makes a human brand authentic? Identifying the antecedents of celebrity authenticity. *Psychology & Marketing*, 32 (2), S. 173–186.

Müller, S. (2020): *Im Kopf des Narzissten.* Independently Published.

Müller, T. (2022): *Verdeckter Narzissmus in Beziehungen.* München: Kailash.

Najaf, D. E & Siddiqui, S. A (2021): Literature review: Understanding pathological narcissism. *Journal of Child and Adolescent Behaviour*. DOI: 10.4172/2375-4494.1000414.

Näcke, P. (1899): Die sexuellen Perversitäten in der Irrenanstalt, zit.in Wynes, R. D (1990): Encyclopedia of Homosexuality, Vol. II. New York: Routledge.

Nemeroff, C. B (2016): Paradise lost: The neurobiological and clinical consequences of child abuse and neglect. *Neuron*, 89 (5), S. 892–909.

Neven-Dumont, A. (2011): *Vaters Rückkehr.* Hamburg: Hoffmann & Campe.

Nimmerfroh, M.-C. (2023): Inside letzte Generation: Die Sozialpsychologin Maria-Christina Nimmerfroh über das Innenleben der Klimaschutz-Bewegung. Feature auf *MDR-Kultur*, 25.2.2023.

Onofrei, L. (2009): *A critical examination of the theoretical and empirical overlap between overt narcissism and male narcissism and between covert narcissism and female narcissism.* Master Thesis, Smith College, Northampton, MA, S. 11–33.

Orbach, S. (2002): *The false self and the false body.* In: Brett Kahr (Hrsg.): The Legacy of Winnicott. Essays on Infant and Child Mental Health. London: Routledge.

OTWAY, L. J & VIGNOLES, V. L (2006): Narcissism and childhood recollections: A quantitative test of psychoanalytical predictions. *Personality and Social Psychology Bulletin*, 32, S. 104–116.

OVID (2021): *Metamorphosen*. Stuttgart: Reclam.

PARIS, J. D et al. (2013): Antisocial and borderline personality disorders, revisited. *Comprehensive Psychiatry*, 54 (4), S. 321–325.

PASSOS, I. C et al. (2015): Inflammatory markers in post-traumatic stress disorder: A systematic review, meta-analysis, and meta-regression. *The Lancet Psychiatry*, 1 (12), e59.

PAULHUS, D. L & WILLIAMS, K. M (2002): The dark triad of the personality: Narcissism, Machiavellianism, and psychopathy. *Journal of Research in Personality*, 36 (6), S. 556–564.

PEDALINO, F. & CAMERINI, A.-L. (2022): Instagram use and body dissatisfaction: The mediating role of upward social comparison with peers and influencers among young females. *International Journal of Environmental Research and Public Health*, 19 (3). DOI: 10.3390/ijerph19031543.

PERRY, J. D & PERRY, J. C (2004): Conflicts, defenses and the stability of narcissistic personality features. *Psychiatry*, 67 (4), S. 310–330.

PETERSON, J. B (2021): *Jenseits der Ordnung*. München: FinanzBuch.

PHILIPSON, I. (1985): Gender and narcissism. *Psychology of Women Quarterly*, 9 (2), S. 213–228. ↗ https://doi.org/10.1111/j.1471-6402.1985.tb00873.

PINCUS, A. L et al. (2009): Initial construction and validation of the Pathological Narcissism Inventory. *Psychological Assessment*, 21 (3), S. 365–379.

PINSKY, D. & YOUNG, S. M (2009): *The mirror effect: How celebrity narcissism is endangering our families – and how to save them*. New York: Harper Collins.

PORTOCARRERO, F, P.; GONZALEZ, K. & EKEMA-AGBAW, M. (2020): A meta-analytic review of the relationship between dispositional gratitude and well-being. *Personality and Individual Difference*, 164. ↗ https://doi.org/10.1016/j.paid.2020.110101.

PSYCHOLOGY TODAY ONLINE (2024): What is trauma? ↗ https://www.psychologytoday.com/intl/basics/trauma.

PULAY, A. J; GOLDSTEIN, R. B & GRANT, B. F (2012): *Sociodemographic correlates of DSM-IV narcissistic personality disorder: Results from the wave 2 National Epidemiologic Survey on Alcohol and Related Conditions*. In: W. K Campbell & J. D Miller, a.a.O., S. 167–180.

PULLEN, A. & RHODES, C. (2008): It's all about me! Gendered narcissism and leaders' identity work. *Leadership*, 4 (1), S. 5–25.

PUTNAM, R. D (2001): *Bowling alone: The collapse and revival of American community*. New York: Simon & Schuster.

QUIRK, X.; MALKIN, C. & MARTIN, S. (2015): Development of the Narcissism Spectrum Scale (Poster).

RAKERS, R. et al. (2020): Transfer of maternal psychosocial stress to the fetus. *Neurocscience & Biobehavioral Reviews*, 117, S. 185–197.

RAMO-FERNÁNDEZ, L. et al. (2021): Associations between childhood maltreatment and DNA methylation of the oxytocin receptor gene in immune cells of mother-newborn dyads. *Translational Psychiatry*, 11 (1), S. 449.

RANK, O. (2014): *Die Lohengrinsage* (Nachdruck der Ausgabe 1911). Norderstedt: Vero.

RASKIN, R. & HALL, C. S (1979): A Narcissistic Personality Inventory. *Psychological Reports*, 45 (2), S. 590.

REICH, W. (1971): *Charakteranalyse* (Reprint der Ausgabe von 1933). Köln: Kiepenheuer & Witsch.

Reinhard, D. A et al. (2012): Expensive egos: marcissistic males have higher cortisol. *Plus One* 7, S. 1–8.
Richter, J. (2022): Die Biologie des Schmerzes: Was passiert im Körper? *Schmerz sucht Ursache.* Springer: Berlin, Heidelberg. ↗ https://doi.org/10.1007/978-3-662-64904-6_2.
Riviere, J. (1929): Womenliness as a Masquerade. *International Journal of Psycho-Analysis,* 9, S. 303–313.
Roemer, E. (2005): Wolfgang Petrick: Der Tod ist ein Meister. *Ärzteblatt*, 102 (22). ↗ https://www.aerzteblatt.de/archiv/47100/Wolfgang-Petrick-Der-Tod-ist-ein-Meister.
Rohmann, E. et al. (2012): Grandiose and vulnerable narcissism: Self-construal, attachment, and love in romantic relationships. *European Psychologist*, 17 (4), S. 279–290.
Ronningstam, E. (2005): *Identifying and understanding the narcissistic personality.* New York: Columbia University Press.
Ronningstam, E. (2016): New insights into narcissistic personality disorder. *Psychiatric Times,* (33 (2), S. 1–4.
Rosenthal, S. & Pittinsky, T. L (2006): Narcissistic leadership. *The Leadership Quarterly*, 17, S. 617–633.
Rudkoffsky, F. (2022): *Mitternachtsstraße.* Dresden: Voland und Quist.
Rutschky, K. (1977): *Schwarze Pädagogik.* Berlin: Ullstein.
Ryan, K. M; Weikel, K. & Sprechini, G. (2018): Gender Differences in narcissism and courtship violence in dating couples. *Sex Roles* 58, S. 802–813. ↗ https://doi.org/10.1007/s11199-008-9403-9.
Sachse, R. (2020): *Persönlichkeitsstörungen verstehen.* Köln: Psychiatrie-Verlag.
Savary, D. C (2021): *Echoism – the silenced response to narcissism.* New York: Routledge.
Schilling, S. & Beck, A. (2019): *Narzissmus in Beziehungen.* Tallin: ZeitEcht.
Schneider, A. et al. (2020): Does cumulative exposure to traumatic stressors predict treatment outcome of community-implemented exposure-based therapy for PTSD? *European Journal of Psychotraumatology*, 11 (1). DOI: 10.1080/20008198.2020.1789323.
Schotte, C. (2022): *Pathologischer Narzissmus als Folge von Trauma.* Berlin: Lemon Media.
Schulte, H. B & Habel, U. (2018): Sex differences in personality disorders. *Current Psychiatry Reports,* 20, 12), S. 1–7.
Schulz, H. et al. (2004): *Söhne ohne Väter.* Berlin: Ch.Links.
Schwan, G. (1997): *Politik und Schuld. Die zerstörerische Macht des Schweigens.* Frankfurt/M.: Fischer.
Schwarzinger, D. (2020): *Die Dunkle Triade der Persönlichkeit in der Personalauswahl. Narzissmus, Machiavellismus und subklinische Psychopathie am Arbeitsplatz.* Göttingen: Hogrefe.
Sedikides, C. et al. (2004): Are normal narcissists psychologically healthy? Self-esteem matters. *Journal of Personality and Social Psychology*, 87, S. 400–416.
Sedikides, C.; Gregg, A. P; Cisek, S. & Hart, C. M (2007): The I that buys: Narcissists as consumers. *Journal of Consumer Psychology*, 17 (4), S. 254–257. ↗ https://doi.org/10.1016/S1057-7408(07)70035-9.
Seidler, G. H (1995): *Narziß, Teiresias und Ödipus: Internalisierungsschritte von der „Interaktionellen Unbewußtheit des Gegenübers" zur „Verinnerlichung der Urszene".* In: Schneider, G. & Seidler, G. H (Hrsg.): Internalisierung und Strukturbildung. Wiesbaden: Verlag für Sozialwissenschaften, S. 95–115.

Shan, Y.; Chen, K.-J. & Lin, J.-S. (2020): When social media influencers endorse brands: the effects of self-influencer congruence, parasocial identification, and perceived endorser motive. *International Journal of Advertising*, 39 (5), S. 590-610, DOI: 10.1080/02650487.2019.1678322.

Sherry, S. B et al. (2014): Perfectionism and narcissism: Testing unique relationships and gender differences. *Personality and Individual Differences*, 61, S. 52–56.

Simard, P., et al. (2023): The relationship between narcissism and empathy: A meta-analytic review. *Journal of Research in Personality*, 102. ↗ https://doi.org/10.1016/j.jrp.2022.104329.

Simmons, C. A et al. (2005): Personality profiles of women and men arrested for domestic violence: an analysis of similarities and differences. *Journal of Offender Rehabilitation*, 41 (4), S. 63–82.

Simon, J. H & Arnold, M. (2021): *Neuanfang nach Narzissmus*. Amazon Printing.

Singer, M. T (2003): *Cults in our midst: The continuing fight against their hidden menace*. San Francisco: Jossey-Bass.

Skodol, A. E & Bender, D. S (2003): Why are women diagnosed borderline more than men? *Psychiatric Quarterly*, 74 (4), S. 349–360.

Sommershof, A. et al. (2009): Substantial reduction of naïve and regulatory T cells following traumatic stress. *Brain, Behavior, and Immunity*, 23 (8), S. 1117–1124.

Southard, A. C (2010): *Sex differences in narcissism: Expression of and relationships with the exploitativeness / entitlement factor*. Western Carolina University ProQuest Dissertations & Theses.

Speer, K. et al. (2018): Systemic low-grade inflammation in post-traumatic stress disorder: A systematic review. *Journal of Inflammatory Research*, 11, S. 111–121.

Sprecher, S. et al. (2013): Self-esteem among young adults: Differences and similarities based on gender, race, and cohort (1990–2012). *Sex Roles*, 69, S. 264–275.

Springsteen, B. (2018): *Born to run*. München: Heyne.

Steil, R. & Füchsel, G. (2006): IBS-KJ. Göttingen: Hogrefe.

Stein, J. (2013): Millennials: The me me me generation. *Time*, 181, 20. Mai.

Stern, A. (1980): *Me: The narcissistic American*. New York: Ballantine.

Stern, D. (2020): *Die Lebenserfahrung des Säuglings*, Stuttgart: Klett-Cotta.

Strüber, N. et al. (2014): Impact of early adversity on glucocorticoid regulation and later mental disorders. *Neuroscience & Biobehavioral Reviews*, 38, S. 17–37.

Suzuki, T. et al. (2019): Measurement invariance of the DSM-t section III pathological personality trait model across sex. *Personality Disorders: Theory, Research, and Treatment*, 10 (2), S. 114–122.

Stinson, F. S et al. (2008): Prevalence, correlates, disability, and comorbidity of DSM-IV narcissistic personality disorder: Results from the wave 2 national epidemiologic survey on alcohol and related conditions. *The Journal of Clinical Psychiatry*, 69 (7), S. 264–275.

Svartberg, M. et al (2004): Rendomized, controlled trial of the effectiveness of short-term dynamic psychotherapy and cognitive therapy for cluster C personality disorders. *American Journal of Psychiatry*, 161 (5), S. 810–817.

Tagay, S. & Senf, W. (2014): *Essener Trauma-Inventar*. Göttingen: Hogrefe.

Teicher, M. (2010): *Das Kaskaden-Modell*. In: Brisch, K.H (Hg): Bindung und frühe Störungen der Entwicklung, Stuttgart: Klett-Cotta

Thomaes, S.; Bushman, B. J; Orobio de Castro, B. & Stegge, H. (2009): What makes narcissists bloom? A framework for research on the etiology and development of narcissism. *Development and Psychopathology*, 21, S. 1233–1247.

Tiedemann, J. F (2007): *Die intersubjektive Natur der Scham*. Dissertation an der FU Berlin.

Tögel, J. (2023): Kognitive Kriegsführung. Frankfurt/M.: Westend

Torgersen, S. et al. (2000): Dimensional representations of DSM-IV cluster B personality disorders in a population-based sample of Norwegian twins: a multivariate study. *Psychological Medicine*, 30 (6), S. 1281–1291.

Traylor, C.S et al. (2020): Effects of psychobiological stress on adverse pregnancy outcomes and nonpharmacologic approaches for reduction. An expert review. *American Journal of Obstetrics & Gynecology* MFM, 2 (4). DOI: 10.1016/j.ajogmf.2020.100229.

Trumpeter, N.N; Watson, P.J; O'Leary, B.J & Weathington, B.L (2008): Selffunctioning and perceived parenting: Relations of parental empathy and love inconsistency with narcissism, depression and self-esteem. *Journal of General Psychology*, 169, S. 51–71.

Twenge, J.M et al. (2008): Egos inflating over time: a cross-temporal meta-analysis of the Narcissistic Personality Inventory. *Journal of Personality*, 76 (4), S. 875–901.

Twenge, J.M & Campbell, W.K (2009): *The narcisissm epidemic: Living in the age of entitlement.* New York: Atria Books.

Tyrer, P. et al. (2019): The development of the ICD-11 classification of personality disorders: An amalgam of science, pragmatism, and public policy. *Annnual Review of Clinical Psychology*, 15, S. 481–502.

Van Schie, C.C et al. (2020): Narcissistic traits in young people: understanding the role of parenting and maltreatment. *Borderline Person Discord Emot Dysregul*, 12 (7), doi: 10.1186/s40479-020-00125-7.

Vapaux, V. (2021): *Generation Z. Zwischen Selbstverwirklichung, Insta-Einsamkeit und der Hoffnung auf eine bessere Welt.* München: Gräfe und Unzer.

Varadarajan, S. et al. (2022): *Biomolekulare Spuren von traumatischem Stress.* In: Brisch, K.H (Hrsg.): Trauma und Bindung zwischen den Generationen. Stuttgart: Klett-Cotta, S. 82–105.

Vater, A. et al. (2013): Narzisstische Persönlichkeitsstörung. Forschung, Diagnose und Psychotherapie. *Psychotherapeut*, 58 (6), S. 599–615.

Velotti, P. et al. (2014): Shame and aggression: Different trajectories and implications. *Aggression and Violent Behavior,* 19 (4), S. 454–461.

Vernon, P.A; Villani, V.C; Vickers, L.C & Harris, J.A (2008): A behavioral genetic investigation of the Dark Triad and the Big 5. *Personality and Individual Differences,* 44 (2), S. 445–452.

Vogt, G.M & Sirridge, S.T (2018): *Söhne ohne Väter. Vom Fehlen des männlichen Vorbilds.* Frankfurt/M.: Fischer.

Wallace et al. (2012): Locus of control as a contributing factor in the relation between self-perception and adolescent aggression. *Aggressive Behavior*, 38 (3), S. 213–221.

Walter, M. & Bilke-Hentsch, O. (2020): *Narzissmus: Grundlagen – Formen – Interventionen.* Stuttgart: Kohlhammer.

Weidlich, A. (2021): *Wie du Menschen loswirst, die dir nicht guttun, ohne sie umzubringen.* München: mvg.

Wardetzki, B. (2021): *Weiblicher Narzissmus: Der Hunger nach Anerkennung,* München: Kösel.

Waxman, R. et al. (2014): Childhood maltreatment and personality disorders in the USA: Specificity of effects and the impact of gender. *Personality and Mental Health,* 8 (1), S. 30–41. ↗ https://doi.org/10.1002/pmh.1239.

WEBSTER, G. D (2005): Low Self-Esteem is related to aggression, but especially when controlling for gender: A replication and extension of Donnellan et al. *Representative Research in Social Psychology,* 29, S. 12–18.

WEBSTER, G. D et al. (2007): Different slopes for different folks: Self-esteem instability and gender as moderators of the relationship between self-esteem and attitudinal aggression. *Self and Identity,* 6 (1), S. 74–94.

WEIDMANN, R. et al. (2023): Age and gender differences in narcissism: A comprehensive study across eight measures and over 250,000 participants. *Journal of Personality and Social Psychology,* 124 (6), S. 1277–1298.

WETZEL, E.; BROWN, A.; HILL, P. L; CHUNG, J. M; ROBINS, R. W & ROBERTS, B. W (2017): The narcissism epidemic is dead; long live the narcissism epidemic. *Psychological Scienc:, Advance* online publication. doi:10.1177/0956797617724208.

WIDIGER, T. A & COSTA, P. T (2013): *Personality disorders and the five-factor model of personality.* Washington, DC: American Psychological Association.

WIESELER, F. (1856): *Narkissos, eine kunstmythologische Abhandlung.* Göttingen.

WILDE, O. (2007): *Oscar Wilde für Boshafte.* Berlin: Insel.

WILDE, O. (2021): *Das Bildnis des Dorian Gray.* Hamburg: Nikol.

WILLIAMSON, M. (1977): *A Return to Love: Reflections on the principles of "A Course in Miracles".* San Francisco: HarperOne.

WINNICOT, D. (2020): *Ichverzerrung in Form des wahren und des falschen Selbst.* In: Winnicot, D.: Reifungsprozesse und fördernde Umwelt. Unveränderte Neuauflage der deutschen Erstausgabe 1974. Gießen: Psychosozial-Verlag, S. 182–199.

WOLVEN, K. E (2015): *Grandiose and vulnerable narcissism: Where do the emotional differences lie?* USC Aiken Psychology Theses, Paper 18.

WOOD, A. D, BORJA, K., & HOKE, L. (2021): Narcissism for fun and profit: An empirical examination of narcissism and its determinants in a sample of generation z business college students. *Journal of Management Education,* 45 (6), S. 916–952. ↗ https://doi.org/10.1177/1052562920965626.

WRIGHT, A. GC. et al. (2010): The higher order factor structure and gender invariance of the pathological narcissism inventory, in *Assessment,* 17 (4), 467–483

WRIGHT, A. G. C. et al. (2013): Conceptions of narcissism and the DSM-5 pathological personality traits. *Assessment,* 20 (3), S. 339–352.

YEHUDA, R. (2022): How parents' trauma leaves biological traces in children. Adverse experiences can change future generations through epigenetic pathways. *Scientific American,* ↗ https://www.scientificamerican.com/article/how-parents-rsquo-trauma-leaves-biological-traces-in-children/.

YEHUDA, R. et al. (2015): Influences of maternal and paternal PTSD on epigenetic regulation of the glucocorticoid receptor gene in holocaust survivor offspring. *American Journal of Psychiatry,* 117 (8), S. 882–880.

YICHU L. & YIMING L. (2023): The effect of childhood trauma on complex posttraumatic stress disorder: the role of self-esteem. *European Journal of Psychotraumatology,* 14 (2), DOI: 10.1080/20008066.2023.2272478.

ZAJENKOWSKI, M. & CZARNA, A. (2015): What makes narcissists unhappy? Subjectively assessed intelligence moderates the relationship between narcissism and psychological well-being. *Personality and Individual Differences,* 77, S. 50–54.

Zajenkowski, M. & Szymaniak, K. (2021): Narcissism between facets and domains. The relationships between two types of narcissism and aspects of the Big Five. *Curr Psychol*, 40, S. 2112–2121. ↗ https://doi.org/10.1007/s12144-019-0147-1.

Zeigler-Hill, V. et al. (2008): narcissistic subtypes and contingent self-esteem. *Journal of Personality*, 76 (4), S. 753–774.

Zerach, G. (2016): Pathological narcissism, cyberbullying victimization and offending among homosexual and heterosexual participants in online dating websites. *Computers in Human Behavior*, 57, S. 292–299.

Zienert-Eils, K. et al. (2020): *Herbert Rosenfeld und seine Bedeutung für die Psychoanalyse: Leben – Werk – Wirkung*. Gießen: Psychosozial-Verlag.

Zimmermann, M. (2022): Narzisstische Persönlichkeitsstörung (NPS). *MSD Manual*, Dezember.

Index

L

M

N

O

P

R

S

T

V

W

Z